# L'AVENIR DU TRAVAIL

## Du même auteur

AUX MÊMES ÉDITIONS

L'Économie contre la société
Affronter la crise de l'intégration sociale et culturelle
*(en collaboration avec Guy Roustang)*
coll. « Esprit », 1993

*BERNARD PERRET*



# L'AVENIR DU TRAVAIL

## Les démocraties face au chômage

*ÉDITIONS DU SEUIL*
*27, rue Jacob, Paris VI^e^*

ISBN 2-02-022865-3

# Introduction

La démocratie est malade du chômage. Constat banal, dont on se borne généralement à conclure qu'il est urgent de créer davantage d'emplois, comme si l'idéal démocratique lui-même n'était pas nécessairement mis à l'épreuve par les changements économiques et contraint, en tout état de cause, de se renouveler. Ce livre examine d'un même mouvement les deux termes du problème en articulant étroitement l'analyse socio-économique et la réflexion politique. Son fil conducteur est l'avenir du travail en tant que ressource productive, forme de socialisation de l'activité humaine et vecteur de solidarité.

L'ambition n'était pas, au départ, de proposer des remèdes, mais il est apparu tout compte fait difficile de se dérober. On trouvera donc au chapitre 12 des réflexions et suggestions qui se veulent opératoires sur les objectifs et les instruments de la politique de l'emploi. Elles ne prétendent nullement apporter une solution globale et immédiatement praticable, et l'on peut d'ailleurs douter que celle-ci existe : le chômage s'inscrit dans une déstabilisation générale de la condition salariale, manifestation la plus visible d'une crise structurelle de l'intégration de la société par l'échange économique. Le dépassement de celle-ci exigera plus qu'un nouveau train de mesures. Autant que de réformes courageuses, nous avons besoin d'ajuster nos représentations collectives à la réalité des mutations en cours – mondialisation des échanges, développement des services et de l'économie du savoir. On ne peut qu'être frappé, à cet égard, de la conscience aiguë qu'ont un nombre croissant d'acteurs – chefs d'entreprise, syndicalistes, travailleurs sociaux... – de la nouveauté des problèmes qui se posent dans l'ordre du rapport au travail et, en contraste, de la faible répercussion de cette prise de conscience dans les médias et les discours officiels. Les schémas de pensée hérités de la période de forte expansion industrielle de l'après-guerre font preuve d'une extraordinaire résistance. A la décharge des responsables politiques et des leaders d'opinion, il faut reconnaître que la réalité sociale est devenue largement insaisissable et qu'il est bien difficile de refléter sa complexité dans une communication orientée vers l'action. C'est pourtant une nécessité, et toute volonté réformatrice qui refuserait ce détour ne pourrait que manquer son but (et se lamenter, après coup, sur les « blocages de la société française »). Ce livre veut contribuer à cette tâche d'adaptation des représentations communes, par un effort de conceptualisation des enjeux de l'évolution du monde du travail et de réinterprétation des rapports entre l'économie et la société.

Les obstacles à la compréhension de la société dans laquelle on vit ne sont jamais purement intellectuels. La prégnance des idées habituelles concernant la croissance économique, le travail et le bien-être s'explique par leur inscription dans des corpus idéologiques et des savoirs constitués, et aussi dans des modèles d'action et d'organisation qui ont le mérite d'exister et auxquels on serait souvent bien en mal d'imaginer des alternatives. Plus profondément, la force d'une conception productiviste de l'activité humaine réside dans sa capacité à donner du sens et de la cohérence à la vie sociale sans trop exiger du politique. Dans le droit fil d'une réflexion sur la place du travail, on est donc conduit à s'interroger sur les ressources historiques, éthiques et pratiques dont dispose une communauté démocratique pour instituer la solidarité entre ses membres et se donner des objectifs politiques mobilisateurs lorsque la croissance économique ne joue plus avec la même efficacité son rôle intégrateur.

L'essentiel des développements des deux premières parties est consacré à l'analyse des mutations économiques en cours et à leurs conséquences sur le rythme et l'orientation de la croissance, sur l'emploi et les fonctions sociales du travail et, plus globalement, sur la difficulté nouvelle de mettre en synergie la logique économique et le fonctionnement de la société. La première partie est plus analytique, la deuxième plus prospective. La troisième partie prolonge les deux précédentes sur le terrain politique, à partir de l'hypothèse que la dévaluation du travail rend nécessaire une réactivation d'autres ressorts, communautaires ou civiques, du lien social.

L'examen de toutes ces questions ne peut faire abstraction du contexte national. La place du travail dans le système socio-politique français présente d'importantes particularités dont il faut tenir compte, en s'efforçant d'éviter le double écueil de la complaisance et de l'autoflagellation. Nous vivons une crise historique qui n'est pas propre à la France, et on peut au moins créditer nos concitoyens d'en pressentir la gravité plus nettement que d'autres. Nous n'avons certes pas de quoi être fiers de notre échec collectif face au chômage, mais cela ne signifie pas qu'il se trouve ailleurs une solution adaptée à nos problèmes. La question sociale, qui n'est autre que celle des conditions d'équité permettant la vie et l'action en commun, se pose de manière spécifique au sein de chaque espace politique autonome.

Première partie

# *Croissance et emploi : prendre la mesure de ce qui a changé*

1

# La croissance comme fonctionnement social

« Je lève mon verre à la Royal Economic Society, à l'économie politique et aux économistes à qui est confiée non pas la civilisation, mais la possibilité de la civilisation[1]. »

La grande majorité des économistes ne trouverait rien à redire à cette phrase de John Maynard Keynes : la compétence à laquelle ils prétendent est instrumentale et limitée, et il ne leur viendrait pas à l'idée de se considérer comme des maîtres de civilisation. Pourtant, Keynes savait ce qu'il disait et ce n'est pas sans de bonnes raisons qu'il cherchait à mettre en garde ses collègues contre l'impérialisme latent de leur discipline. Le spectacle de notre monde lui donne amplement raison : l'économie y tient une place toujours plus grande, non seulement dans les faits, mais aussi dans les têtes. Elle s'est progressivement émancipée du religieux, puis du politique, et s'impose désormais comme la seule forme légitime de rationalité collective. On peut trouver, il est vrai, de nombreux avantages à une domination aussi fonctionnelle et pacifique. Ce qui est grave, pourtant, au point où est arrivé notre civilisation, c'est que la raison économique a subordonné, marginalisé et presque effacé tous les autres motifs et repères de l'action, interdisant aussi bien aux individus qu'aux collectivités

1. Toast porté par John M. Keynes en 1945 à la Royal Economic Society, cité par Walt W. Rostow, *Les Étapes de la croissance économique*, Paris, Éd. du Seuil, 1962, p. 198.

politiques de penser distinctement la pluralité des buts qu'ils poursuivent et des valeurs qui les animent. Alors même que les circonstances objectives de la vie des nations font qu'il est redevenu nécessaire de juger et d'agir en dehors de toute routine, si rationnelle soit-elle.

## 1. Le souverain bien

Après vingt ans de turbulences économiques à répétition, de croissance irrégulière et d'accroissement du chômage, nous attendons toujours le retour de l'âge d'or. Tout irait mieux, c'est sûr, si la croissance vigoureuse et continue de l'après-guerre revenait : l'emploi, les comptes de la Sécurité sociale, le pouvoir d'achat et le moral des Français. Le gouvernement aurait les moyens d'honorer les nombreuses promesses faites pendant la dernière campagne électorale, de réductions d'impôt en construction de logements sociaux, d'équipements culturels en autoroutes... Qui s'en plaindrait ? Un point de croissance supplémentaire, ce n'est pas une abstraction mais un surcroît de richesse dont presque tout le monde bénéficie, des contraintes qui se desserrent, une multitude de projets collectifs ou privés qui peuvent se réaliser. *A contrario*, une société sans croissance est une société bloquée, et cela est particulièrement vrai de la société française, pour des raisons sur lesquelles il faudra nous interroger.

Certes, chacun a connaissance des dégâts dont une croissance non maîtrisée peut être la cause : destruction de l'environnement, disparition des espèces animales, de certains métiers et savoir-faire, modification trop rapide des équilibres sociaux, migrations..., sans oublier le chômage lui-même, dont beaucoup se demandent désormais s'il n'est pas la rançon inéluctable d'une certaine forme de progrès économique. Nous y reviendrons longuement. Difficile, pourtant, de s'opposer à la conviction communément partagée que la richesse économique fournit les moyens de résoudre les problèmes qui naissent de sa poursuite, et que le bilan est toujours, en fin de compte, positif : même en matière d'écologie, on ne manque pas d'arguments pour montrer que ce sont les pays les plus riches qui respectent le mieux l'environnement…

Avant même d'approfondir ces questions, considérons un instant le statut exorbitant de la croissance dans nos représentations et systèmes d'action collectifs. N'a-t-elle pas tous les attributs du « souverain bien » dont la visée est, pour Aristote, l'objet même de la constitution des communautés politiques ? Ce statut est-il mérité ? Cette manière d'objectiver le bien commun est-elle aujourd'hui aussi pertinente et favorable à la cohésion sociale qu'elle a pu l'être dans le passé ? Interrogation que l'on reprendra tout au long de ce livre : chacun peut avoir ses idées sur le caractère plus ou moins délectable des fruits de la croissance, mais quiconque s'intéresse à la vitalité politique et culturelle des sociétés humaines ne peut éviter de l'évaluer en tant que principe régulateur de l'agir ensemble.

Pour prendre le recul nécessaire, il faut d'abord mesurer le poids de l'expérience vécue par l'Occident au cours des derniers siècles, qui suggère l'existence d'un lien fort, évident, univoque, entre le dynamisme économique et le progrès de la société. Comment ne pas être marqués par ce que nous avons vécu et, en particulier, par l'exceptionnelle période de paix et d'expansion qu'a connue le monde après la Seconde Guerre mondiale ? Nous avons appris à voir dans la croissance le sens objectivé de notre histoire, un heureux destin auquel, quoi que nous fassions, il ne nous sera pas possible d'échapper. Expansion, croissance, développement, accumulation du capital : toute cette terminologie veut signifier l'irréversibilité du processus, aussi peu susceptible de s'inverser que l'accumulation du savoir scientifique. Et pourtant, en fait d'irréversibilité, nous avons surtout affaire à des destructions, écologiques et culturelles. Le progrès humain, lui, n'est jamais garanti, et le retour à la barbarie est toujours possible, ce siècle en a fait la douloureuse expérience. Redécouvrir le sens de l'aventure politique suppose de partir de là : du caractère radicalement indéterminé du destin de l'humanité et de l'irréversibilité des conséquences de certains de nos actes. Aucun principe, si rationnel soit-il, ne peut limiter la responsabilité qui en résulte.

## 2. L'expansion a eu lieu

Depuis quelque temps déjà, la magie de la croissance n'est plus tout à fait ce qu'elle était, et le doute s'insinue. L'abondance est toujours là, mais sa contribution au bonheur de tous et de chacun ne coule plus de source. Pas seulement parce que les règles de la compétition économique jouent actuellement contre la cohésion sociale, ce que tout le monde a fini par remarquer, mais, plus fondamentalement, parce que le rapport entre l'accroissement des richesses économiques et le bien-être collectif est devenu globalement moins univoque. Pour interpréter cette impression d'usure, on pourrait dire de manière provocatrice que l'expansion *a eu lieu*, et qu'elle nous a donné, sinon à tous, du moins à beaucoup d'entre nous, l'essentiel de ce qu'elle pouvait donner, à savoir une certaine aisance matérielle : voiture, réfrigérateur, machine à laver, télévision, chaîne Hi-Fi, téléphone, nourriture abondante et de qualité, salle de bains, poupées et vélos pour les enfants, hôpital quasi gratuit, cinq semaines de congés payés et, surtout, allégement des tâches matérielles les plus pénibles (moissonner à la main, extraire le charbon du sol...). Sauf à dire que les comportements économiques n'ont aucune base objective, il est logique de penser que l'enrichissement matériel a fini par satisfaire un certain nombre de nos besoins les plus pressants.

Si la croissance forte nous manque, ce n'est donc pas d'abord parce que nous désirons consommer plus, mais à cause de ses retombées bénéfiques sur le fonctionnement de la société. Et ce qui rend la croissance si désirable pour la société, c'est son mouvement même. Une dynamique qui capte et polarise les énergies, oriente la créativité vers des buts positifs, simplifie les conflits et les problèmes. En se déployant avec la vigueur que l'on sait, l'expansion matérielle a nécessairement modifié les conditions de cette dynamique. S'il est vrai que l'on ne peut avoir à la fois « le beurre et l'argent du beurre », la situation d'abondance objective qui est la nôtre n'a pas pu conserver intact ce désir effréné d'amélioration du niveau de vie qui tenait lieu de boussole collective et régulait avec une efficacité sans égale le fonctionnement de la société. Le ressort s'est quelque peu détendu, et nous en sommes à chercher le principe d'un mouvement d'ensemble. Comment retrouver le *tempo*, la sensation d'un progrès de la société dans lequel chacun peut inscrire ses propres avancées, définir activement sa place.

En termes socio-politiques, l'expansion était la condition de la *modernité sociale* dont notre génération avait cru inaugurer le règne définitif. Modernité sociale dont les valeurs et les certitudes de la classe moyenne salariée représentaient la plus pure expression : « [...] plus qu'un revenu ou qu'une situation [...], un espoir de progression et, plus encore, *l'absence de crainte d'une rétrogradation.* Ce groupe moyen était soumis à un effet de cliquet vertueux : lorsqu'on avait franchi un certain niveau, on ne pouvait plus redescendre[2] ». Pour la première fois peut-être, la situation économique rendait pleinement crédible la grande promesse politique de l'époque moderne : fonder le progrès de l'ensemble de la société sur l'affirmation, presque exclusive de toute autre considération, des droits et des besoins de chaque individu. Suffisamment vigoureuse, la croissance économique avait en effet la merveilleuse propriété de rendre compatibles des fonctionnements individuels et collectifs qui ne le sont pas par nature : la concur-

2. Nicolas Tenzer, « La fin du modèle français de classe moyenne », *Le Banquet*, 1er semestre 1994, p. 158.

rence et la solidarité, la mobilité et la sécurité, le droit à la différence et l'homogénéisation sociale, l'extension simultanée des créances vis-à-vis de la collectivité (en matière de santé, de travail, de logement...) et des libertés personnelles, etc. On comprend qu'il soit difficile de renoncer à ce grand rêve. Face aux problèmes sociaux qui nous assaillent, le chômage, l'exclusion, la violence et la drogue dans les banlieues, nous recherchons désespérément la croissance passée comme l'adulte malheureux qui cherche à reproduire les expériences heureuses de son enfance. Et qui ne parvient pas à formuler un désir, une volonté d'action ajustée aux limites du monde réel ou, ce qui est plus grave, aux responsabilités qui découlent du caractère irréversible de son action dans le monde.

Mais la croissance, c'est aussi, du moins le croyons-nous, la puissance : puissance économique et militaire des nations qui leur permet de peser sur les affaires du monde et de maîtriser leur destin. Puissance, c'est-à-dire aussi sécurité, assurance de pouvoir défendre ses droits, ses intérêts et l'intégrité de son territoire. Vision héritée d'un temps où la liberté se gagnait sur les champs de bataille, où le poids dans les affaires du monde se mesurait au poids des canons. Curieusement, à l'heure de la globalisation et du dépérissement annoncé des États-nations, à l'heure où les formes d'influence, de chantage et de violence se diversifient, nous n'avons pas encore appris à questionner et à complexifier cette représentation de la puissance. Habitués à concevoir le progrès historique comme un tout indissociable, comme une évolution globale et cohérente dont le sens est totalement prédéterminé, sur le modèle d'une accumulation continue de connaissances et de biens matériels, nous ne parvenons pas à penser distinctement les différentes logiques qui concourent à faire de la croissance un impératif politique catégorique. La croissance a peut-être encore de belles années devant elle, mais il n'est certainement pas trop tôt pour commencer à s'interroger sérieusement sur ce que l'on en attend.

## 3. Comment améliorer notre sort ?

On va immédiatement objecter à ce qui précède que l'hypothèse d'une saturation de la consommation ne résiste pas à l'analyse. Difficile de le nier : plus les gens ont d'argent et plus ils consomment, leur désir de posséder et de jouir est apparemment sans limites. Cette absence de limites est d'ailleurs contenue dans le refus de distinguer les désirs et les besoins, étant dans la nature même du désir de n'être jamais satisfait. La liste des désirs accédant au statut de « besoins » reconnus s'allonge sans cesse : voiture plus confortable et plus sûre, lecteur de disques compacts, magnétoscope, des dizaines de chaînes de télévision, aliments surgelés, four à micro-ondes, téléphone portable, Minitel, micro-ordinateur, skis et planche à voile, jeux vidéo et, surtout, voyages en TGV et en avion, repas pris au restaurant ou livrés à domicile… Et pourtant, les deux séries sont différentes : une frontière subtile les sépare, aussi essentielle que toutes les différences qui font que ce qui a été n'existe plus jamais à l'identique. La rareté, qui constituait pour toutes les sociétés ayant précédé la nôtre une donnée fondamentale de l'expérience commune, a aujourd'hui disparu. Que ceux qui l'ont vécue se souviennent : « La transformation du cadre de vie est immédiatement sensible à toute une population qui accède, enfin, à la consommation de masse naguère réservée aux pays anglo-saxons. De la Dauphine Renault au moulin à café Moulinex (tous deux sortis en 1956), des téléviseurs, dix fois plus nombreux en quatre ans, aux textiles synthétiques qui révolutionnent les habitudes vestimentaires, les signes ne manquent pas de ce mieux-être qui tranche avec le dénuement de l'immédiat après-guerre [3]. »

3. Fernand Bouquerel, *Cinquante Ans d'économie contemporaine. Histoire et dérives*, Paris, Saint-Paul, 1991, p. 144.

Le désir de posséder plus est toujours là, mais il ne répond plus à la même urgence, il n'a plus la même force spontanée : la meilleure preuve en est l'effort colossal fait par les marchands pour persuader les consommateurs potentiels qu'ils ont effectivement besoin de nouveaux objets ou de perfectionnements sur ceux qu'ils ont déjà. Il semble bien que le désir de consommer davantage soit devenu plus fragile : il peut être plus aisément contrarié par d'autres aspirations ou par la crainte de l'avenir. Telle est, en tout cas, l'une des leçons de la récession du début des années 90 : les ménages ont réagi à la dégradation du marché du travail et au risque d'une baisse de leur revenu en constituant une épargne de précaution et en diminuant leur recours au crédit à la consommation. Comme le note un conjoncturiste : « Ce comportement, déjà observé dans le passé, aurait été plus marqué lors de cette récession[4]. » Comment s'en étonner ? Plus on possède, moins on est soumis à un manque réel et plus on est sensible au risque de perdre ce que l'on a. Bien sûr, il y a toujours des pauvres, et les riches ont toujours des besoins objectivement mal satisfaits, mais ce n'est pas de la réponse à ce type de manque que le système économique tire son dynamisme. L'essentiel de la croissance est conditionné par la création de nouveaux besoins ou, si l'on veut, la révélation de besoins latents dont les consommateurs n'ont pas spontanément conscience avant d'avoir été dûment « informés » par la publicité.

Nous sommes passés insensiblement d'une économie du besoin à une économie du désir. Or, si l'économie s'interdit de faire la différence entre les deux, cette distinction a bien un sens du point de vue du psychisme humain : les besoins sont réels, objectifs, et ils peuvent être satisfaits, alors que le désir se métamorphose sans rien perdre de sa force[5]. L'homme qui a faim ressent un

4. *Lettre de l'OFCE*, nº 129, juillet 1994.

5. Comme le note Maurice Bellet : « Du côté de la psychanalyse, on marque la distinction : le désir est relatif à un manque qu'aucun objet ne saurait combler (il est désir du désir de l'autre, lié à l'ordre symbolique de la parole, etc.) ; le besoin se défait dans la satisfaction. Mais l'écorègne ignore cette distinction : le

besoin : une fois nourri, celui-ci disparaît. De même, être correctement logé, vêtu, soigné en cas de maladie, répond à un ensemble de besoins vitaux. En revanche, choisir entre les dizaines d'options d'une automobile relève davantage de l'expression d'un désir. Il serait évidemment bien difficile de tracer une limite claire entre les deux domaines, mais nul ne contestera que notre modèle de consommation relève moins, désormais, de l'« utile » que du « futile »[6], comme le prouve la fragilité et l'instabilité du comportement des consommateurs : « Le déluge des produits et des artefacts rend les consommateurs moins sensibles à leur impact. Le déséquilibre entre l'offre, excédentaire, et la demande, désorientée et capricieuse, s'accroît[7]. » Dans le domaine porteur des nouvelles technologies (ordinateurs, audiovisuel...), nous sommes entrés dans l'ère de l'obsolescence programmée, du gaspillage organisé, les nouveaux produits ne pouvant que se substituer aux anciens avant que ceux-ci aient cessé de fonctionner.

Non seulement une certaine abondance matérielle est devenue réalité pour le plus grand nombre, mais ce que l'on pourrait appeler notre « bien-être » dépend de moins en moins du niveau de consommation. Si la finalité de l'économie est de nous fournir le moyen d'« améliorer notre sort », comme le disait déjà le fondateur de l'économie politique Adam Smith au XVIIIe siècle, préoccupation qui « naît avec nous et ne nous quitte qu'au tombeau[8] », il n'est pas certain que produire plus soit toujours le meilleur moyen de parvenir à cette fin. Notre « sort » dépend d'une multitude de facteurs plus ou moins objectifs : est-il plus important d'avoir un métier intéressant et bien payé dans une grande ville sale et anonyme que de respirer l'air pur de la campagne ? Faut-il

désir y prend la figure du besoin – ce qui veut dire assouvissement, maîtrise, soulagement ; il y prend la nécessité du besoin, sa hâte, son urgence » (*La Seconde Humanité*, Paris, Desclée de Brouwer, 1994, p. 49).

6. En référence à Charles Goldfinger, *De l'utile au futile*, Paris, Odile Jacob, 1994.

7. *Ibid.*, p. 159.

8. Adam Smith, *Recherches sur la nature et les causes de la richesse des nations*, Paris, Gallimard, 1976, p. 173.

privilégier la sécurité ou le gain immédiat ? le temps libre ou l'argent ? et, au niveau collectif, la performance économique ou la préservation des acquis sociaux ? Le béton des autoroutes et des centres commerciaux améliore-t-il toujours le sort des populations ? On aurait bien du mal, en réalité, à réduire les comportements économiques à la maximisation du bien-être. Cela fait déjà longtemps, d'ailleurs, que l'on soupçonne la rationalité utilitariste de l'*Homo economicus* de n'être qu'une fiction, un paravent qui masque des enjeux fondamentalement sociaux. Comme l'avait vu, après d'autres, Karl Polanyi : « L'homme agit de manière non pas à protéger son intérêt individuel à posséder des biens matériels, mais de manière à garantir sa position sociale, ses droits sociaux, ses avantages sociaux. Il n'accorde de valeur aux biens matériels que pour autant qu'ils servent cette fin[9]. » L'aisance matérielle apporte un sentiment de sécurité et fournit à l'individu un signe extérieur de sa valeur sociale. Adam Smith lui-même semble avoir hésité entre une conception utilitariste et une conception sociale de la recherche du bonheur. Pierre Manent remarque à ce propos que l'expression citée plus haut (le désir d'« améliorer notre sort ») figure sous deux formes très différentes dans les deux grands livres du penseur écossais, *La Théorie des sentiments moraux* (1759) et *La Richesse des nations* (1776). Dans le second, l'interprétation semble être celle de l'utilitarisme économique, tandis que, dans le premier, on peut lire la phrase suivante : « Quels sont les avantages que nous nous proposons avec ce grand objet de la vie humaine que nous appelons : améliorer notre condition ? Être observé, être servi, être remarqué avec sympathie, faveur et approbation, voilà tous les avantages que nous pouvons en attendre. C'est la vanité, non le confort ou le plaisir, qui nous intéresse[10]. » On n'est pas loin

9. Karl Polanyi, *La Grande Transformation*, Paris, Gallimard, 1984, p. 74.
10. Cité par Pierre Manent, *La Cité de l'homme*, Paris, Fayard, 1994, p. 128. Sur le rapport entre les deux ouvrages d'Adam Smith, on peut se reporter à Jean-Pierre Dupuy, *Le Sacrifice et l'Envie*, Paris, Calmann-Lévy, 1992. Dupuy s'efforce de montrer que la pensée économique de Smith est restée fidèle aux intuitions anthropologiques développées dans *La Théorie des sentiments moraux*.

de Polanyi ! D'autres auteurs, plus récemment, ont interprété le désir de possession en référence à la théorie du « désir mimétique » de René Girard : l'économique serait devenu au cours de l'histoire le terrain privilégié de l'expression non violente d'une rivalité essentielle, constitutive des rapports humains. Dans cette optique, le rapport sujet/objet se complexifie en relation sujet/objet/rival : l'objet ne vaut vraiment que parce qu'il est déjà objet du désir de l'autre. L'idée que la pulsion proprement économique de possession est le résultat d'un apprentissage social, découlant de la prise de conscience du désir des autres, a également été développée par Georg Simmel dans sa *Philosophie de l'argent* : « Le fait que, pour obtenir l'objet, il me faut en abandonner un autre prouve que cet objet est précieux non seulement pour moi, mais aussi en soi, c'est-à-dire pour une autre personne[11]. »

## 4. Le bonheur comme liberté et capacité d'agir

Quoi qu'il en soit des faiblesses du point de vue utilitariste en tant qu'interprétation anthropologique des comportements économiques, il n'en demeure pas moins que l'aspiration à consommer davantage s'est manifestée historiquement comme le moteur le plus puissant du développement social au cours des derniers siècles. A certaines époques, pour l'Anglais du début de la révolution industrielle prenant conscience de la forte croissance démographique de son pays (à l'instar de Malthus et Ricardo, les pères de l'économie politique), comme pour n'importe quel Européen de l'immédiat après-guerre sortant de plusieurs années de privations, l'amélioration du confort et de la sécurité matérielle de l'existence a été perçue comme un impératif évident, un objectif

11. Georg Simmel, *Philosophie de l'argent*, Paris, Presses universitaires de France, 1987, p. 52.

absolument prioritaire pour la collectivité. Qu'en est-il aujourd'hui ? Il y a des raisons de penser que les choses sont devenues beaucoup plus compliquées et que, par-delà l'expression d'« envies » puissamment conditionnées par le conformisme et la publicité, le « bien-être » réel des gens dépend de nombreux facteurs qui ne sont pas tous, loin s'en faut, liés de manière univoque à la richesse économique, tels que la qualité de l'environnement, la maîtrise du temps, le sentiment de sécurité et l'intérêt du travail.

Un grand économiste indien, Amartya Sen, a développé une critique radicale de la conception utilitariste du bien-être utilisée par les économistes, en faisant remarquer que la liberté individuelle, entendue dans un sens plus large que celui donné par la philosophie politique, comme la capacité effective qu'ont les individus de poursuivre et réaliser les objectifs qu'ils se donnent, constitue la définition la plus appropriée du bien-être individuel. Or cette capacité ne dépend pas seulement d'un niveau de vie économique, mais également de ce que Sen appelle les « fonctionnements » individuels, c'est-à-dire des « manières de faire » et des « manières d'être » propres à chacun, dans un contexte culturel donné. Bien entendu, la liberté ainsi définie dépend de la richesse économique, et plus généralement des « biens premiers » tels que l'éducation et les libertés publiques [12]. Mais Sen insiste surtout sur l'hétérogénéité des personnes et des environnements, qui devrait interdire d'objectiver le bien-être par un ensemble de ressources économiques :

> « Au lieu donc de se focaliser sur les biens premiers ou sur les ressources dont les individus disposent, on peut centrer l'analyse sur les vies réelles que les individus peuvent choisir de vivre, vies qui représentent différents modes du fonctionnement humain. Parmi ces modes de fonctionnement, certains sont très élémentaires – par exemple : être convenablement nourri, être en bonne santé, etc. – et tout être humain

12. Au sens défini par le philosophe américain John Rawls, *Théorie de la justice*, Paris, Éd. du Seuil, 1987.

est susceptible, pour des raisons évidentes, de leur reconnaître une grande valeur. D'autres modes du fonctionnement humain sont plus complexes, bien que leur valeur soit encore largement reconnue : par exemple, ressentir de l'estime pour soi-même ou participer à la vie de sa communauté [13]. »

Des chercheurs ont tenté, en s'inspirant de la réflexion de Sen, d'identifier et de quantifier les facteurs qui déterminent le bien-être réel d'individus en difficulté (en l'occurrence, des bénéficiaires du revenu minimum d'insertion). Les résultats obtenus étayent l'idée d'ailleurs assez naturelle selon laquelle la qualité de la vie est fortement liée à l'autonomie dans la sphère privée, à la capacité d'assurer par soi-même un certain nombre de tâches matérielles quotidiennes (cuisine, repassage, lessive, entretien du logement, soins aux enfants). A revenu comparable, « les allocataires les plus en difficulté sont ceux qui ne semblent pas en mesure d'assumer les tâches les plus mécaniques de la vie quotidienne [...] les allocataires les mieux lotis en terme de niveau de vie s'identifient par les activités de loisirs domestiques qu'ils pratiquent [14] ». On retrouve bien la notion de « fonctionnements » mise en avant par Sen. En interprétant les résultats de cette étude, on pourrait dire que le bien-être est, avant tout, une *capacité d'agir*, laquelle résulte autant de compétences personnelles que d'un niveau de vie au sens économique du terme. Si l'idée de bien-être a un sens, celui-ci est fortement lié à la valorisation de l'autonomie par tout être humain. Cette valorisation de l'autonomie permet de mieux comprendre pourquoi l'automobile (l'instrument par excellence de l'autonomie) est au cœur des mythes et des réalités de la croissance. Elle permet également de comprendre certaines tendances actuelles du mode de vie et de la consommation, comme le développement du bricolage : faire des petits travaux chez soi, c'est reconquérir une maîtrise directe

13. Amartya Sen, « La liberté individuelle », *Esprit*, mars-avril 1991, p. 18.
14. CREDOC, « Niveau de vie et revenu minimum. Une opérationnalisation du concept de Sen sur données françaises », *Cahier de recherche*, n° 57, p. 122.

sur son environnement, qui participe du sentiment d'autonomie et du bien-être. Ce type de point de vue devra être pris en compte lorsque l'on traitera de l'avenir du travail : toute activité humaine doit être considérée à partir des « fonctionnements » humains qui peuvent s'y manifester, et pas seulement comme une ressource économique. Et ce d'autant plus que, comme on le verra, les valeurs et comportements impliqués dans le travail perdent de leur spécificité : on en donne immédiatement pour indice le fait que les objets phares de la consommation (ordinateur, téléphone portable) sont des objets hybrides : à la fois outils professionnels et produits de loisir.

Ce qui est vrai au niveau individuel l'est tout autant au niveau collectif : nous faisons comme si la croissance était la réponse sinon unique, du moins la plus décisive à tous les problèmes que pose la vie en société et, en particulier, à la poursuite de cet objectif si difficile à définir qu'est le « bien-être » collectif. Veut-on un exemple des absurdités auxquelles peut aboutir une évaluation purement économique des buts de la société ? L'économiste Jean-Jacques Rosa a calculé que, grâce aux économies faites sur les retraites et les rentrées fiscales liées au tabac, l'apport net des fumeurs à la collectivité a été de 18 milliards de francs en 1990. Il n'y a rien à reprocher à ce type de calcul, sauf la conclusion qu'en tire l'économiste : « La consommation d'alcool ou de tabac, tout comme celle de livres ou de cinéma, ne peut qu'être laissée à l'appréciation individuelle [15]. » Voilà à quoi on arrive quand on réduit le bien-être au niveau de vie mesuré à l'aune de l'économie marchande ! A travers cet exemple caricatural, on dénonce l'idée que tout se mesure par l'argent, y compris la vie humaine. Et l'assurance naïve que tous les maux infligés à la société peuvent être réparés par l'économie, ce que Polanyi appelait déjà la « confiance sans discernement dans les prétendues vertus d'autocicatrisation de la croissance [16] ».

15. Cité par *Libération*, 10 octobre 1994.
16. Karl Polanyi, *op. cit.*, p. 60.

Que l'évaluation économique du fonctionnement de la société soit de moins en moins pertinente, on s'en expliquera longuement à propos du travail. Dans une société d'abondance où l'urgence du travail ne se justifie plus par la nécessité absolue de produire plus, il faut apprendre à considérer celui-ci comme l'une des principales médiations du lien social, et plus seulement comme une ressource productive. Ce que Sen dit à propos de la liberté individuelle peut être transposé au niveau collectif : le vrai « bien commun » que recherchent les nations à travers la croissance, c'est une *capacité de vivre et d'agir ensemble*. Le déficit politique, l'impuissance dans laquelle tous les pouvoirs semblent inexorablement s'engluer provient du fait que nous avons pris l'habitude de penser l'État comme une grande machine à orchestrer la croissance industrielle et à redistribuer la richesse, oubliant qu'il y a bien d'autres manières d'animer la société et de contribuer à son développement. D'où, notamment, un rabattement des politiques publiques sur l'économique et le développement technique : ayant eu il y a quelques années des responsabilités dans le domaine de la santé publique, j'ai pu constater à quel point il était plus gratifiant pour des hommes politiques et des hauts fonctionnaires d'inaugurer de prestigieux équipements, béton et matériel de pointe, que d'impulser des actions de prévention sanitaire, pourtant moins coûteuses et plus efficaces. Redéployer l'action publique en fonction de la pluralité de ses buts, proposer aux sociétés démocratiques d'autres possibilités de faire du nouveau, de se projeter dans l'avenir, que la seule croissance matérielle, voilà la tâche du politique, qui suppose, entre autres choses, un progrès dans la capacité de délibérer et de négocier, la réactivation du principe de représentation, un investissement lourd dans la rénovation du droit et dans ce tout que l'on pourrait appeler l'« ingénierie démocratique ».

L'ère industrielle avait fait coïncider la puissance de l'État, le niveau de vie des populations et le progrès social. Fort logiquement, le politique s'était mis au service de l'économique, capable de satisfaire de son propre mouvement l'essentiel des attentes collectives. Cette démission du politique n'est plus de mise, notamment parce que nous commençons à faire l'expérience des limites du monde physique et des conséquences irréversibles de nos actions. Or la pensée économique n'est pas armée pour penser l'irréversible, et il lui est difficile sans se renier d'intégrer la notion de limite. Derrière la croissance, il est sans doute temps de retrouver des objectifs plus fondamentaux pour toute collectivité humaine, qui doivent être identifiés et poursuivis pour eux-mêmes sans que l'on puisse préjuger *a priori* de leur compatibilité. On peut en nommer trois, dont l'explicitation fournira l'une des trames de ce livre : la puissance, le bien-être et la cohésion sociale. Trois dimensions du bien commun abusivement subordonnées à la croissance, qu'il faut aujourd'hui réapprendre à penser distinctement.

## 5. La croissance ne sera plus jamais ce qu'elle a été

La croissance économique a changé de nature. Le fait qu'elle ait tendance à ralentir, ce dont on peut éventuellement discuter, est peut-être moins fondamental que les mutations qualitatives qui en modifient l'orientation et les conditions. La croissance des « trente glorieuses » était une croissance extensive, fondée sur des économies d'échelle (produire en grande quantité pour produire moins cher). Ses piliers étaient la consommation de masse, les grandes organisations hiérarchisées et la destruction massive des ressources naturelles. Ce type de croissance ne pourrait se poursuivre indéfiniment que si la sphère d'activité de l'humanité était un système « ouvert », c'est-à-dire un système dont on peut déplacer indéfiniment les limites ou, ce qui revient au même, qui peut indéfiniment capter l'énergie de son environnement et rejeter sur lui le désordre qu'elle génère. Nous savons maintenant que nous habitons un monde fini, une bulle de vie isolée par un vide hostile, que nous ne peuplerons pas de sitôt d'autres planètes, et qu'il nous faut, de plus, affronter la complexité croissante des systèmes que nous avons nous-mêmes créés. La « globalisation », dont on nous rebat parfois les oreilles, c'est aussi cela : l'intensification des chocs en retour lorsque nous portons atteinte de manière inconsidérée à notre environnement physique, social ou culturel, l'impossibilité d'« externaliser » le coût des destructions de toute nature qui ont rendu possible la croissance industrielle, l'obligation de vivre en symbiose avec tous les éléments du système « fermé » dont nous sommes partie. Cette idée de globalité est fortement symbolisée par l'image du globe terrestre, omniprésente grâce aux photos prises depuis l'espace. Nous avons désormais sous les yeux l'image de la finitude de notre milieu de vie. On n'a pas assez souligné à quel point cette finitude s'oppose à l'idée d'une croissance exponentielle indéfinie, telle du moins que nous pouvons nous la représenter à partir de l'expérience vécue par l'humanité depuis deux siècles. Si la croissance économique doit se poursuivre, son concept même est appelé à se modifier en profondeur : nous accumulerons toujours davantage d'information et de savoir-faire, mais l'accumulation matérielle par prédation de l'espace et des ressources naturelles est inéluctablement appelée à se ralentir. Il nous faudra bon gré mal gré consacrer toujours davantage de ressources et d'ingéniosité à l'aménagement de notre niche écologique, à la réparation des dégâts que nous lui causons et à la gestion de la complexité de sociétés humaines qui ne pourront plus se développer au détriment de la nature. Un exemple évident : le besoin de se déplacer toujours plus souvent et toujours plus loin pour rencontrer nos semblables ne pourra être indéfiniment satisfait, la saturation de l'espace ne l'autorisera pas. La communication passera donc de plus en plus par la circulation des signes. Telles sont les données fondamentales qui pèseront sur le rythme et l'orientation de la croissance future : moins d'espaces à coloniser et de ressources matérielles à consommer, plus d'échanges immatériels et d'interdépendances à gérer [17].

Nous sommes très mal armés intellectuellement pour penser ce nouveau cours du développement. Comme le dit très bien Susan George : « Le concept de progrès tel qu'il a été développé dans la tradition occidentale exhibe une flagrante et dangereuse omission : il ne véhicule aucun sens des effets de seuil, de l'irréversibilité, des limites naturelles ou de l'échelle absolue des activités humaines, de leur démesure lorsqu'elles échappent à tout contrôle [18]. » Les théories économiques qui nourrissent nos décideurs sont imprégnées de l'idée que le progrès matériel est un processus irréversible et infini, elles sont le fruit d'une expérience historique particulière, celle de la révolution industrielle. Celle-ci n'est évidemment pas terminée en tant que processus d'invention scientifique et technologique, mais sa capacité à subsumer le sens de l'évolution de l'humanité est en déclin. Ce déclin se manifeste d'abord, on l'a dit, dans le fait que les objets matériels offerts par la croissance ne parviennent plus que difficilement à modifier les conditions concrètes de l'existence quotidienne : passer d'une Dauphine à une Clio représente certes un progrès, mais c'est un progrès bien faible par rapport à ce qu'a représenté le passage du cheval à l'automobile. Des consommateurs qui ont le ventre plein

17. « Sachant que la population mondiale devrait se stabiliser d'ici trois quarts de siècle autour de dix milliards d'habitants, l'extension générale du mode de consommation nord-américain supposerait une production mondiale d'énergie multipliée par huit, une production de cuivre multipliée par sept, d'engrais par six et de papier par dix [...]. La ponction sur les ressources non renouvelables (et même renouvelables comme l'eau) serait telle qu'elle n'est pas envisageable. » Certes, nuance l'auteur, on peut imaginer une croissance moins destructrice : « Certaines évolutions observées des vingt dernières années montrent que c'est possible : la production industrielle, en vingt ans, a progressé en France de 25%, tandis que la consommation énergétique de l'industrie est restée stable. L'essentiel reste cependant à faire : transport, recyclage, urbanisme... sachant qu'il ne s'agit pas pour les pays riches de l'être moins, mais de l'être autrement » (Marie-Claude Jacquot, « L'extension de notre mode de consommation à toute la planète est-elle possible ? », *Alternatives économiques*, 1er trimestre 1995, p. 15).

18. Susan George, « One third in, two third out », *New Perspectives Quarterly*, Center for the Study of Democratic Institutions, printemps 1993, p. 53-55.

et qui ne travaillent plus de leurs mains, mais qui sont confrontés aux multiples problèmes de la vie urbaine et qui sont inquiets pour leur avenir, ne sont en rien comparables aux ouvriers fraîchement venus de la campagne et bien heureux d'améliorer année après année le confort de leur HLM. On ne peut attendre des mécanismes économiques qu'ils fonctionnent indépendamment des changements qu'ils contribuent à produire dans la réalité matérielle.

Mais ce n'est pas tout : l'ère industrielle est également exceptionnelle par ses effets sociaux, par le fait qu'elle a fourni une base objective à l'individualisme moderne. Décisif à cet égard est l'impact des techniques productives sur l'efficacité du travail individuel. Il y a de ce point de vue une grande différence entre la mécanisation de la production, telle que nous l'avons connue jusqu'à ces dernières années, et l'économie du savoir qu'annonce l'explosion des technologies de l'information. Dans le premier cas, le savoir technique accroît la puissance du geste humain, qui demeure au cœur du processus de production. Chaque travailleur individuel en est le bénéficiaire direct : c'est la productivité de *son* travail qui augmente. Avec la révolution informationnelle, le savoir déploie une puissance de plus en plus autonome, de moins en moins appropriable par le geste des travailleurs de base. Comme le note Peter Drucker : « Accroître la productivité des travailleurs des usines, de l'agriculture, des mines, des transports ne suffira plus à créer la richesse. La révolution de la productivité est devenue la victime de son propre succès. Ce qui compte désormais, c'est la productivité des travailleurs non manuels. Et cela suppose qu'on applique le savoir au savoir[19]. »

En d'autres termes, l'alliance entre le savoir scientifique et l'effort des travailleurs change de nature. La notion même de productivité ne peut plus s'appliquer de manière pertinente à l'activité individuelle, mais elle traduit la performance globale de systèmes complexes fortement intégrés. C'est le contexte écono-

19. Peter Drucker, *Au-delà du capitalisme*, Paris, Dunod, 1993, p. 49.

mique du triomphe de la société salariale, le fondement matériel de la modernité sociale qui se trouve mis en cause. Les limites dont il nous faut faire l'expérience sont aussi celles de la vertu émancipatrice des activités économiques.

## 6. Un enjeu fondamental : comprendre la crise du travail

On l'aura compris : il ne s'agit pas ici de prêcher les vertus de la croissance zéro en faisant semblant d'ignorer le bien-être qu'apporte la richesse et les retombées sociales bénéfiques de l'expansion. Mais à tout attendre de la croissance, implicitement conçue sur le modèle des « trente glorieuses », comme on attend le retour du beau temps, on s'interdit de penser la nouveauté de la situation actuelle, c'est-à-dire, à la fois, les limites de la croissance et la radicale nouveauté de la crise du travail, et donc d'y faire face avec les meilleures armes.

S'il est une évidence qu'il est bon de rappeler, c'est que le sentiment généralement partagé d'une insuffisance de la croissance économique est presque exclusivement dû à la gravité de la crise du travail. Compte tenu du niveau d'abondance que nous avons atteint, croître de 2% correspond, chaque année, à un enrichissement considérable (cela représente approximativement, en francs constants, 2 000 francs de plus par an pour chaque Français). Du point de vue économique, notre seul vrai problème est le chômage. Plus de 3 millions de chômeurs « officiels », 5 millions de personnes en état de sous-emploi, sans parler de la précarisation générale du monde du travail, donnent la mesure d'un échec politique dans lequel on est fondé à voir une faillite de la pensée. La critique de l'idéologie économique que l'on vient d'esquisser est sous-tendue par la conviction qu'elle porte une lourde responsabilité dans cet échec. Allons droit au but : pour nous, la crise de l'emploi s'inscrit dans une mutation de caractère historique qui modifie de manière irréversible la place de ce que nous appelons « économie » dans le fonctionnement de la société. Mutation qui n'est pas entièrement pensable à l'intérieur du cadre conceptuel de la science économique. Un tel changement de perspective n'est pas sans conséquences sur la manière de concevoir le traitement politique du problème. Pour simplifier, disons que l'objet de notre réflexion pourrait être de mettre en débat trois positions : 1) le chômage est traitable comme un problème de *management* économique dont la solution appartient aux chefs d'entreprise, aux ingénieurs et aux technocrates ; 2) c'est un problème qui met en cause les modes de régulation du système économique, c'est-à-dire l'environnement politico-institutionnel des entreprises, les normes salariales, l'organisation de l'échange mondial, etc. ; 3) les mutations du travail imposent un changement de paradigme, une redéfinition des fondements du contrat social et des modèles d'action collective.

Ces questions sont de plus en plus fréquemment posées, dans tous les milieux, groupes et familles de pensée qui composent la société française. Malgré le poids du discours technocratique, on hésite de moins en moins à se demander si l'attente d'une solution purement économique au chômage n'est pas une chimère. Nombreux sont ceux qui doutent que le travail économique puisse demeurer à l'avenir la seule forme légitime de participation à la vie sociale. Question formulée pratiquement dans les mêmes termes par des ouvriers syndiqués, des cadres et des dirigeants d'entreprise, des spécialistes de la gestion des ressources humaines, des travailleurs sociaux et des chercheurs, par des militants de toute obédience, religieuse ou politique. Le débat sur l'emploi n'oppose plus d'abord la droite et la gauche, ni les syndicats et les patrons, même si ces clivages-là n'ont pas disparu. On retrouve, en revanche, à l'intérieur de chaque famille de pensée, et même de chaque groupe socio-professionnel, une opposition plus ou moins tranchée entre des « classiques » qui restent convaincus que l'on peut s'en remettre à la croissance et des

« critiques » qui pensent que la solution du problème de l'emploi passe par un changement d'organisation sociale. Opposition simpliste, bien entendu : les libéraux qui prônent une déréglementation plus poussée du marché du travail sont partisans, à leur manière, d'un changement de société. Même s'ils prétendent faire de l'économie pure, ils ont en vue, au moins pour les plus conséquents d'entre eux, la révolution culturelle qu'implique le fait pour les individus de se prendre eux-mêmes en charge dans un univers plus concurrentiel. De même, du côté de la gauche, on peut être à la fois pour une nouvelle régulation de l'économie par l'État ou la négociation sociale et pour la relance de la croissance. A tous une évidence devrait s'imposer : quelle que soit son issue proprement économique, la crise du travail ne laissera pas la société indemne. Sa profondeur invite à se poser des questions radicales : quelle est la spécificité du travail économique parmi les autres activités humaines ? Quelle doit être sa place dans la vie de chacun, dans l'acquisition de droits sociaux et dans la production des normes collectives ? De quelles ressources de sens et d'organisation disposons-nous pour vivre et agir ensemble lorsque le travail économique fait défaut ou ne possède plus les mêmes vertus intégratrices ?

Par-delà ses causes économiques, la pénurie d'emploi laisse apparaître cruellement la fragilité d'une société qui fait reposer trop exclusivement sa cohésion sur le développement des échanges économiques. Aujourd'hui, l'obsession parfaitement légitime de la création d'emploi (« faire l'impossible pour l'emploi[20] ») rend difficile la prise de conscience des limites et des dangers d'une croissance économique non maîtrisée. Ce n'est pas la moindre des raisons pour tenter de dépasser les problématiques purement instrumentales de la lutte contre le chômage.

20. Alain Minc, *La France de l'an 2000*, Paris, Odile Jacob, p. 94.

# 2
# De l'explication

## 1. Critique de la causalité

Arrivé à ce stade, le lecteur peut légitimement s'attendre à ce que l'auteur entre dans le vif de l'analyse du chômage, de ses causes, et qu'il propose des remèdes. Nous ne suivrons pas cette voie : non que l'on n'ait pas quelques idées sur les politiques de lutte contre le chômage et leur efficacité, et également quelques propositions à mettre en avant, mais, dans l'immédiat, il paraît plus utile de proposer un long détour, justifié par la conviction qu'en l'absence de cadre d'interprétation globale adéquat toute explication partielle du problème de l'emploi ne peut conduire qu'à des remèdes dont l'efficacité est, au mieux, très limitée, et qui ont souvent de graves effets pervers.

Le chômage ne manque d'ailleurs pas d'explications, dont la plupart contiennent une part de vérité : croissance de la population active, politique monétaire trop restrictive, structure des prélèvements sociaux, concurrence des pays à faible coût de main-d'œuvre, inadaptation du système de formation, effets du progrès technique, durée du travail, etc. On en examine quelques-unes dans le chapitre suivant. Mais la question qui se pose est de savoir ce que l'on attend d'une explication en matière de phénomènes sociaux. Le problème est que l'on a affaire à un enchevêtrement de mécanismes hétérogènes, reliés entre eux par des liens complexes et souvent variables au cours du temps : le lien entre le niveau des salaires et l'emploi, par exemple, n'a rien de simple ni d'univoque. Dans ces conditions, privilégier l'une ou l'autre cause du chômage revient presque toujours à faire un tri entre les éléments que l'on considère comme intangibles et ceux que l'on considère comme des variables de commande susceptibles d'être modifiées par un choix politique. En fait, comme l'ont remarqué depuis longtemps les épistémologues, l'usage du terme « cause » est toujours lié à des préoccupations instrumentales ou normatives : « Les imputations de causalité sont généralement recherchées dans un but spécifiquement humain. Par exemple, un biologiste environnementaliste pourrait dire que la cause du paludisme est un moustique parce qu'il veut supprimer les lieux de reproduction des moustiques, alors qu'un hématologiste dirait que la maladie est causée par l'introduction de psalmodia dans le sang[1]. »

Du point de vue de la stricte objectivité scientifique, il est préférable d'utiliser la notion plus neutre de « relation fonctionnelle », qui évite d'établir une dissymétrie entre les éléments mis en rapport : « Seul un scientifique pré-newtonien dirait que l'attraction du soleil est la cause qui maintient les planètes sur leur orbite. » Dans les citations précédentes, on pourrait facilement remplacer « cause » par « responsable ». La notion de cause est fonctionnellement proche de celle de responsabilité, aux sens moral et juridique du terme. La plupart des prétendues explications du chômage ont un caractère fortement normatif : elles s'apparentent plus à la quête d'un coupable qu'à l'esprit de la recherche scientifique. Ont été ainsi successivement « incriminés » le système scolaire, le SMIC, le franc fort, les délocalisations, etc. Sans le dire, les interprétations les plus courantes orientent vers des mécanismes d'action considérés comme mobilisables dans un contexte socio-politique donné. Fournir une explication, c'est déjà, dans l'esprit de beaucoup de gens, préconiser implicitement une solution. Par exemple, dénoncer la poli-

1. Guba et Lincoln, *Fourth Generation Evaluation*, New York, Sage, 1990, p. 97.

tique monétaire trop restrictive de la Banque de France présuppose qu'une politique alternative est possible sans remettre en cause le mode d'intégration de la France dans les échanges mondiaux, ce qui n'a rien d'évident, comme on le verra plus loin. Il y a toujours quelque chose d'arbitraire à extraire une cause du chômage de l'ensemble des phénomènes dans lesquels elle est immergée. Autre exemple : du fait indubitable que le coût du travail peu qualifié explique une partie du chômage français (dans quelle proportion ?), on tire souvent la conclusion que la suppression du SMIC serait une bonne chose, ce qui présuppose que l'on peut toucher au mode de fixation des salaires sans que cela modifie l'ensemble du système de régulation sociale du monde du travail (rôle des syndicats, de la formation professionnelle, etc.) et bon nombre de comportements économiques. Penser en termes de relations de cause à effet conduit fréquemment à sous-estimer l'irréversibilité des évolutions sociales et les capacités de rétroaction de la société. Mais que peut vouloir dire, alors, comprendre la crise de l'emploi ?

Au cours d'une réunion publique, une personne de l'assistance, ingénieur semble-t-il, s'étonnait que les experts n'arrivent pas à se mettre d'accord sur les causes du chômage, alors que, faisait-il remarquer, les scientifiques arrivent à comprendre des choses beaucoup plus complexes, comme la structure des galaxies, la composition chimique de l'enveloppe d'un virus ou le fonctionnement du cerveau. L'interrogation ne manque pas de bon sens. A bien y réfléchir, il semble que la réponse soit la suivante : s'il n'y a pas de consensus sur l'explication du chômage, c'est qu'il n'y a pas d'accord sur le cadre dans lequel devrait s'inscrire cette explication. S'agit-il, par exemple, d'expliquer la gravité particulière du chômage français ou les déterminants généraux d'un phénomène qui concerne un grand nombre de pays dans le monde ? S'agit-il de rendre compte d'une aggravation conjoncturelle ou d'une tendance à long terme ? Qu'appelle-t-on implicitement « emploi » et « travail » ?

Même si cela peut paraître surprenant, les économistes font

rarement l'effort d'expliciter le registre dans lequel se situent leurs explications et leurs recommandations. Or toute représentation formelle du système économique impose une certaine vision de la réalité, des objectifs et leviers d'action utilisables par les décideurs. Les concepts économiques sont des construits sociaux, souvent élaborés pour les besoins de la gestion ou de la décision. Cela commence avec la mesure de l'emploi et du chômage, notions dont la définition est tributaire de l'organisation institutionnelle du marché du travail et qui sont loin d'avoir le même sens d'un pays à l'autre. (Peut-on considérer que « job » est strictement équivalant à « emploi » ?)

## 2. La notion de système

Si l'on veut s'entendre, il faut donc préciser à quel type d'exercice on se livre. Et en particulier distinguer soigneusement les interprétations historiques, qui visent une compréhension globale, distanciée, privilégiant les tendances longues et les facteurs technologiques et culturels, des explications à visée instrumentale, qui tentent d'apprécier l'impact des politiques et du comportement d'acteurs sociaux bien identifiés. Il est logique, semble-t-il, de commencer par rechercher une compréhension historique avant d'identifier des variables d'action à court ou moyen terme. De plus, cette compréhension historique doit être globale : elle doit s'efforcer de rendre compte de l'ensemble des dimensions de la dynamique des sociétés. Quand on vise ce type d'intelligibilité, il est commode d'avoir recours à la notion de système. Un système peut être défini très simplement comme un ensemble de mécanismes mutuellement compatibles, dont le fonctionnement simultané garantit la stabilité. Un exemple simple, fréquemment utilisé à des fins pédagogiques, est le système prédateur-proies. Les proies sont nécessaires au prédateur, mais l'inverse peut être vrai : des populations trop nombreuses peuvent détruire leur environnement et mettre en cause leur survie. Les mécanismes de prédation et de reproduction des deux espèces forment alors un système, dont la principale qualité, comme de tout système, est l'homéostasie, c'est-à-dire la capacité à retrouver l'équilibre après une perturbation.

Comprendre un phénomène complexe, c'est d'abord identifier les systèmes en cause, leurs mécanismes structurels, les réseaux d'interdépendance qui les constituent, les facteurs de déstabilisation auxquels ils sont confrontés et les possibilités d'adaptation et de restructuration qui s'offrent à eux. En ce sens, on peut dire que toute explication doit avoir, d'abord, un caractère historique. Elle doit permettre de saisir les systèmes sociaux comme des entités vivantes essayant de persévérer dans leur être au cours du temps. Toute autre stratégie d'analyse ne peut être que partielle et n'a aucune chance d'aboutir à des conclusions de portée générale. Telle est donc la méthode que nous suivrons par la suite : saisir la croissance de la production et de l'emploi comme le résultat de la dynamique d'un système socio-économique complexe et mettre en évidence les multiples facteurs de déstabilisation de cette dynamique. Il s'agit, pour dire les choses autrement, de saisir le chômage dans son contexte, comme un phénomène indissociable de l'ensemble de nos fonctionnements sociaux.

# 3

# A la recherche des coupables

## 1. Le chômage : un problème européen ?

On dit parfois que le chômage est un phénomène européen, voire spécifiquement français. Si l'on se fie aux indicateurs chiffrés habituels, cette opinion paraît justifiée. Les indicateurs en question ne sont toutefois pas à l'abri de tout soupçon, et l'OCDE a récemment reconnu que le taux de chômage au Japon et aux États-Unis serait nettement plus élevé et se rapprocherait des niveaux européens si l'on prenait en compte les « travailleurs découragés » qui ont renoncé à chercher un emploi et les « travailleurs involontairement à temps partiel ». Aux États-Unis, le taux de sous-emploi ainsi rectifié dépasserait la barre de 10%, alors que le chômage au sens du BIT est revenu à 6% en 1994[1]. Plus encore que les écarts des taux de chômage, les écarts des taux d'emploi (proportion des personnes en âge de travailler ayant un emploi) illustrent cette spécificité européenne : en 1993, le taux d'emploi était de 58% dans l'Europe des Douze contre 70% aux États-Unis et au Japon, mais, pour les États-Unis, le temps partiel involontaire mentionné précédemment gonfle ces chiffres. Quoi qu'il en soit, il ne fait aucun doute que la France et l'Europe sont dans une situation particulièrement défavorable en matière de chômage.

1. *Le Monde*, 26 novembre 1994.

Pourtant, la question de l'avenir du travail se pose, avec des accents différents, dans l'ensemble des pays industrialisés. On cite souvent l'économie américaine pour sa capacité à créer de nombreux emplois, et il est vrai que, au début de 1995, l'évolution du marché du travail semble particulièrement bien orientée. Mais, jusqu'à preuve du contraire, ce succès a pour contrepartie une inégalité croissante des revenus du travail. L'emploi a augmenté de 84% aux États-Unis depuis 1960 contre 6% seulement en Europe de l'Ouest, malgré un taux de croissance comparable, mais, en contrepartie, les inégalités de revenu ont fortement augmenté. Les revenus des 20% d'Américains les plus pauvres ont diminué de 5% de 1977 à 1990[2], tandis que, dans le même temps, ceux des 20% les plus riches ont augmenté de 9%. Autre forme d'inégalité : un Américain sur six est sans couverture sociale. La réforme de l'assurance-maladie était d'ailleurs au cœur de la dernière campagne présidentielle américaine, mais le projet, comme on le sait, n'a pas abouti. Dans un ouvrage qui a connu un grand retentissement, le ministre du Travail du gouvernement fédéral, Robert Reich, décrit une société écartelée entre les gagnants et les perdants de la nouvelle donne économique mondiale. Selon lui, la grande majorité des travailleurs américains peuvent être regroupés dans trois grandes catégories dont les situations économiques respectives ont tendance à diverger : les « travailleurs routiniers » (ouvriers et employés peu qualifiés), les « aides personnels » (services aux personnes, dans les domaines de la santé, du social, du gardiennage, etc.) et les « manipulateurs de symboles » (professions intellectuelles, cadres et tertiaire supérieur). Pour résumer la position de ces trois catégories, il a recours à la formule suivante : « Nous sommes maintenant dans des bateaux différents, dont le premier coule rapidement, le deuxième coule plus lentement, et le troisième s'élève régulièrement[3]. » Le 8 juin

2. Autre chiffre, encore plus frappant : les salaires de 10% des travailleurs les moins payés ont diminué de 30% en termes réels depuis vingt ans.

3. Robert Reich, *L'Économie mondialisée*, Paris, Dunod, 1993, p. 191.

1994, les Français ont pu entendre sur TF1 le président Clinton dire que son pays n'avait pas à pavoiser pour ses résultats en matière de chômage, compte tenu de l'accroissement de la stagnation des revenus d'une partie de la population. On peut d'ailleurs se demander comment il se fait que la précarisation de l'emploi ne pénalise pas la croissance américaine, en réduisant la propension des ménages à consommer, à l'instar de ce qui se passe en France. La réponse semble être que les États-Unis sont, depuis toujours, une économie d'endettement. Pour un Français, s'endetter de manière excessive quand on n'a pas des garanties absolues de pouvoir rembourser n'est pas considéré comme un comportement respectable. Et n'importe quel fonctionnaire obtiendra plus facilement un prêt qu'un petit entrepreneur. Aux États-Unis, pays de pionniers, la prise de risque est au contraire une valeur sociale reconnue (ce qui ne signifie nullement que le risque, en tant qu'épreuve personnelle, soit mieux vécu qu'ailleurs).

Quand on compare à grands traits la situation américaine et la situation européenne, il apparaît rapidement que l'une des explications[4] de la différence de performance en matière d'emploi réside dans l'évolution différente de la productivité du travail dans le secteur tertiaire : de 1979 à 1989, par exemple, la production par travailleur a augmenté de 2% par an en France dans les activités de service, et seulement de 0,5% aux États-Unis. Schématiquement, le dilemme auquel sont confrontés les pays développés est donc bien celui qu'exprime Peter Drucker :

> « Si une économie dans laquelle la productivité des travailleurs des services est faible s'entête à leur verser des salaires sans rapport avec

4. Il faudrait évoquer ici l'ensemble des conditions de fonctionnement du marché du travail, et notamment le fait que la mobilité (dans les deux sens) entre le chômage et l'emploi est beaucoup plus forte aux États-Unis. Ce qui, toutes choses égales d'ailleurs, se traduit par une moindre croissance du stock de chômeurs de longue durée difficilement employables et, corrélativement, par une plus grande précarité des travailleurs en poste : « Un travailleur français a une probabilité annuelle de 4% de se retrouver au chômage chaque année. Son homologue américain est exposé à un risque cinq fois plus fort » (Daniel Cohen, *Les Salaires ou l'Emploi*, Fondation Saint-Simon, mai 1995, p. 12).

cette productivité, l'inflation grignotera les revenus de tout le monde et soulèvera assez vite de graves tensions sociales. Si les travailleurs des services, au contraire, sont payés en fonction de leur productivité, l'écart entre leurs revenus et ceux des privilégiés, les travailleurs du savoir, ne cessera de s'élargir, ce qui provoquera aussi de sérieuses tensions sociales[5]. »

Pour Peter Drucker, la seule solution pour sortir de la contradiction est d'augmenter la productivité des travailleurs des services, ce qui peut sembler contradictoire avec l'opinion fréquemment entendue selon laquelle le chômage français serait dû à un excès de productivité dans les services[6] ! On aura l'occasion de revenir à plusieurs reprises sur cette question décisive et quelque peu embrouillée de la dynamique emploi-productivité. Dans l'immédiat, il nous suffit de noter que, partout en Occident, la question de l'avenir du travail est perçue comme un défi majeur pour le système social.

Pour en revenir aux États-Unis, c'est moins le niveau global du chômage que la qualité et la rémunération des emplois qui font problème. De plus, l'accroissement de la pauvreté et de la précarité frappe plus particulièrement la minorité noire, remettant en cause son intégration politique à la société américaine :

« La croissance des secteurs modernes de l'économie, la transformation industrielle et l'expansion des services ont accentué la segmentation du marché du travail et créé un clivage entre ceux qui détiennent des postes hautement qualifiés, bénéficient de salaires élevés, de la garantie de l'emploi et d'avantages sociaux considérables et ceux qui constituent un volant de main-d'œuvre, oscillant entre chômage et activités précaires, vulnérables et mal payées. L'industrie était traditionnellement le principal secteur d'activité où la classe ouvrière, surtout chez les minorités, pouvait trouver un poste correctement payé,

5. Peter Drucker, *op. cit.*, p. 96.

6. Notons au passage qu'il ne faut pas confondre productivité du travail et progrès technique. Comme le note encore Daniel Cohen : « Les machines à boisson des cafétérias américaines sont tout aussi performantes que les nôtres, mais le nombre de *waiters* à votre disposition pour vous guider jusqu'à votre table est très différent » *(op. cit).*

avec une certaine sécurité d'emploi. En 1970, dans les dix centres urbains les plus importants des États-Unis, les minorités constituaient une part substantielle des ouvriers : 42% des Noirs et 37% des Hispaniques de sexe masculin (contre 22% de Blancs) étaient employés dans l'industrie et les secteurs annexes, en tant qu'OS, manœuvres, etc. Les changements ont tari les sources traditionnelles d'emplois réservés à la classe populaire. Les nouveaux jobs convenablement rémunérés lui sont peu accessibles car dans l'ensemble elle dispose d'un faible niveau d'études et de diplômes. Or la plupart des offres d'emploi dans les services exigent un niveau de qualification plus élevé que dans l'industrie[7]. »

La pauvreté s'est aggravée dans les grandes villes américaines au cours des dernières années, avec pour conséquence une augmentation de toutes les pathologies sociales : « criminalité, toxicomanie, natalité hors mariage, célibat des mères avec enfants à charge, dépendance à l'égard de l'aide sociale[8]. » Tout cela n'est sans doute pas sans lien avec l'instabilité politique, dont le changement brusque de majorité survenu lors des élections de 1994 semble être un symptôme. Comme partout ailleurs, la versatilité des électeurs manifeste leur frustration et leur défiance à l'égard du système politique. Si l'économie américaine a montré une belle capacité d'adaptation, le bien-être et la confiance en soi des Américains sont profondément affectés par la précarisation de la classe moyenne, l'accroissement des inégalités et l'aggravation de l'insécurité liée à la criminalité. Il serait parfaitement artificiel de dissocier la situation du marché du travail de l'ensemble de ce contexte social. Il est d'ailleurs assez piquant de voir l'OCDE, qui n'a cessé d'accorder la priorité absolue à la déréglementation des marchés du travail et à la diminution des dépenses publiques dans tous les pays du monde, s'inquiéter, bien tardivement, des problèmes sociaux aux États-Unis. Après avoir souligné l'ampleur des inégalités en matière de santé, de protection sociale et

7. Chapour Haghighat, *L'Amérique urbaine et l'Exclusion sociale*, Paris, Presses universitaires de France, 1994, p. 19.
8. William J. Wilson, *Les Oubliés de l'Amérique*, Paris, Desclée de Brouwer, 1994, p. 55.

d'éducation, l'organisation note que « remédier à ces inégalités est le seul moyen d'assurer l'avenir économique à long terme de la nation[9] ». Souci louable, encore que l'on puisse s'étonner de la hiérarchie des préoccupations : pourquoi ne s'intéresserait-on aux inégalités qu'à partir du moment où elles menacent l'économie ? L'OCDE est encore bien loin de s'interroger sur les raisons structurelles qui font que le développement économique s'accompagne d'un accroissement des inégalités depuis une vingtaine d'années.

Au milieu des années 90, on pourrait être tenté de nuancer quelque peu ces observations : l'économie américaine a créé ces dernières années de nombreux emplois bien rémunérés dans les industries et les services à haute technologie. Le fait nouveau, relativement inattendu pour de nombreux experts, est que la compétition technologique entre les États-Unis et le Japon semble avoir tourné à l'avantage des premiers, qui sont ainsi en mesure de bénéficier pleinement du décollage de l'Asie orientale. Par voie de conséquence, le Japon a connu une crise particulièrement longue et sévère. Tout cela est évidemment fort important, mais, jusqu'à plus ample informé, ne suffira pas à inverser les tendances de fond que l'on vient d'analyser. Il est significatif et inquiétant que les Américains ne mettent pas à profit cette situation exceptionnellement favorable pour améliorer leur système de protection sociale.

Sous l'impulsion des gouvernements conservateurs, la Grande-Bretagne s'est largement inspirée de l'exemple américain. Après avoir atteint des niveaux très élevés, le chômage britannique a amorcé une nette décrue à partir de 1993. Il ne fait aucun doute que cette performance s'explique principalement par la dérégulation du marché du travail. L'un des phénomènes les plus remarquables est le développement des emplois non salariés faiblement rémunérés : la Grande-Bretagne est le seul pays d'Europe où le pourcentage des salariés dans le total des emplois a sensiblement

9. Cité dans *Correspondance économique*, 22 novembre 1994.

baissé (de 7%) depuis 1980. Un autre trait spécifique de la situation britannique est l'importance du travail à temps partiel (de l'ordre de 25% du total des emplois, soit deux fois plus qu'en France). La contrepartie de cette réussite, toute relative, dans la lutte contre le chômage est l'accroissement des inégalités : en 1992, 13,9 millions de Britanniques vivaient en dessous du seuil de pauvreté, alors qu'ils n'étaient que 5 millions en 1979. Entre ces deux dates, les 10% de ménages les plus défavorisés ont vu leurs revenus baisser de 17%, pendant que le revenu d'un ménage moyen augmentait de 36% [10]. Curieusement, le creusement des inégalités ne semble pas s'être traduit par une radicalisation des antagonismes politiques. L'observateur français est toujours surpris de constater que la société britannique s'assume ouvertement comme une société de classes, avec un cynisme très apparent des couches dirigeantes et un fort esprit de résistance de la classe ouvrière, restée culturellement plus homogène qu'en France, sans que cela paraisse remettre en cause l'unité nationale et la confiance partagée dans les institutions. Toutefois, la résistance indéfinie des institutions politiques à l'accroissement des inégalités et à l'aggravation du fossé entre les classes sociales qui en résulte n'est nullement garantie, comme le redoute un auteur récent :

> « Un développement progressif permettant au cours des trois derniers siècles une extension de la citoyenneté, qui a fini par inclure l'ensemble de la population, est maintenant en train de s'inverser. Le statut de pleine citoyenneté n'était pas le résultat d'un affaiblissement significatif des différences entre classes. La pleine citoyenneté fut plutôt obtenue malgré les différences de classes, qui sont restées l'un des

10. Chiffres tirés d'une enquête du ministère britannique des Affaires sociales, cités dans *Le Monde*, 20 juillet 1994. On peut lire d'autres chiffres dans *Le Monde* du 11 février 1995 (citant Chris Pond de la Low Pay Unit, groupe d'études sur les bas salaires) : le nombre d'enfants vivant dans la misère est passé de 1,4 million (10%) à 4,1 millions (32%) entre 1979 et 1990. La part du revenu national des 20% les plus aisés est passée de 35 à 43%, tandis que la part des 60% les plus pauvres chutait de 42 à 34%. Qui plus est, malgré cette érosion des bas salaires, le chômage s'est accru parmi les non-qualifiés.

traits caractéristiques de la vie britannique pendant la période de l'immédiat après-guerre. Cependant, le plein-emploi et la politique des gouvernements successifs en matière d'impôts et de droits sociaux avaient au moins permis que les différences ne s'élargissent pas [11]. »

Accroissement du chômage de longue durée en Europe continentale, précarité et inégalités aux États-Unis et en Grande-Bretagne, deux manières de s'adapter aux mutations qui déstabilisent le monde du travail dans l'ensemble des pays industrialisés. Peut-on croire sérieusement à la viabilité d'un système où, comme le dit Michel Albert, « l'absence de chômage de longue durée est garantie par la capacité infinie des travailleurs d'accepter des conditions de travail plus dures et d'être moins rémunérés [12] » ? Parmi les différentes voies empruntées pour résoudre le problème de l'emploi, aucune, pour l'instant, ne met à l'abri des menaces qui pèsent sur les bases sociales de la démocratie. Non pas que la démocratie soit ouvertement défiée : le risque est plutôt que des pans entiers de la société échappent à ses lois, qu'elle devienne peu à peu une coquille vide. Lorsque le travail ne procure plus à chacun un rôle et un statut qu'il puisse considérer comme équitables, le risque est grand de voir le lien civique se défaire et le rapport à la loi se distendre.

La situation japonaise est *a priori* fort différente : le taux de chômage y est encore plus faible qu'aux États-Unis (inférieur à 3%) et l'emploi n'a pas connu la même précarisation. Plus remarquable, le chômage a relativement peu augmenté pendant la récession qu'a connue le Japon en 1993, preuve s'il en était que le lien croissance-emploi est fort différent selon les pays. Cette performance s'explique par trois facteurs principaux : 1) la flexibilité des salaires (qui permet aux entreprises de réduire la masse salariale sans licencier en cas de difficultés) ; 2) la flexibilité des taux

11. Frank Field, *Losing out. The Emergence of Britain's Underclass*, Basil Blackwell, 1989, p. 19.

12. In *Réinventons le travail*, actes du colloque organisé par *La Croix/l'Événement*, Paris, Centurion, 1994, p. 79.

d'activité (le fait qu'une partie des travailleurs privés d'emploi, et plus particulièrement les femmes, se retirent spontanément du marché du travail) ; 3) l'existence d'un important secteur abrité (activités artisanales, services, petit commerce et, surtout, une agriculture qui emploie encore 7,2% de la population au travail) [13]. Ces trois facteurs s'intègrent dans une logique d'ensemble qui vise à limiter le chômage. On pourrait caractériser cette logique de la manière suivante : les chocs économiques sont absorbés à différents niveaux du système économique, toutes les catégories d'agents économiques (entreprises, syndicats, consommateurs, État...) intériorisant l'objectif prioritaire d'éviter l'augmentation du chômage et adaptant leur comportement en conséquence.

On peut opposer presque point par point ce mode de fonctionnement à celui de la société française, qui se caractérise par le fait que l'essentiel des ajustements économiques s'opère sur le marché du travail. Les entreprises régulent leur masse salariale par le volume de l'emploi, les salariés refusent les baisses de rémunération, les consommateurs préfèrent le « self-service » à la « relation de service », exigent d'acheter les produits les moins chers et favorisent la concentration du commerce et la rationalisation de l'agriculture, etc. Tous ces comportements contribuent incontestablement à expliquer le niveau du chômage, au point que l'on a pu parler d'une « préférence française pour le chômage* », à laquelle il conviendrait désormais d'opposer un « choix collectif pour l'emploi » [14], mais ce langage volontariste est quelque peu trompeur : les sociétés ne choisissent pas leur héritage culturel et, en fait de choix, c'est d'abord au politique qu'il revient d'en faire et d'incarner la capacité collective de « produire du nouveau » dans l'histoire [15].

* Denis Olivennes, titre d'une note de la Fondation Saint-Simon, février 1994.

13. « Pourquoi le taux de chômage est-il si faible au Japon ? », *Note de conjoncture internationale*, direction de la Prévision, décembre 1993.

14. Alain Minc, *op. cit.*, p. 94.

15. Cf. *infra*, chap. 14

## 2. La fin de la modernité sociale

Il ne s'agit d'ailleurs pas, dans l'immédiat, de trancher entre les vertus respectives de différents modèles sociaux. Nous en sommes à clarifier le diagnostic, à délimiter et qualifier le mal dont nous sommes atteints. Avant de revenir plus longuement sur les problèmes propres à l'Europe et à la France, on peut tirer une première conclusion générale de ce bref survol des expériences étrangères : le niveau élevé du chômage en Europe justifie bien que l'on parle de spécificité européenne, mais cela ne signifie nullement qu'il y ait quelque part, immédiatement disponible, une « bonne » solution à opposer à ce « contre-modèle » européen. Les réussites américaine et japonaise en matière de chômage ne sont pas, d'abord, des réussites économiques, mais le résultat de compromis sociaux mieux adaptés au nouveau contexte de l'économie mondiale que le compromis social européen.

Par-delà les différences que l'on vient de souligner, il y a quelque chose de commun dans la situation des pays anciennement industrialisés, à savoir l'obligation de renoncer à une certaine idée du progrès social. Idée de portée universelle, que l'on pourrait, en première analyse, caractériser de la manière suivante : la poursuite simultanée de l'émancipation individuelle, de l'intégration et de l'homogénéisation de la société. Chacun devient sans cesse plus libre par rapport aux autres et, dans le même temps, la société devient plus égalitaire et plus intégrée. Typiquement, c'est l'ascension de la classe moyenne salariée et la croissance de l'État-providence qui rendaient cette utopie crédible : après des décennies d'acquis sociaux, le salariat, surtout dans les grandes organisations industrielles ou administratives, avait fini par représenter de manière presque idéale la conjonction de la liberté et de l'intégration. L'autonomie individuelle était garantie par une certaine déconnexion entre la position sociale, le revenu et les résultats effectivement obtenus dans le travail au jour le jour. L'intégration à la société était assurée par l'emploi et la reconnaissance sociale qui en découlait. Ce qui rendait possible cette synergie entre autonomie, égalité et intégration, c'est que le travail se définissait par une obligation de *moyens* plus que de *performance* ou de résultat. Effet protecteur pour les plus faibles du rapport de subordination qui définit juridiquement le statut salarial. *A contrario*, on voit l'alternative qui s'offre aujourd'hui : soit une sélectivité accrue du marché du travail génératrice d'exclusion, soit une évaluation du travail plus proche de sa valeur marchande qui accroît les inégalités. En se fondant sur cette alternative, la tentation est forte d'opposer les intérêts de la classe moyenne salariée à ceux des exclus pour justifier une politique économique fondée sur la rigueur salariale et la déréglementation sociale. Comme le souligne Robert Castel, il faut pourtant se méfier d'une telle opposition :

> « Il n'y a personne en dehors de la société, mais un ensemble de positions dont les relations avec le centre sont plus ou moins distendues : d'anciens travailleurs devenus chômeurs de longue durée, des jeunes qui ne trouvent pas d'emploi, des populations mal scolarisées, mal logées, mal soignées, mal considérées, etc. Il n'existe aucune ligne de partage claire entre ces situations et celles un peu moins mal loties des vulnérables qui, par exemple, travaillent encore mais pourront être licenciés le mois prochain, sont plus confortablement logés mais pourront être expulsés s'ils ne paient pas leurs traites, font consciencieusement des études mais savent qu'elles risquent de ne pas aboutir [...] Les "exclus" sont le plus souvent des vulnérables qui étaient "sur le fil" et qui ont basculé. Mais il existe aussi une circulation entre cette zone de vulnérabilité et celle de l'intégration, une déstabilisation des stables, des travailleurs qualifiés qui deviennent précaires, des cadres bien considérés qui peuvent se retrouver chômeurs. C'est du *centre* que part l'onde de choc qui traverse la structure sociale [16]. »

16. Robert Castel, *Métamorphoses de la question sociale*, Paris, Fayard, 1995, p. 442.

En d'autres termes, les différents niveaux d'ébranlement de la société salariale forment un tout. Quelles que soient les options choisies (inégalité ou chômage), c'est la cohérence entre l'évolution du monde du travail et le projet intégrateur de la démocratie moderne qui est mise en cause. Il faut sans doute reconnaître, avec Robert Castel, qu'« il n'existe pas à ce jour d'alternative crédible à la société salariale », mais cela ne change rien au diagnostic. Tout se passe comme si les règles du jeu de l'économie mondiale ne permettaient plus au travail de jouer son rôle de médiation, d'ajustement entre les exigences contradictoires de l'émancipation individuelle et de l'intégration collective.

### 3. Une politique économique défavorable à la croissance ?

L'une des idées les plus naturelles sur le chômage consiste à incriminer l'insuffisance de la croissance. On a déjà commencé à traiter ce point en soulignant les différences importantes qui séparent la période actuelle de celle des « trente glorieuses », du simple fait de l'affaiblissement du moteur de la consommation. Mais ce type de considération n'a pas valeur de démonstration : dès lors que l'on admet que les besoins ne sont pas saturés, rien n'interdit de penser qu'une politique économique plus dynamique permettrait une croissance plus élevée. Les politiques « keynésiennes » de soutien de la croissance peuvent faire appel à divers instruments : incitation à l'augmentation des salaires, accroissement des prestations sociales et des dépenses de l'État, politique du crédit... Dans la période récente, c'est autour des taux d'intérêt que le débat s'est focalisé. Depuis quelques années, les taux d'intérêt réels (nets de l'inflation) restent très élevés (en France, ils évoluent autour de 5 à 6% depuis 1983 ; par comparaison, ils étaient proches de zéro dans les années 60 et 70). Il est peu contestable que cette élévation du coût de l'argent a des conséquences négatives sur la croissance et l'emploi : les investissements productifs deviennent moins avantageux que les placements financiers, et les entreprises sont obligées de comprimer la masse salariale pour préserver la « profitabilité » du capital investi. Qui plus est, les taux d'intérêt opèrent une redistribution de la richesse au détriment des jeunes générations qui ne favorise pas l'accroissement de la consommation (que l'on pense au problème du logement). Enfin, le fait que le taux d'intérêt réel soit supérieur à la croissance entraîne mécaniquement une augmentation du poids du remboursement de la dette publique.

Les causes de cette situation sont complexes, et le caractère répétitif des arguments contradictoires échangés par les économistes ne contribue guère à les éclairer. Il faut distinguer les taux à court terme, fixés par les instituts d'émission, et les taux à long terme, déterminés par les marchés. En ce qui concerne les premiers, leur augmentation s'explique principalement par le choix des pays industrialisés au début des années 80 de faire de la lutte contre l'inflation une priorité et de privilégier pour cela l'arme monétaire (la limitation de la quantité de monnaie en circulation). Dans ce contexte général, la volonté des autorités françaises de défendre à tout prix la parité du franc avec le mark allemand a eu un coût élevé [17], mais elle a eu aussi des avantages importants [18]. Les raisons de la hausse des taux à long terme, déterminés par les marchés, sont moins claires. Pour certains experts, c'est la conséquence d'un déséquilibre entre l'offre et la demande de capitaux au niveau mondial, déséquilibre ayant lui-même des causes multiples (accroissement des déficits publics, besoins

17. Notamment parce que l'Allemagne a indirectement fait supporter à la France le coût de sa réunification en choisissant de financer les dépenses supplémentaires en s'endettant (au prix d'une hausse des taux d'intérêt) plutôt qu'en augmentant les impôts.

18. Une monnaie qui se réévalue incite les industriels à se spécialiser dans les productions à haute valeur ajoutée, ce qui constitue, pour un pays comme le nôtre, la seule stratégie gagnante face à l'émergence des pays à faible coût de main-d'œuvre.

d'investissement dans les nouveaux pays industrialisés, obsolescence rapide de certains équipements sous l'effet du progrès technique et de l'intensification de la concurrence). Par ailleurs, comme l'explique fort clairement Jean-Paul Fitoussi [19], il se peut que les taux réels évoluent en sens inverse du niveau de l'inflation, à cause d'un phénomène classique d'« illusion monétaire » (le fait que les agents économiques raisonnent en se fiant aux taux « nominaux », notamment lorsqu'ils comparent le rendement des actions et celui des obligations). L'effet de ces différents facteurs, que l'on évoque de manière très allusive, est aggravé par la libre circulation des capitaux, qui rend les marchés maîtres du jeu, et contraint les autorités monétaires à modifier en permanence les taux courts lorsqu'elles veulent défendre le niveau des parités. Cette domination des marchés serait moins grave s'ils agissaient en cohérence avec une rationalité économique à long terme, mais, comme de nombreux travaux récents l'ont établi, il y a tout lieu de penser que ce n'est pas le cas. La rationalité des acteurs des marchés financiers les conduit inévitablement à privilégier les gains à court terme, d'où des comportements spéculatifs générateurs de « bulles financières » et d'instabilité. Or cette instabilité, et les risques qu'elle implique pour la rentabilité des investissements, ne peut qu'aggraver les conséquences de la hausse des taux.

Quelles que soient les causes du phénomène, les deux questions qui se posent, de notre point de vue, sont les suivantes : une autre politique macro-économique et monétaire est-elle possible ? Et, dans l'affirmative, pourrait-on assister à une élévation durable du rythme de la croissance économique ? Sur le premier point, la réponse de la majorité des responsables économiques français est bien connue, et elle ne manque pas de force : tout relâchement significatif de la rigueur, quelles qu'en soient les voies, se paierait

19. Jean-Paul Fitoussi, *Le Débat interdit*, Paris, Arléa, 1995, p. 68 *sq*. On peut d'ailleurs se demander pourquoi les emprunteurs ne seraient pas victimes, eux aussi, de cette illusion et ne préféreraient pas des taux nominaux plus bas, même s'ils correspondent à des taux réels plus élevés.

d'une perte de confiance dans le franc, et l'on aurait vite le choix entre dévaluer (au risque de réenclencher la boucle sans fin inflation-dépréciation de la monnaie) et augmenter à nouveau les taux d'intérêt. Le point essentiel est que la stabilité du taux de change repose sur sa crédibilité aux yeux des opérateurs internationaux, et celle-ci suppose un engagement sans faille des autorités monétaires (c'est au nom de cette crédibilité qu'a été décidée l'autonomie de la Banque de France). Un certain nombre d'économistes dénoncent le caractère excessivement rigide de ce type de raisonnement et estiment souhaitable un arbitrage plus favorable à la croissance et à l'emploi. En clair, cela signifie accepter une inflation un peu supérieure (1 ou 2 points ?) comme prix d'une baisse des taux d'intérêt réels. Cependant, les mêmes reconnaissent en général que la France ne pourrait faire cavalier seul pour mener une telle politique, sauf à renouer avec la spirale perverse inflation-dévaluation et à mettre en danger la construction européenne.

En fin de compte, les partisans conséquents d'une « autre politique » sont contraints d'en appeler à un renforcement de la coopération économique et financière internationale. En théorie, rien n'interdit en effet de renouer avec les bienfaits du keynésianisme au niveau mondial ou, à défaut, au niveau européen. Les mesures à mettre en œuvre paraissent, à première vue, ne pas soulever de difficultés techniques particulières : baisse concertée des taux d'intérêt, programme de grands travaux, etc. De telles suggestions avaient été faites en 1993 par un groupe d'économistes, et elles ont été très partiellement reprises dans le livre blanc sur l'emploi de la Communauté européenne. Une politique européenne de croissance serait facilitée par la monnaie unique, à condition bien entendu que celle-ci soit utilisée dans ce but, comme le préconise Jean-Paul Fitoussi : « Qu'on ne s'y trompe pas : sa finalité n'est pas tant de rendre l'Europe vertueuse sur le plan de l'inflation et des équilibres financiers que de lui permettre d'affronter, dans des conditions plus équitables, les stratégies de change des

États-Unis et du Japon[20]. » Cependant, outre le fait que la monnaie unique (avec quels pays ?) ne verra sans doute pas le jour avant la fin du siècle, une telle perspective présuppose une volonté de coopération et une stratégie économique commune dont on ne voit pas les prémices.

Il faudrait analyser plus en détail les difficultés pratiques et politiques qui font obstacle à une politique coopérative de soutien de la croissance au niveau international. La principale est peut-être que les acteurs les plus influents de l'économie mondiale y sont opposés, pour des raisons qui tiennent à la fois à la manière dont ils perçoivent leurs intérêts et à des raisonnements théoriques plus ou moins fondés. Une partie des économistes n'est pas favorable aux politiques de relance keynésiennes parce qu'elle croit à l'effet bénéfique des récessions sur le taux de croissance à long terme, comme l'explique un récent rapport du commissariat général du Plan :

> « Dans les restructurations de l'appareil productif, les entreprises les plus performantes rétablissent des conditions de concurrence à leur avantage. Les ressources productives peuvent être réallouées vers les activités les plus prometteuses car le “coût d'opportunité” de réorientations de la production est plus faible [...]. Dans cette logique économique, il n'est pas souhaitable d'intervenir par des relances keynésiennes pour réduire les fluctuations, car, ce faisant, on augmenterait alors le “coût d'opportunité” de l'ajustement de l'appareil de production. Le cas de la réaction de l'économie allemande après le premier choc pétrolier illustre ce phénomène. Le ralentissement y a été plus violent qu'en France et ses conséquences sur l'emploi nettement négatives en 1974, 1975 et 1976 [...]. Mais la remontée est aussi plus marquée. Les entreprises allemandes se sont moins endettées sur cette période, les restructurations industrielles y ont été plus fortes qu'en France et les performances de sortie du cycle meilleures en termes de commerce extérieur, de prix et de chômage[21]. »

20. *Ibid.*, p. 276.

21. Commissariat général du Plan, *Coût du travail et emploi. Une nouvelle donne*, Paris, La Documentation française, 1995, p. 40.

Cette citation illustre bien l'esprit des objections « libérales » au keynésianisme : toute intervention publique pour soutenir la croissance risque, par divers biais, de réduire la capacité régulatrice du marché et d'entraîner une allocation non optimale des ressources productives[22]. Il ne s'agit pas ici de reprendre à notre compte cette vision darwinienne (que les meilleures entreprises survivent !), mais de souligner la méfiance atavique du courant dominant de la pensée économique vis-à-vis du volontarisme keynésien et de la coopération économique politiquement organisée. Reste que la puissance actuelle des idées libérales n'est peut-être pas sans lien avec le changement des conditions objectives de la compétition économique mondiale. C'est parce que l'on est dans un monde plus concurrentiel, dominé par les consommateurs et non plus par les producteurs, où le travail est massivement dévalorisé par rapport aux capacités d'innovation et de prises de risque des entrepreneurs[23], que l'on trouve autant de vertus aux mécanismes du marché (en économie, les théories sont toujours plus opportunistes qu'elles ne l'avouent). Le passage d'une croissance extensive (une économie de production) à une croissance plus qualitative reposant sur une sélection drastique des bons investissements (voir à ce sujet la notion d'« économie du pari » au chapitre 8) crée un rapport de forces favorable aux détenteurs de capitaux. Si cette hypothèse est exacte, la question des taux d'intérêt n'est pas dissociable de l'ensemble du contexte dans lequel s'opère la mondialisation de l'économie.

Une autre manière de voir les choses, qui renforce les remarques précédentes, consiste à souligner que le caractère restrictif des politiques économiques peut en partie s'interpréter comme la *conséquence* d'une faiblesse constitutive de la crois-

22. On peut rapprocher de cette argumentation une justification non dénuée de pertinence, dans le contexte français, de la politique du franc fort : le fait qu'elle exerce une contrainte sur les dépenses publiques (et sociales) est une réponse à l'incapacité des politiques à en organiser efficacement la régulation.

23. Dans une interprétation plus polémique, on pourrait même dire que la guerre économique est délibérément utilisée par une classe dirigeante internationale pour rendre inévitable le renforcement des inégalités.

sance. Ce n'est pas parce que l'on a abandonné le keynésianisme que la croissance s'est ralentie, mais au contraire parce que la croissance est devenue structurellement et durablement moins forte (pour des raisons qui n'ont rien à voir avec la politique économique) que les États doivent limiter leur endettement et renoncer à intervenir de manière volontariste dans la régulation de la croissance. Comme l'explique fort clairement Daniel Cohen[24], c'est la croissance exceptionnellement rapide et continue de l'après-guerre qui a permis aux États d'augmenter leurs dépenses et de jouer un rôle plus actif dans la régulation du système économique et l'organisation de la solidarité sociale. Et non l'inverse. L'intervention de l'État peut accompagner et faciliter la croissance, elle ne peut pas pallier l'épuisement des moteurs naturels de celle-ci :

> « Pour la première fois depuis l'avènement de l'idée keynésienne, malgré la montée en puissance d'une fiscalité qui s'est émancipée des tranches étroites où elle était encore contenue au XIXe siècle, les gouvernements ont subi la contrainte de limiter leurs dépenses au rythme "lent" de la croissance économique. Ils doivent aujourd'hui arbitrer entre divers postes (santé ou éducation, armée ou retraites...) ou, à défaut, à l'image des États-Unis, ils peuvent arbitrer dans le temps en dépensant au cours d'une décennie et en remboursant au cours de la suivante. Ils sont en tout état de cause privés de cette fuite en avant qui leur permettait de compter que la croissance ultérieure sera suffisamment forte pour rembourser leurs dettes[25]. »

Quant à savoir pourquoi la croissance ralentit, c'est une autre affaire. Les théories économiques sont bien incapables de rendre compte de la croissance sans l'introduction de ce *deus ex machina* qu'est le progrès technique. L'accumulation du capital productif, en effet, n'explique rien à elle seule. Sans gain d'efficacité dans l'utilisation des moyens de production, on bute sur le fameux problème de la baisse tendancielle du rendement du capital ana-

24. Daniel Cohen, *Les Infortunes de la prospérité*, Paris, Julliard, 1994.
25. *Ibid.*, p. 42.

lysé par Marx (et d'autres). Selon l'étude classique de Jean-Jacques Carré, Paul Dubois et Edmond Malinvaud, le progrès technique explique 60% de la croissance française entre 1950 et 1973[26]. Or les inventions qui permettent d'améliorer sans cesse l'efficacité des techniques productives sont, par nature, imprévisibles. La recherche peut, certes, être plus ou moins vigoureusement stimulée, mais, pour l'essentiel, ses résultats constituent une donnée extérieure au système économique. Le savoir scientifique et technique progresse continûment par accumulation d'expériences et perfectionnement des théories, c'est certain, mais on ne peut rien dire *a priori* ni du rythme de cette progression ni de ses effets. Autant dire que les outils intellectuels dont dispose la science économique sont d'un secours limité pour comprendre les déterminants fondamentaux de l'histoire longue des faits économiques et, plus encore, pour faire de la prospective. Une seule certitude : la croissance économique qu'ont connue l'Europe et le Japon après 1945 s'explique en grande partie par le rattrapage des niveaux de productivité atteints aux États-Unis pendant la guerre. Sur la base d'arguments historiques (la croissance constatée depuis deux siècles), Daniel Cohen suggère qu'un taux de croissance de 2% par an, généralement considéré comme insuffisant pour réduire le chômage, pourrait bien correspondre au dynamisme réel des économies de marché sur une longue période. Mais cette conjecture reste très arbitraire : le développement de l'humanité n'a rien d'un processus linéaire et prévisible, et le progrès technique lui-même peut connaître des phases de ralentissement ou, au contraire, de brusques bifurcations. Quant aux conditions socio-culturelles de la croissance, elles sont probablement plus fragiles que nous ne l'imaginons.

Il semble donc bien peu probable que des politiques économiques volontaristes soient de nature à augmenter le rythme de la croissance à moyen terme. Rien n'interdit de penser, certes,

26. Jean-Jacques Carré, Paul Dubois et Edmond Malinvaud, *La Croissance française*, Paris, Éd. du Seuil, 1972.

qu'un infléchissement de la politique monétaire est à la fois souhaitable et possible, surtout si cette politique est le résultat d'un renforcement de la coopération économique au sein de l'Union européenne, mais on doute que cela constitue un remède à l'échelle de la crise de l'emploi.

## 4. La complexité du lien de long terme entre croissance et emploi

L'idée que la faiblesse de la croissance est responsable du chômage peut être critiquée pour une autre raison : elle ignore le fait que le lien entre croissance et création d'emplois est un lien de court terme. Chacun peut constater, ce qui n'est guère surprenant, que le chômage diminue lorsque la croissance accélère et qu'il augmente brutalement en cas de récession. L'évolution de ces dernières années – diminution à la fin des années 80, reprise de l'augmentation au début des années 90 – l'illustre. Quand on raisonne à long terme, en revanche, les choses sont moins simples, et il n'y a plus de lien univoque entre croissance et emploi. Il suffit de rappeler que la France a vu son produit intérieur brut s'accroître de 50% en vingt ans, alors que, dans le même temps, l'emploi n'augmentait pratiquement pas. On peut également remarquer que, au niveau international, il n'y a pas de corrélation nette entre le taux de croissance moyen, la création d'emplois et le taux de chômage : les performances des États-Unis en matière d'emploi ne s'expliquent pas par une croissance particulièrement dynamique. Ce paradoxe apparent s'explique par le fait que, à long terme, l'effet en retour de la croissance sur la productivité du travail et sur les réallocations de la main-d'œuvre devient déterminant. A court terme, l'accélération de la croissance se manifeste comme la conséquence d'une accélération de la circulation monétaire et du taux d'utilisation des facteurs de production (travail et équipements). A moyen-long terme, en revanche, la croissance est principalement le résultat de mutations technologiques et organisationnelles qui améliorent l'efficacité de ces facteurs. Sur une longue période, on a donc affaire à l'évolution corrélée de trois grandeurs, la croissance, la productivité et l'emploi, dont la dynamique peut prendre des visages très différents.

D'une observation superficielle du processus actuel de restructuration de l'emploi on pourrait d'ailleurs tirer la conclusion que le progrès technique, le remplacement des hommes par les machines et donc la croissance détruisent inéluctablement l'emploi. Pour les travailleurs subissant des licenciements économiques, c'est souvent une évidence : ils sont les victimes du progrès. Mais tirer des conclusions générales de cette perception immédiate conduit à un sophisme. Comme l'avait montré Alfred Sauvy[27], l'histoire de la révolution industrielle ne confirme pas l'idée que la mécanisation du travail détruit l'emploi. C'est même apparemment l'inverse qui se produit : la mise en œuvre du progrès technique aboutit toujours *in fine* à un accroissement du nombre d'emplois. Le raisonnement de Sauvy est simple : les gains de productivité suppriment certains emplois, mais ils permettent surtout de créer davantage de richesse, et cette richesse va permettre, d'une manière ou d'une autre, le développement de nouvelles activités créatrices d'emplois. De fait, l'accroissement de la productivité du travail n'est pas un phénomène homogène : il connaît des rythmes très différents selon les secteurs, nettement plus rapides dans l'industrie que dans les services. Le progrès a donc pour effet premier d'entraîner une recomposition de l'emploi, un « déversement » de la main-d'œuvre entre les secteurs. Sous sa forme actuelle, la croissance modifie continûment la structure de l'emploi par destruction d'emplois industriels et création d'emplois dans les services.

Pour autant, l'argumentation de Sauvy n'est pas totalement

27. Alfred Sauvy, *La Machine et le Chômage*, Paris, Dunod, 1980.

probante : tout dépend en effet de la manière dont s'effectue cette recomposition de l'emploi et des résistances qui peuvent s'opposer au changement social qu'elle implique. Dès lors que l'on admet que la nature des postes de travail offerts influe sur le fonctionnement du marché du travail et sur la « qualité » de l'emploi, il devient difficile de s'en tenir à un raisonnement économique aussi général. Au total, on ne peut rien dire du lien emploi-croissance sans partir des conditions historiques particulières de ce processus de déversement. Daniel Cohen illustre de manière très parlante la diversité des configurations historiques de cette dynamique emploi-croissance :

> « Considérons tout d'abord une société parfaitement immobile. La productivité est la même d'une génération à l'autre. Les vieux qui prennent leur retraite sont, en nombre, identiques aux jeunes qui viennent en âge de travailler. Sans connaître aucune croissance économique, cette société ne connaîtra aucun chômage : les jeunes occuperont les emplois des vieux, et ce indéfiniment. Considérons à l'autre extrême une société mue par la création destructrice chère à Schumpeter. Les techniques se modifient continûment. Chacun s'expose au cours de sa vie à voir une machine accomplir l'emploi pour lequel il a été formé. Une telle société connaîtra un taux de croissance rapide, et également un taux de chômage élevé, dès lors que les emplois sont continûment détruits, obligeant chacun à se requalifier plusieurs fois au cours de sa vie [28]. »

On ajoutera que la difficulté du déversement ne se limite pas à un problème de « chômage frictionnel », de transparence du marché du travail et de requalification de la main-d'œuvre. La recomposition de l'emploi suppose également, et c'est particulièrement vrai dans le contexte de la société post-industrielle, un ensemble de réorganisations socio-économiques. Il faut notamment que s'opère une redistribution des gains de productivité des activités qui se modernisent en réduisant leurs effectifs vers des activités potentiellement créatrices d'emploi. On aura l'occasion de revenir sur ce point.

28. Daniel Cohen, *Les Infortunes de la prospérité*, *op. cit.*, p. 120.

## 5. La conception libérale du marché du travail

Compte tenu de ce qui précède, il peut sembler logique de penser que le nœud de la question du chômage réside dans le fonctionnement du marché du travail. Tel est, en gros, le sens de l'interprétation dominante du chômage au niveau international, celle qui ressort de la théorie économique « néo-classique », d'inspiration libérale, particulièrement influente dans le monde anglo-saxon. Le schéma de pensée libéral a pour lui une logique évidente, que chacun peut comprendre. Le travail s'échange sur un marché analogue à n'importe quel marché où s'échangent des biens économiques contre de l'argent : s'y rencontrent ceux qui offrent leur travail, qui cherchent à vendre leur énergie, leur disponibilité et leurs compétences, et des demandeurs, à savoir les entreprises, qui veulent embaucher pour produire plus. Le message libéral est simple, voire simpliste : si offreurs et demandeurs étaient totalement libres de contracter à n'importe quel prix et pour n'importe quelle durée, il n'y aurait pas de chômage (hormis un chômage résiduel d'ajustement). Le remède au chômage est donc évident : il faut supprimer les entraves réglementaires et les monopoles qui font obstacle à la liberté contractuelle, et réduire le montant des indemnités qui peuvent dissuader les chômeurs d'accepter de travailler aux conditions du marché. Cette vulgate pour bateleurs d'estrade est efficacement relayée par un discours savant qui introduit dans le modèle du marché pur et parfait autant de correctifs qu'il en faut pour laisser croire qu'il rend effectivement compte de la complexité du réel : viennent ainsi enrichir le schéma de base des hypothèses sur la rationalité imparfaite des agents (qui permet de comprendre pourquoi certains salaires ne s'ajustent pas selon la loi de l'offre et de la demande), sur le capital humain (qui permet de traiter le problème de la formation), etc. Au total, malgré tous les alibis scientifiques qu'elle se donne, il s'agit d'une approche extrêmement normative, qui inclut dans ses hypothèses de base des présupposés lourds de sens.

Pour que le marché du travail fonctionne conformément au modèle et permette d'atteindre le plein-emploi, il faut que les salaires s'ajustent effectivement à la baisse en cas de sous-emploi. Or les causes de rigidité sont nombreuses : salaire minimum, action des syndicats, générosité excessive de l'indemnisation... Il faut également que les chômeurs soient suffisamment formés pour répondre aux besoins des entreprises. Il faut enfin que les échangistes disposent d'une information suffisante et de références communes sur ce que chacun d'entre eux propose et exige (qualification, expérience, difficulté du poste, conditions d'emploi, rétribution financière ou non financière, reconnaissance symbolique...). Mais cette dernière condition, fort importante, renvoie hors du cadre de la théorie néo-classique. Comme l'ont fait remarquer les économistes de l'« école des conventions », l'accord sur les conditions d'un contrat de travail présuppose en effet un ensemble complexe de règles, normes et représentations collectives : « Dès que deux ou plusieurs agents entrent en relation, ils doivent élaborer un modèle commun d'interprétation pour leur relation » et, si les « outillages généraux existant » sont insuffisants, « ils doivent s'engager dans un accord sur un ensemble de règles et de conventions d'une précision suffisante. Cette précision sera fonction du degré d'imbrication et de coordination nécessaire de leurs activités, de la flexibilité ou de la durée qu'ils escomptent de cette relation »[29]. Comme le suggèrent les auteurs de la précédente citation, le chômage aurait quelque chose à voir avec l'« hétérogénéité des représentations ». Par plusieurs biais, l'évolution économique récente a en effet pour conséquence de rendre plus complexe et plus aléatoire ce travail de construction de représentations communes : le rétrécissement des « marchés

29. Nicolas Baverez, Bénédicte Reynaud et Robert Salais, *L'Invention du chômage*, Paris, Presses universitaires de France, 1984, p. 202.

internes » du travail – c'est-à-dire des possibilités de faire carrière et de changer de poste au sein d'une même entreprise –, à cause de la réduction de la taille des entreprises, joint au brouillage des qualifications sous l'effet de la tertiarisation du travail, génère une plus grande opacité du marché de l'emploi. Il y a là sans nul doute un élément qui peut contribuer à expliquer l'importance d'un chômage qui, pour être « frictionnel », n'en est pas moins « structurel ». Dans la même catégorie d'interprétations, on pourrait ranger celle qu'a développée Philippe d'Iribarne, qui met en jeu les désajustements identitaires entre les emplois offerts par l'économie et ce que les individus sont prêts à accepter compte tenu de l'idée qu'ils se font de leur propre dignité[30]. Finalement, comme les économistes libéraux, les auteurs cités accordent une grande importance aux dysfonctionnements du marché du travail. Mais les interprétations et conséquences qu'ils en tirent sont radicalement différentes : loin de faire du prix (c'est-à-dire du taux de salaire) la variable régulatrice essentielle de l'échange, ils mettent l'accent sur le contexte institutionnel et culturel dans lequel s'inscrit la relation de travail. Ce qui les conduit, de manière plus ou moins explicite, à des recommandations presque opposées : au lieu de continuer à déréglementer le monde du travail, il faut au contraire se donner les moyens d'en reconstruire les repères.

Reste que, malgré les faiblesses théoriques de l'approche néoclassique, personne ne conteste le fait qu'il existe une voie libérale pour faire baisser le niveau du chômage, comme le montre l'exemple des États-Unis. Dans quelles proportions et à quel coût social, c'est une autre histoire. La solution libérale est peut-être techniquement pertinente, mais cela ne signifie pas qu'elle soit viable politiquement, socialement et culturellement. La question vaut particulièrement pour la France, comme on le verra plus loin.

30. Philippe d'Iribarne, *Le Chômage paradoxal*, Paris, Presses universitaires de France, 1989.

La notion de marché du travail est, en outre, solidaire d'une représentation utilitariste du travail qui est en elle-même fondamentalement critiquable. Penser la relation d'embauche sur le mode d'un marché régulé par un prix (le taux de salaire) suppose en effet d'affecter au travail une « désutilité » qui permet de l'assimiler à un bien économique comme un autre, doté du même caractère de « rareté » présumée que n'importe quelle ressource économique. Implicitement, si l'on rémunère le travail, c'est parce qu'il a une utilité négative pour celui qui l'effectue, comme si, en travaillant, il faisait le sacrifice d'un bien rare en sa possession. Si l'on adopte cette approche, le problème n'est pas de permettre à chacun de trouver une place dans la société grâce à son travail, il est d'abord d'augmenter les richesses disponibles et, secondairement, de les répartir équitablement. On touche là au noyau dur d'une conception utilitariste des comportements sociaux, d'origine typiquement britannique. Il est remarquable, à ce propos, que les réflexions menées dans les pays anglo-saxons sur le marché du travail et les politiques sociales s'intéressent principalement au problème de la pauvreté et à la redistribution financière, en négligeant les problèmes d'exclusion et de dégradation du lien social, considérés comme centraux sur le continent :

> « La notion de pauvreté s'intéresse principalement aux questions de redistribution : un manque de ressources disponibles pour un individu ou un foyer. La notion d'exclusion sociale, elle, s'attache davantage aux questions de relation : participation inadéquate au jeu social, intégration sociale défectueuse et influence insuffisante.
> Ces deux concepts peuvent être rapportés aux traditions intellectuelles différentes dont ils découlent. Ainsi, dans leur forme scientifique moderne, les recherches sur la pauvreté sont essentiellement un produit anglo-saxon, et plus spécifiquement britannique, du XIXe siècle. Elles sont étroitement liées à la vision sociale libérale selon laquelle la société était considérée par l'élite intellectuelle et politique concernée comme une masse d'individus se faisant concurrence au sein d'un marché. Dès lors, l'objectif de la politique sociale était d'assurer à

chacun le niveau de ressources permettant de survivre à cette concurrence[31]. »

Il y aurait beaucoup à dire sur les différences de culture politique qui sous-tendent ces différences d'approche. Disons pour simplifier que, dans le monde anglo-saxon, la régulation du lien social n'est pas un objet légitime de l'action politique. Il est davantage du ressort d'une vie communautaire, ancrée dans la tradition et les valeurs religieuses, dont le politique respecte l'autonomie. On ne comprend rien aux différences d'approche entre Français, Allemands et Latins d'un côté, Américains et Britanniques de l'autre, si l'on ne tient pas compte du caractère plus ou moins *public* du lien social créé par l'emploi.

## 6. L'utilitarisme comme sens commun du rapport au travail

La grande force d'une conception utilitariste du travail, c'est qu'elle rejoint la représentation immédiate que chacun se fait de son travail, comme d'une activité utile et sacrificielle. Travailler veut dire faire un sacrifice de son temps et de son énergie, sacrifice que l'on consent uniquement pour gagner de l'argent et consommer davantage. Le plaisir et l'épanouissement personnel sont entièrement du côté de la consommation, et le travail est pure négativité. Au premier degré, c'est bien ainsi que nous nous représentons le travail : un effort à fournir (se lever le matin, subir l'autorité de ses chefs ou les exigences des clients...) en vue d'un bien-être projeté hors du temps de travail (partir en vacances, changer de voiture...). Mais il ne s'agit là que d'une représenta-

31. Graham Room, *National Policies to Combat Social Exclusion*, premier rapport annuel de l'Observatoire européen des politiques de lutte contre l'exclusion, 1991, p. 72.

tion superficielle, et la réalité est autrement complexe. L'idée d'une « désutilité du travail » ne résiste pas à l'analyse anthropologique ou même à l'introspection la plus sommaire. Le travail n'est nullement réductible à un bien économique extérieur à celui qui l'exerce : il exprime, d'abord, la subjectivité de la personne à travers ce qu'elle fait et, ensuite, son appartenance à la société à travers le rôle et les compétences que celle-ci lui reconnaît. Le désir même de l'argent n'est-il pas dans bien des cas, et contrairement au sens commun, l'effet second de la satisfaction du devoir accompli ?

> « En parlant de ces sujets avec mes amis, je me suis aperçu qu'ils se montraient méfiants à l'idée que l'argent ne fait pas le bonheur, mais que, à la réflexion, ils convenaient qu'ils retirent plus de satisfaction à gagner de l'argent qu'à le dépenser. Et à y réfléchir encore davantage, ils découvrent que la véritable source de leur sentiment de se trouver en harmonie avec eux-mêmes réside dans ce qu'ils ont réalisé, non dans ce qu'ils ont acheté[32]. »

Il est clair que cette dimension non utilitaire du travail est d'autant plus importante que les besoins élémentaires sont satisfaits et que le désir de consommer lui-même traduit des aspirations plus complexes et plus symboliques. Du coup, on ne peut raisonner uniquement comme si le travail était une ressource rare à utiliser avec parcimonie pour produire toujours davantage de richesses. Son rôle dans l'équilibre de la société est aussi important que ses fonctions productives, même si le *sentiment d'utilité*, en tant que représentation subjective, reste la clef de voûte de son efficacité psycho-sociale. Un travail perçu comme inutile, même correctement rémunéré, est toujours une source de frustration.

32. Robert E. Lane, « Le travail comme "désutilité" et l'argent comme mesure du bonheur », in *Pour une autre économie, revue du Mauss*, Éd. de La Découverte, nº 3, 1994, p. 24.

## 7. Marché du travail et sentiment d'équité

Bien entendu, ce sentiment d'être utile appelle une reconnaissance, laquelle passe par la rémunération, mais aussi par toutes les contreparties sociales (droits, statut, formation, prérogatives diverses) qui définissent l'*emploi.* Ce que les économistes appellent marché du travail est, pour une part, un espace de troc psycho-symbolique : il ne s'y échange pas seulement un bien économique contre de l'argent, mais aussi un *engagement* contre une *reconnaissance.* La dimension de l'équité ressentie est essentielle à l'équilibre de cet échange : il faut que soit perçue une certaine proportionnalité entre l'effort fourni, la dignité reconnue et la rétribution obtenue. Or la soumission aux lois du marché ne saurait tenir lieu de règle d'équité : celui qui travaille ne peut se défaire de l'idée que son travail a une valeur en soi, indépendante des fluctuations de la conjoncture. Toute l'organisation du monde du travail, jusque dans ses dérives les plus corporatistes, a pour principale fonction, parfaitement légitime, de protéger la valeur du travail contre les aléas du marché. L'avancement à l'ancienneté s'explique d'ailleurs davantage par ce type de considération que par la théorie du « capital humain », comme l'observe le rapport Minc : « Il n'est pas sain d'écraser les carrières salariales car, pour tout salarié, gravir l'échelle des emplois et des rémunérations contribue à sa motivation[33]. » Rien à voir avec la rareté relative des compétences. Voilà, entre autres choses, ce que la vision libérale du marché du travail voudrait passer sous silence. La question de la justice sociale ne se réduit pas à un problème de droits fondamentaux garantis par des mécanismes de redistribution financière : l'équité doit s'incarner dans les processus mêmes par lesquels la société se construit.

33. Alain Minc, *op. cit.*, p. 102.

Les critiques que l'on fait ici ne sont pas nouvelles. Elles paraîtraient presque redondantes et inutiles si l'approche libérale ne constituait, plus que jamais, le viatique des institutions qui ont la charge d'orienter le développement de l'économie mondiale. Ainsi, l'Organisation de coopération et de développement économique (OCDE) préconise depuis des années, avec une belle obstination, de supprimer le SMIC, de comprimer les dépenses sociales pour faire baisser le coût du travail et de réduire le montant de l'indemnisation du chômage pour inciter les travailleurs sans emploi à accepter des postes moins qualifiés et moins bien rémunérés que ceux qu'ils occupaient auparavant. Nul besoin d'avoir fait de longues études pour parvenir à de telles conclusions. Derrière l'appareillage économétrique et le langage lisse et sophistiqué des technocrates internationaux se cache un raisonnement simpliste. Un enfant de 7 ans le comprendrait : si les chômeurs étaient suffisamment miséreux pour accepter n'importe quel travail pour 2 000 francs par mois, nul doute qu'il ne manquerait pas d'employeurs pour les embaucher. Cireurs de chaussures, pourquoi pas ? Raisonner de la sorte, c'est tout simplement ignorer les liens entre l'égalité sociale, l'intégration culturelle par le travail et la démocratie.

Qu'il y ait, dans le cas de la France, un problème de coût du travail peu qualifié est difficilement contestable. Beaucoup pensent que l'on devrait agir sur cette cause du chômage en modifiant l'assiette des prélèvements sociaux (exonérations, déplafonnements, etc.). Les propositions en ce sens se sont multipliées ces dernières années et on se demande pourquoi il n'y serait pas donné suite. Quant au SMIC, le pragmatisme invite à reconnaître qu'il peut jouer contre l'emploi des travailleurs les moins qualifiés et qu'il vaudrait mieux ne pas le faire croître trop rapidement. Mais il ne s'agit là que de stratégies défensives et conservatoires, qui se contentent de prendre acte de la dévalorisation relative d'une partie de la force de travail, et il est difficile de les intégrer dans une vision positive de l'avenir de notre modèle social. En adaptant le fonctionnement du marché du travail à l'intensification de la concurrence sur le marché des biens, on résout peut-être une partie des problèmes les plus urgents, mais on ne dessine aucune issue à la crise de la modernité sociale. De plus, le réalisme qui fait que l'on est bien obligé de s'adapter aux contraintes ne dispense pas de se poser la seule question intéressante du point de vue de la compréhension historique de la situation présente : comment se fait-il que les nouvelles conditions du développement économique conduisent à augmenter les écarts de coût salarial et amènent ainsi les pays industrialisés à renoncer à la haute idée du progrès social qu'ils avaient mis des siècles à élaborer ? Question qui peut être posée en forme de défi : quel est le sens du progrès économique s'il joue contre la cohésion de la société ?

## 8. L'accroissement de la population active

Une enquête même rapide sur les causes du sous-emploi ne peut passer à côté de la question démographique. Le chômage étant le solde d'une offre et d'une demande de travail, il semble en effet naturel d'incriminer l'accroissement excessivement rapide de la population active. La France a connu à cet égard une situation particulièrement défavorable. Rappelons que l'évolution de la population active (les personnes qui travaillent ou qui cherchent effectivement un emploi) résulte de l'accroissement de la population en âge de travailler (les 20-60 ans, qui sont passés de 22,5 à 30 millions d'individus entre 1950 et 1990), de l'augmentation du taux d'activité féminin (passé en vingt-cinq ans de 50 à près de 75%), de l'allongement de la scolarité et de l'abaissement de l'âge de la retraite. Sous l'effet de ces différents facteurs, la population active est passée de 19,5 à 24,5 millions entre 1950 et 1990. Il est logique de penser que l'ampleur et la rapidité de ce phénomène ont contribué à la gravité du chômage français.

Toutes choses égales d'ailleurs, l'arrivée chaque année de centaines de milliers de nouveaux candidats à l'emploi ne peut qu'accroître le déséquilibre entre l'offre et la demande de travail.

A l'encontre de cette idée, il faut cependant noter que les États-Unis ont connu et connaissent encore un accroissement nettement plus rapide de leur population active, tout en maintenant un taux de chômage plus faible qu'en Europe. D'une manière générale, il ne semble pas y avoir, au niveau international, de corrélation évidente entre le chômage et l'évolution démographique. L'impact de l'accroissement de la population active sur le chômage ne peut être analysé qu'à un niveau détaillé, en tenant compte de la situation de chaque sexe et de l'évolution de la structure des emplois. En France, l'accroissement de la population active est presque entièrement imputable à l'arrivée des femmes sur le marché du travail. Or celle-ci a été en phase avec l'évolution de la nature des emplois. Une bonne partie des emplois de service qui ont connu le développement le plus rapide (santé, éducation, commerce...) sont en effet traditionnellement pourvus dans leur majorité par des femmes. Nombre de ces emplois auraient pu, il est vrai, être occupés par des hommes si les femmes étaient restées chez elles, mais l'économie n'en aurait-elle pas pâti ?

Quant à l'évolution démographique elle-même, il ne faut pas oublier qu'elle contribue puissamment au dynamisme de l'économie. Les jeunes qui entrent dans la vie active, qui se mettent en ménage et commencent à travailler, sont de gros consommateurs de biens durables, automobiles et équipement du logement. Compte tenu de l'importance de cette catégorie de biens pour la dynamique de la croissance, on peut penser que l'économie française a largement bénéficié de la conjoncture démographique des trente dernières années. Comme le note Michel Godet : « On oublie que la croissance forte des années 1960 à 1974 a été portée par la vague des 0-19 ans qui s'est gonflée de 2,2 millions de jeunes, alors qu'elle a diminué de plus de 1 million au cours de la période 1975 à 1990 et qu'elle va continuer à régresser », et à sa suite, « la tranche des jeunes en phase d'équipement »[34]. L'importance numérique des actifs par rapport aux inactifs présente d'ailleurs bien d'autres avantages, pour le financement de la protection sociale (particulièrement pour l'assurance-vieillesse et l'assurance-maladie), la capacité d'innovation des entreprises et la compétitivité de l'économie. *A contrario*, on voit bien ce qu'aurait de paradoxal le fait d'attendre du retournement démographique du siècle prochain une solution au problème du chômage. Le vieillissement de la population présentera bien plus d'inconvénients que d'avantages : il induira en effet une modification de la structure de la consommation défavorable à la croissance. En gros : moins de biens industriels et davantage de services sociaux. Les personnes âgées ont davantage tendance à épargner et sont moins enclines à modifier leurs habitudes. Elles changent moins souvent de voiture et résistent davantage aux innovations technologiques (notamment parce qu'elles ont plus de difficultés à apprendre à se servir de nouveaux équipements). Sans oublier les problèmes de tous ordres que posera aux entreprises le vieillissement de leurs salariés : « Au tournant de ce siècle, 50 % de la population active aura plus de 40 ans, les entreprises auront alors à gérer une main-d'œuvre plus âgée, à revoir leur politique de rémunération, de formation, à réorganiser leurs méthodes de *management*[35]. » Le plus préoccupant étant, bien entendu, l'accroissement inéluctable des transferts sociaux. L'impact global de cette évolution sur l'équilibre du marché du travail n'est guère prévisible, tant les changements qualitatifs seront nombreux. Beaucoup dépendra, notamment, de la manière dont seront pourvus et financés les emplois qui devront être créés pour faire face aux besoins de services sociaux.

34. Michel Godet, *Le Grand Mensonge*, Paris, Fixot, 1994, p. 184.
35. Alain Minc, *op. cit.*, p. 98.

## 9. L'inadéquation du système de formation : un problème mal posé

A la fin des années 80, il était dans l'air du temps d'imputer la responsabilité du chômage à l'inadaptation du système de formation. Les chefs d'entreprise, en particulier, dénonçaient régulièrement l'insuffisante qualité de la main-d'œuvre, principale cause, selon eux, des désajustements constatés entre l'offre et la demande de travail. De toute évidence, le risque d'être au chômage est très différent selon le niveau de qualification : en mars 1993, le taux de chômage était de 15,3 % pour les sans-diplôme, de 9,5 % pour les bacheliers et de 5,9 % pour les titulaires d'un diplôme supérieur. Écarts significatifs, certes, mais qui n'étayent pourtant pas complètement l'idée selon laquelle le diplôme constitue un passeport nécessaire et suffisant pour l'emploi.

En fait, la corrélation entre chômage et niveau de formation reflète d'abord l'utilisation du diplôme par les employeurs comme critère de sélection dans une situation où le déséquilibre du marché du travail permet de mettre en concurrence de nombreux candidats à l'embauche. Le surchômage des non-qualifiés n'a donc pas forcément de rapport direct avec l'inadaptation du système de formation [36]. Comme le remarque par ailleurs Michel Godet, le parallèle souvent fait entre les performances du Japon et le niveau de formation générale de la main-d'œuvre ne résiste pas à l'examen : « Au Japon, chacun va effectivement à l'école jusqu'à 18 ans, mais pour préserver la cohésion des groupes, il

36. Sur les effets pervers des pratiques de « surqualification-déqualification » pour les entreprises, voir Alain Lebaube, *Social, par ici la sortie*, Paris, Le Monde, 1993, p. 89.

n'y a pas de redoublements. La véritable sélection commence après l'année terminale[37]. »

Il n'en demeure pas moins que le niveau élevé du chômage des jeunes en France n'est pas sans rapport avec la structure et les priorités du système de formation. Il est largement reconnu, par exemple, que le système dual allemand, fondé sur une alternance entreprise-école professionnelle pendant une durée moyenne de trois ans et demi, système qui concerne les deux tiers d'une classe d'âge, prépare mieux les jeunes au monde de l'entreprise que les formations générales qui ont la préférence de la majorité des jeunes Français. La réussite de cette formule peut se mesurer à la fois par le taux d'accès des jeunes à l'emploi, nettement plus élevé que chez nous, et par les performances bien connues de l'industrie allemande, lesquelles reposent largement sur la qualité de la main-d'œuvre. Toutefois, si l'on en croit une étude récente, le système connaîtrait un certain essoufflement : « Les travaux conjoints du CEREQ et du BIBB [institut fédéral de formation professionnelle] font apparaître une certaine déstabilisation de ce système : à la fois les jeunes et les entreprises marquent une nouvelle préférence pour les formations générales longues, qui mettent en question les perspectives de carrière offertes à l'issue de la filière traditionnelle de l'apprentissage[38]. »

Une telle évolution n'aurait rien de surprenant. Dans un certain nombre de domaines (réduction hebdomadaire et négociée de la durée du travail, salaires ouvriers élevés, cogestion, lien emploi-formation...), les particularités vertueuses de l'Allemagne paraissent liées au monde de la grande entreprise industrielle. Si tel était le cas, elles représenteraient davantage une tentative d'adaptation de l'héritage « fordiste » (cf. *infra*) qu'un modèle d'avenir pour une économie de service. L'industrie allemande se porte bien, certes, et le choc de la réunification semble en voie d'être

37. Michel Godet, *op.cit.*, p. 65.
38. Mireille Elbaum et Olivier Marchand, « Emploi et chômage des jeunes dans les pays industrialisés. La spécificité française », *Premières Synthèses*, Paris, ministère du Travail, n° 34, octobre 1993, p. 9.

absorbé, mais divers indices suggèrent un début de banalisation : comme partout ailleurs, la diversification du tissu économique et la montée des services entraîneront des changements dans le mode de régulation socio-économique. Une preuve, parmi d'autres, de cette forte adhérence à la culture industrielle, le fait que le secteur des services n'est pas spécialement compétitif en Allemagne : « Les services publics allemands pratiquent des tarifs parmi les plus élevés d'Europe et les services privés ne sont pas en reste. On a un petit pincement au cœur en entrant chez le coiffeur ou chez le teinturier, et de sérieuses migraines s'il s'avère que l'on a besoin d'un avocat[39]. »

Une autre manière d'aborder la question de la formation est de se demander de quelles qualifications ont réellement besoin les entreprises. Il est d'autant moins facile de répondre à cette question que, comme on l'a dit, la situation du marché du travail permet aux employeurs de majorer leurs exigences. On peut cependant faire la remarque suivante : la main-d'œuvre actuellement employée par les entreprises françaises comprend encore 42% de travailleurs dont le niveau ne dépasse pas le certificat d'études. Ce pourcentage est certes en diminution rapide, du simple fait qu'une génération plus diplômée s'intègre progressivement au monde du travail, mais il suffit à prouver qu'il y a encore place pour des non-bacheliers dans l'économie moderne. A terme, il est probable que les entreprises industrielles emploieront presque exclusivement une main-d'œuvre qualifiée. En revanche, les secteurs du bâtiment et des services continueront à créer de nombreux postes de travail peu qualifiés.

Mais il faut aller plus loin et se demander ce que l'on entend par « qualification ». Le terme lui-même renvoie à l'idée d'une correspondance claire entre un contenu de formation et un profil de poste. L'analyse des pratiques d'embauche fait apparaître une réalité plus complexe. Les attentes des entreprises vis-à-vis des

39. Guillaume Duval, « Derrière l'industrie, le coût des services », *Alternatives économiques*, septembre-octobre 1994, p. 27.

candidats à l'embauche ne s'expriment pas toujours en termes de niveau de qualification. Dans le monde de la production industrielle, la qualification des personnes et la qualification requise par les postes de travail avaient fait l'objet d'un intense effort d'identification et de codification. Cet effort avait d'autant plus de chances d'aboutir que les processus de travail étaient standardisés, comparables d'une entreprise à l'autre, que l'organisation du travail était strictement hiérarchisée et que le résultat du travail était objectivement mesurable. Tel n'est plus le cas dans l'économie post-industrielle. Le caractère immatériel et relationnel d'un nombre croissant d'activités, la complexité des formes de coopération qui se développent jusqu'au cœur des ateliers de production font qu'il est beaucoup plus difficile de décrire précisément le contenu d'un poste et d'identifier les compétences nécessaires. Celles-ci intègrent désormais davantage de compétences « gestionnaires » ou « sociales », telles que l'autonomie, le sens de l'initiative, la capacité à communiquer et à se situer dans un environnement humain complexe. L'organisation du travail, plus flexible et moins hiérarchisée, nécessite davantage de polyvalence de la part des travailleurs. Dans le secteur des services, on voit se multiplier les postes de travail peu qualifiés mais hautement professionnels, par exemple dans le marketing direct. Dans ces conditions, il est plus difficile de réduire la qualification à un contenu précis, validé par un diplôme ou une position dans une grille formelle[40]. De plus, il n'est plus possible de mettre en cohérence la difficulté réelle de l'emploi, son statut, la rémunération et la valeur que la société est prête à lui reconnaître[41]. Il est fréquent qu'un emploi mal payé et peu valorisant nécessite, en fait, une véritable compétence sociale. C'est cette difficulté d'ob-

40. Michel Godet souligne à ce propos la nécessité de ne pas confondre les notions suivantes : « instruction, « éducation », « formation », « qualification », « professionnalisme », « compétence », chacune ayant un sens précis (*op.cit.*, p. 84).

41. Cf. Bernard Perret et Guy Roustang, *L'Économie contre la société. Affronter la crise de l'intégration sociale et culturelle*, Paris, Éd. du Seuil, 1993, p. 139.

jectiver les compétences dont ils ont besoin que les employeurs traduisent en termes de manque de qualification et d'inadaptation du système de formation. Compte tenu de l'élévation générale du niveau de diplômes, ils sont naturellement conduits à majorer leurs exigences pour tenter de se protéger contre le risque d'embaucher une personne insuffisamment adaptable.

La responsabilité du système éducatif dans le mauvais fonctionnement du marché du travail est sans doute engagée, mais pas nécessairement pour les raisons habituellement mises en avant. Il peut, certes, exister ici ou là des pénuries réelles de qualifications spécialisées, mais elles ne concernent que des effectifs limités. L'essentiel est ailleurs : il est dans le décalage entre le modèle d'intégration culturelle véhiculé par l'école et les conditions réelles de la socialisation dans le travail. Décalage qui s'est accru sous l'effet d'une double évolution, de l'école et du monde productif, comme le suggère Philippe d'Iribarne :

> « Les références post-modernes semblent avoir largement pénétré l'enseignement de masse (mise en cause des notes, des classements, poids donné au "désir" de l'élève par rapport à son "niveau" dans les décisions d'orientation, effritement de la discipline élémentaire, etc.). Or, le monde du travail est loin d'être marqué par la même évolution. Le raccourcissement des lignes hiérarchiques, l'augmentation des attentes envers l'opérateur de base, la plus grande autonomie qui lui est accordée font que les exigences du "comportement" vont croissant. Il est attendu de chacun qu'il tienne avec zèle la place qui lui est dévolue dans un ordre social qui reste très contraignant[42]. »

La déstabilisation du modèle scolaire traditionnel a des effets néfastes, c'est certain, mais, d'un autre côté, on ne peut passer sous silence le fait que ce modèle lui-même est mal adapté à la nouvelle donne du monde du travail : l'école républicaine valorise l'excellence individuelle, la compétition (l'« élitisme répu-

42. Philippe d'Iribarne, « Difficile socialisation », *Études*, septembre 1994, p. 185.

blicain »), les savoirs abstraits, elle n'encourage guère la coopération, le travail collectif, pas plus qu'elle ne sensibilise à l'importance de la dimension relationnelle des activités économiques.

## 10. L'internationalisation de l'économie

Lorsque le chômage a explosé, après le second choc pétrolier et les erreurs de gestion du gouvernement Mauroy, le discours dominant consistait à rendre responsable de tous nos maux le manque de compétitivité de l'économie française. Un lien direct était trop facilement fait entre le déclin de l'emploi industriel et le déficit du commerce extérieur. Vers le milieu des années 90, le climat est différent : notre balance commerciale est passée du déficit à l'excédent, sans que cela empêche l'emploi industriel de continuer à décliner. Nous avons d'ailleurs perdu, semble-t-il, davantage d'emplois industriels que d'autres pays, mais cela ne nous interdit pas de demeurer le troisième pays du monde en terme d'exportations par habitant.

Quoi qu'il en soit, l'effet de l'intégration économique mondiale sur le chômage demeure, plus que jamais, une question d'actualité. Nombreux sont les experts et responsables politiques qui s'interrogent sur les effets de la « globalisation » de l'économie mondiale et préconisent la mise en place d'instruments de régulation ou, à défaut, le rétablissement d'un certain niveau de protection des espaces économiques nationaux ou régionaux. On a évoqué ci-dessus les effets pervers de la globalisation financière[43], l'instabilité créée par les capitaux flottants à la recherche

43. Voir sur ce sujet une étude commandée par la Fondation pour le progrès de l'homme : Paul Dembensski et Alain Schoenberger, *Marchés financiers : une vocation trahie ?*, Eco'diagnostic, 1994.

des meilleurs rendements à court terme, disponibles à tout moment pour nourrir la spéculation monétaire ou boursière. Délibérément organisée dans le but de stimuler la croissance mondiale, la déréglementation financière est désormais fréquemment incriminée comme l'une des causes de son imprévisibilité et de sa fragilité.

La question commerciale ne se pose pas avec moins d'acuité : la concurrence des pays à faible coût salarial pèse sur l'emploi et les revenus des travailleurs les moins qualifiés des pays industrialisés, entraîne une pression à la baisse sur les acquis sociaux liés au travail, et donc, de proche en proche, contribue à la déstabilisation de la société salariale. La menace principale vient d'Asie, mais il ne faudrait pas oublier que le « dumping social » peut s'exercer entre pays anciennement industrialisés : c'est ce qu'a révélé l'affaire Hoover, le transfert d'un établissement industriel de France en Écosse pour des raisons de coût salarial. En un sens, il n'y a pourtant rien d'inédit dans cette situation : cela fait déjà plusieurs décennies que des secteurs comme le textile, la sidérurgie ou la construction navale paient un lourd tribut au développement des échanges. On ne s'inquiéterait pas tant de cette concurrence si la main-d'œuvre qualifiée n'était pas, désormais, en première ligne. Les pays d'Asie du Sud sont en train de former en quantité des diplômés qui, pour l'instant, acceptent d'être payés nettement moins cher que leurs homologues des pays riches (ne parle-t-on pas de 1 000 francs par mois pour un technicien bac+3 ?). Qui plus est, les nouvelles technologies menacent de modifier radicalement les conditions de cette concurrence. Les progrès accomplis dans la transmission de l'information (avec, notamment, le développement du télétravail) affectent non seulement le rythme, mais encore la nature même du processus d'intégration de l'économie mondiale. Dans un avenir proche, certaines catégories de travailleurs pourront vendre directement leurs services par écran interposé sur un marché mondial des compétences[44]. On revient sur les enjeux de cette délocalisation du travail, dont il ne faut pas exagérer l'ampleur actuelle, au chapitre 6.

Les effets déstabilisateurs de l'ouverture des frontières ne sont pas un accident, un choc exogène et inattendu qui frapperait les économies occidentales. Le premier choc pétrolier a certes provoqué une accélération du développement du commerce mondial : les pays industrialisés ont été contraints – pour faire face à l'accroissement de leur facture énergétique – d'accélérer leurs exportations de biens manufacturés. Du coup, la concurrence s'est faite plus vive sur des marchés mondiaux disputés par un nombre croissant de producteurs. Mais les consommateurs des pays riches ont largement profité de cette intensification des échanges. Si nos produits sont concurrencés, c'est d'abord parce que nous voulons acheter moins cher. C'est d'ailleurs sous cette forme, ne l'oublions pas, que l'idée européenne a été « vendue », si l'on ose dire, aux citoyens-consommateurs. La déstabilisation du monde du travail sous l'effet de la mondialisation est donc au cœur de la logique d'un système économique qui privilégie la satisfaction des consommateurs sur toute autre considération. Comme le note Jean-Paul Fitoussi :

> « Cette situation a été voulue de longue date, sauf à imaginer que les hommes politiques ne savent pas ce qu'ils font. Nous avons assisté, dans les années 80, à la globalisation des marchés financiers, globalisation qui implique la possibilité d'une mobilité parfaite des capitaux. Si les mouvements de capitaux sont libres, il est normal, nécessaire, inévitable – tout économiste en conviendra – qu'ils affluent partout où la main-d'œuvre est le meilleur marché, à niveau de qualification comparable[45]. »

44. D'où cette formulation d'un chercheur, qui résume bien le problème : « La conséquence inévitable d'un libre-échange croissant entre pays industrialisés riches et pays à bas salaires et à capacité technologique n'est pas nécessairement l'augmentation du chômage dans les premiers, c'est l'accroissement rapide et régulier des inégalités de revenu dans les deux types de pays » (Pierre-Noël Giraud, « Libre-échange et inégalités », *La Jaune et la Rouge*, janvier 1995, p. 18).

45. Jean-Paul Fitoussi, « Faux débats, vraies questions », *Le Débat*, n° 76, septembre-octobre 1993, p. 170.

Faut-il pour autant accepter l'idée que la délocalisation des activités industrielles est l'une des causes majeures du chômage ? Un certain nombre de nuances doivent, à tout le moins, être apportées. La première est que nous vendons aux pays à bas salaire autant que nous leur achetons. Ainsi, en 1992, nos importations en provenance d'Afrique, d'Asie et d'Amérique latine représentaient 3,5% du PIB de la France, et nos exportations vers ces mêmes pays 3,7%. Avec l'Asie, nos échanges sont déficitaires, mais ce déficit est minime (0,15% du PIB)[46]. A ces chiffres on peut cependant objecter que les importations vers les pays en question ont un contenu en travail, et particulièrement en travail peu ou moyennement qualifié, plus élevé que les exportations (lesquelles comprennent des produits à fort contenu technologique, tels que les avions ou les TGV), et que le développement des échanges modifie la structure de l'emploi. L'ouverture des frontières fait des gagnants, les consommateurs, et des perdants, les travailleurs peu qualifiés de l'industrie manufacturière et, bientôt, de certains services standardisables. Si l'on considère la situation du textile, branche d'activité qui a le plus souffert de la concurrence des pays à bas coût de main-d'œuvre, on s'aperçoit que l'effet direct des importations n'est responsable que du tiers du 1,6 million d'emplois perdus depuis vingt ans, le reste étant imputable aux gains de productivité. Mais l'effet direct de la concurrence est peut-être moins important que ses effets indirects : le fait que les entreprises soient contraintes d'accélérer leur effort de productivité et de réduire plus rapidement leurs effectifs qu'elles ne l'auraient fait spontanément. En ce sens, le développement des échanges avec les pays à faible coût de main-d'œuvre est bien l'une des causes majeures de la crise de l'emploi et de son aggravation récente – même si la mondialisation agit surtout comme un accélérateur de changements qui s'inscrivent

46. Chiffres cités par Dominique Charpentier, *Alternatives économiques*, 3e trimestre 1994, p. 36.

dans la logique normale de l'évolution des économies industrialisées. Le développement des échanges internationaux oblige l'industrie française à se moderniser plus rapidement qu'il ne serait souhaitable, à se spécialiser à marche forcée dans des productions à fort contenu intellectuel qui valorisent le mieux ses avantages comparatifs et à détruire massivement l'emploi peu qualifié de l'industrie manufacturière.

Il ne s'agit pas ici de nier les bienfaits apportés par le développement des échanges mondiaux, ni de préconiser un protectionnisme unilatéral dont les conséquences pourraient être désastreuses. Mais il ne faut pas non plus être dupe : quand on lit que « la France a joué, pour son plus grand bien, le jeu de l'ouverture au monde[47] », on est en droit de se demander pour le bien de qui, d'autant plus que le même texte reconnaît quelques lignes plus haut : « Voilà donc à quoi nous ont menés les vingt dernières années : une économie qui produit de la richesse et qui détruit des liens sociaux. » Mondialisation en grande partie inéluctable, sans doute, mais quant à la qualifier de « bien », chacun peut avoir son opinion là-dessus. Qui plus est, la manière dont on oppose parfois acceptation sans réserve des règles du jeu de l'économie mondiale et repli frileux sur l'Hexagone fait l'impasse sur le rythme du changement, paramètre qui conditionne de façon décisive la nature de ses effets sociaux. Ce n'est pas parce qu'une évolution est inévitable et, à terme, globalement bénéfique qu'elle doit être considérée comme uniment bonne et qu'il ne faut pas chercher à la retarder et à en limiter les effets. Comme le remarquait Polanyi : « Souvent le rythme du changement n'a pas moins d'importance que sa direction ; mais s'il est fréquent que celle-ci ne relève pas de notre volonté, il se peut fort bien que dépende de nous le rythme auquel nous permettons que le changement survienne[48]. »

47. Alain Minc, *op. cit.*, p. 30.
48. Karl Polanyi, *op. cit.*, p. 64.

4

# La cohérence perdue du système fordiste

## 1. « Fordisme », plein-emploi et intégration par le travail

Après avoir trop rapidement passé en revue quelques-uns des nombreux phénomènes socio-économiques impliqués dans la croissance du chômage, il reste à en saisir l'agencement global. Le puzzle est toutefois loin d'être complet : il nous faudra analyser de manière plus précise les enjeux de la tertiarisation de l'économie, les changements qu'elle produit dans la dynamique croissance-productivité-emploi et les conditions de l'intégration sociale par le travail.

A ce stade, on peut néanmoins formuler une première mise en perspective des principaux phénomènes socio-économiques qui expliquent la fin du plein emploi. On s'appuiera pour cela sur le schéma classique élaboré par les économistes de l'école de la régulation (Robert Boyer notamment). L'intérêt de cette approche, c'est qu'elle décrit de manière synthétique la dynamique de croissance qui a fonctionné dans les pays industrialisés après la Seconde Guerre mondiale et qu'elle permet une compréhension globale de l'enchaînement des différents facteurs de déstabilisation qui sont à l'œuvre dans la crise de l'emploi. Comme toute modélisation, elle n'est pas indépendante du problème que l'on veut traiter. Il s'agit d'abord, en l'occurrence, selon les termes de Robert Boyer, de répondre à la question : « Pourquoi et comment, dans une formation économique donnée, passe-t-on d'une croissance forte et régulière à une quasi-stagnation et une instabilité des enchaînements conjoncturels[1] ? » En fait, pour nous, l'intérêt de ce schéma n'est pas seulement de comprendre pourquoi la croissance ralentit, il est également, et peut-être surtout, d'identifier les conditions historiques qui ont rendu possible une synergie sans précédent entre l'économique et le social. On ne saurait trop insister sur le fait qu'il s'agit d'un schéma idéal et non d'une description réaliste de l'économie de tel ou tel pays à une époque donnée. Il a moins pour objet de décrire une réalité historique que d'aider à comprendre comment s'articulent les différents facteurs de crise que nous avons évoqués. Toute reconstruction du passé génère inévitablement des illusions d'optique. Dans le cas présent, la schématisation des cohérences du système fordiste peut donner l'impression d'une dynamique parfaitement équilibrée entre l'économique et le social. Il va de soi qu'une telle vision n'a qu'un lointain rapport avec ce qu'en ont perçu les acteurs réels.

Dans des pages d'une grande perspicacité, écrites en 1944, bien avant que l'on parle de « fordisme », Karl Polanyi montre à quel point la crise des années 30 et la Seconde Guerre mondiale ont marqué une bifurcation dans le développement du système économique capitaliste. La création des systèmes modernes de protection sociale, les politiques salariales négociées et l'intervention massive des États dans le pilotage de l'économie sont la suite logique d'une vaste remise en cause du libéralisme économique. Remise en cause perceptible dès avant la guerre, avec l'abandon de l'étalon-or et le *New Deal*, et s'accompagnant dans les différents pays capitalistes de mutations politico-idéologiques aux effets apparemment opposés, le défi national-socialiste trouvant une sorte de réponse démocratique dans les idées de Keynes et

1. Robert Boyer, *La Théorie de la régulation. Une analyse critique*, Éd. de La Découverte, 1986, p. 37.

de Beveridge. Comme l'a bien vu Polanyi, la crise du libéralisme constitue la toile de fond des oppositions idéologiques qui expliquent la violence si particulière du second conflit mondial : « La Révolution industrielle fut un événement anglais. L'économie de marché, le libre-échange et l'étalon-or furent des inventions anglaises. Dans les années 20, ces institutions s'effondrèrent partout – en Allemagne, en Italie ou en Autriche, les choses furent simplement plus politiques et plus dramatiques [2]. » Selon Polanyi, on aurait assisté dans l'entre-deux-guerres à la clôture d'une période qui coïncide en gros avec le XIXe siècle, celle du « marché autorégulateur », au cours de laquelle les mécanismes de l'économie de marché fonctionnèrent pratiquement sans entrave, organisant la « totalité de la vie économique sans aide ou intervention extérieure » [3]. Ce pouvoir du marché allant d'ailleurs bien au-delà des affaires purement économiques, puisque, toujours selon Polanyi, c'est à l'influence des banquiers que l'on doit la situation de quasi-paix qui a prévalu en Europe au cours du XIXe siècle jusqu'à la Première Guerre mondiale. Les drames qui ont marqué la première moitié de ce siècle sont, dans cette optique, les retombées d'une crise violente de l'idéologie du « marché autorégulateur », qui ne pouvait se solder que par un « réencastrement » de l'économie dans le social et le politique :

> « La civilisation du XIXe siècle n'a pas été détruite par l'attaque extérieure ou intérieure de barbares ; sa vitalité n'a pas été sapée ni par les dévastations de la Première Guerre mondiale ni par la révolte d'un prolétariat socialiste ou d'une petite bourgeoisie fasciste. Son échec n'a pas été la conséquence de prétendues lois de l'économie telles que celle de la baisse du taux de profit ou celle de la sous-consommation ou de la surproduction. Sa désintégration a été le résultat d'un ensemble de causes tout différent : les mesures adoptées par la société pour ne pas être, à son tour, anéantie par l'action du marché autorégulateur [4]. »

2. Karl Polanyi, *op. cit.*, p. 55.
3. *Ibid.*, p. 71.
4. *Ibid.*, p. 320.

C'est de cet effondrement dramatique, des nécessités économiques de la reconstruction après les destructions de la guerre et, surtout, des valeurs humanistes et des équilibres socio-politiques issus du combat contre le nazisme qu'est issu le « compromis fordiste ».

En tant qu'ensemble de mécanismes structurels se renforçant mutuellement, on peut, idéalement, se représenter le système fordiste de la manière suivante :

*a)* Un mode de consommation orienté vers les biens manufacturés standardisés, susceptibles d'être produits en longue série (automobile, électroménager...). On rappellera simplement que le nombre de voitures particulières en circulation en France est passé de 1 à 15,3 millions de 1946 à 1975.

*b)* Un modèle d'organisation de la production cohérent avec ce modèle de consommation, le taylorisme. Tout le monde connaît les principes de l'« organisation scientifique du travail » inventée à la fin du siècle dernier par l'ingénieur américain Frederick W. Taylor. Afin d'accroître l'efficacité du travail dans les grandes fabriques, Taylor préconise une organisation totalement « rationnelle » de la production, fondée sur la séparation radicale entre la conception et l'exécution, le découpage des tâches en gestes élémentaires répétitifs demandant aussi peu de qualification que possible et la rémunération des ouvriers au rendement. Le taylorisme se caractérise par le souci d'optimiser la production, mais aussi par l'appropriation par le *management* du savoir-faire technique des ouvriers de métier (le fameux « tour de main »), par l'élimination de tout ce que le travail d'exécution peut avoir d'opaque pour l'encadrement. L'organisation scientifique du travail permet l'emploi d'une main-d'œuvre non qualifiée. Ce point est décisif : il explique comment on a pu transformer en quelques décennies environ 5 millions d'agriculteurs en ouvriers (la population active agricole est passée de 36 à 10% de la population active totale de 1946 à 1975). Malgré son indéniable rationalité, le taylorisme a produit de nombreux effets pervers, y compris du point de vue de l'efficacité productive : absentéisme, démotivation, pratiques de sabotage larvé (freinage des cadences). Il s'est heurté, de plus, à la résistance de fait d'autres modes d'organisation : les savoirs informels ont conservé un rôle non négligeable dans le contexte même du taylorisme. Les cultures professionnelles et des identités au travail sont restées diversifiées, avec, notamment, une persistance du travail artisanal au sein de l'univers industriel[5]. On ne prétend donc pas, encore une fois, décrire une situation, mais seulement caractériser une cohérence tendancielle.

*c)* Le troisième élément, le plus central, est le « rapport salarial fordiste ». En contrepartie d'une organisation du travail hiérarchisée et déqualifiante, les travailleurs sont intégrés à la société de consommation. Ils bénéficient d'un accroissement continu des avantages sociaux liés au travail – rémunération, stabilité du contrat de travail, temps et conditions de travail, protection sociale… –, avantages qui ne relèvent pas uniquement du face-à-face entre le travailleur et l'entreprise, mais qui, en France tout au moins, sont garantis par l'État. C'est le cœur même du « compromis fordiste », qui justifie l'hommage rendu à Henry Ford, qui, le premier, comprit que ses ouvriers étaient aussi des acheteurs potentiels des voitures qu'ils fabriquaient. Paradoxalement, le compromis salarial n'était pas contradictoire avec une forte mobilisation politique de la classe ouvrière et un nombre élevé de conflits du travail :

> « Dans nombre de pays, une forte conflictualité du travail aboutit en général à un compromis salarial sur un double niveau. Dans l'entreprise, les syndicats acceptent les prérogatives des directions en matière d'organisation, de technologie et de politique des produits, en contrepartie d'avantages financiers portant soit sur le salaire direct, soit sur les avantages sociaux. Au niveau du secteur ou de la nation, la négociation de conventions collectives codifie les principes généraux d'évolution des salaires qui se diffusent ensuite au reste de l'économie[6]. »

5. Voir Jean-Louis Laville, *La Participation dans les entreprises en Europe*, Paris, Vuibert, 1992.

6. Robert Boyer, Jean-Pierre Durand, *L'Après-Fordisme*, Paris, Syros, 1994, p. 13.

*d)* Le quatrième élément est l'intervention régulatrice de l'État, qui garantit un taux de croissance régulier (au moyen de l'accroissement du déficit budgétaire, par exemple), en application de la doctrine keynésienne. Intervention contracyclique qui n'est possible que parce que l'on est encore dans des économies pas trop ouvertes sur l'extérieur[7].

Au total, ces différents éléments rendent possibles une répartition stable des gains de productivité entre l'accumulation du capital et l'accroissement de la consommation et, finalement, un taux de croissance régulier. Boyer et Durand notent à ce propos : « Les "trente glorieuses" s'interprètent comme le premier exemple d'une évolution à peu près synchronisée et aussi rapide des normes de production et de consommation, évitant de faire de la suraccumulation le risque tendanciel et de la récurrence des dépressions le seul moyen d'ajustement[8]. »

Cette stabilité de la croissance constituait par elle-même un élément favorable au plein emploi. Les crises conjoncturelles provoquent des licenciements, obligent les travailleurs à changer d'entreprise, parfois de lieu d'habitation et de qualification. Même si le rythme moyen de la croissance reste élevé, ses irrégularités sont la cause d'une augmentation du chômage « frictionnel ».

Il faut ajouter à cela que le contexte socio-culturel de la croissance était particulièrement favorable à l'intégration du monde du travail. Ainsi, pour les agriculteurs devenant ouvriers, le changement de statut professionnel coïncidait avec un changement complet de mode de vie, en phase avec l'aspiration à un plus grand confort et à une plus grande autonomie individuelle : anonymat de la vie urbaine, facilités de déplacement, etc. Autre élé-

7. En complément à ce schéma, Jean-Charles Asselain met l'accent sur les progrès de la coopération économique internationale après la Seconde Guerre mondiale, et notamment sur « le choix du gouvernement américain d'assumer pleinement cette fois ses responsabilités mondiales », *Histoire économique du XX$^{e}$ siècle. La montée de l'État (1914-1939)*, Paris, Presses de Sciences-Po et Dalloz, 1995, p. 17.

8. *Ibid.*, p. 86.

ment favorable : les régulations juridiques du monde du travail et les rapports de forces collectifs qui s'y établissent ont facilité son homogénéisation. On a vu émerger un modèle unifié de rapport au travail, fait d'implication modérée, de valorisation des compétences techniques, de relative indépendance du statut social par rapport à l'effort fourni et d'installation dans une situation de revendication quasi permanente et institutionnalisée vis-à-vis de l'employeur et de défiance vis-à-vis de l'encadrement. Le plein emploi n'était donc pas seulement le résultat d'un bon fonctionnement de la machine économique, c'était également la révélation de l'attraction exercée par un modèle de participation à la vie sociale réconciliant intégration de masse et affirmation toujours plus forte de valeurs individualistes.

## 2. La conjonction de plusieurs facteurs de déstabilisation

Depuis vingt ans, cette belle cohérence est progressivement remise en cause par l'évolution du système économique. Plusieurs facteurs de déstabilisation conjuguent leurs effets :

*a)* La modification du modèle de consommation : la standardisation fait place à une différenciation des produits et à une attention croissante des consommateurs à leur qualité. L'exemple de l'automobile est significatif : au début des années 60, le consommateur n'avait le choix qu'entre un petit nombre de modèles, avec un éventail limité concernant les détails de l'aménagement et les accessoires. Aujourd'hui, il peut choisir entre des dizaines de modèles, avec de nombreuses options en matière de motorisation, de confort et de sécurité. Pour suivre le rythme imposé par les Japonais, il faut désormais, selon Coriat et Taddéi [9], offrir tous les

9. Benjamin Coriat et Dominique Taddéi, *Made in France*, Paris, LGF, coll. « Le livre de poche », 1993.

quatre ans une centaine de variantes pour chaque modèle de base. Par ailleurs, la part des services a considérablement augmenté dans la consommation des ménages, au détriment des produits manufacturés.

*b)* A ce nouveau modèle de consommation correspondent de nouvelles organisations productives, en général moins favorables à une intégration de masse par le travail. L'importance prise par la qualité des produits, la moindre taille des séries, le caractère plus intellectuel et relationnel de l'activité productive constitue autant d'évolutions qui concourent à rendre le monde du travail plus différencié et plus sélectif. La principale rupture avec le taylorisme réside dans l'exigence d'une forte implication des salariés dans leur travail, et donc d'une motivation qui ne peut plus passer seulement par des avantages matériels, même si, sur ce point comme sur d'autres, le monde ancien est loin d'avoir disparu. Mutation « vertueuse » s'il en est, mais qui est pourtant lourde de conséquences perverses : un monde du travail plus hétérogène et moins solidaire et une recomposition de l'emploi qui s'opère plus difficilement (voir chapitre 9).

*c)* La crise de l'État-providence, à la fois conséquence et cause du ralentissement de la croissance, met en cause la possibilité d'augmenter indéfiniment les avantages sociaux constitutifs du rapport salarial fordiste.

*d)* La mondialisation de l'économie intervient à plusieurs niveaux dans la déstabilisation du système. Elle interdit, tout d'abord, de réguler le système économique sur une base nationale. L'État perd la maîtrise de différents leviers d'action dont il avait largement fait usage au cours des « trente glorieuses » : instruments de la politique macro-économique (soutien de la demande par le déficit budgétaire ou l'augmentation du SMIC), droit du travail et régulation du marché de l'emploi. Dans une économie mondialisée, l'intervention régulatrice de l'État se révèle souvent contre-productive. L'accroissement du commerce mondial a par ailleurs pour effet d'augmenter la pression de la concurrence sur les entreprises et d'accélérer l'évolution du modèle de consommation évoquée au point *b).*

Ce qui est remarquable dans cet ensemble d'évolutions, c'est que les différents facteurs de déstabilisation se renforcent mutuellement : l'évolution des exigences des consommateurs, le progrès technique et l'internationalisation de l'économie produisent des changements qui vont tous dans le même sens, celui d'une perte de cohérence entre la logique économique et les normes sociales. Alors que l'homogénéisation sociale au sein de chaque espace économique national était favorisée par le modèle de consommation et par l'organisation de la production, c'est exactement l'inverse que l'on constate aujourd'hui : la consommation ne peut augmenter qu'en se diversifiant, ce qui implique un accroissement des inégalités de revenu, l'évolution technologique renforce le poids des différences de compétence entre les individus et la solidarité nationale est battue en brèche par la mondialisation des échanges.

La question se pose désormais de savoir à quelles conditions on peut passer de la cohérence fordiste à une autre cohérence, qui reste à définir, entre l'économique et le social. Quelles voies imaginer pour reconstruire sur les ruines du système un ensemble de principes organisationnels et de régulations possédant les mêmes vertus économiques, sociales et politiques ? Les économistes de l'école de la régulation ont eux-mêmes ouvert quelques pistes dans divers textes récents. Les solutions qu'ils préconisent reposent sur l'élargissement du compromis salarial : les partenaires sociaux doivent négocier un nouveau contrat social ne portant plus seulement sur le niveau des salaires et les avantages sociaux, mais également sur la flexibilité et l'organisation du travail, de manière à dégager au niveau de chaque entreprise des compromis adaptés aux nouvelles conditions de la concurrence internationale et favorables à l'emploi. Michel Aglietta définit de la manière suivante cette nouvelle voie contractuelle :

> « Il faut que le champ ouvert à la négociation soit suffisamment large pour que l'introduction d'une certaine flexibilité dans le niveau immé-

diat des rémunérations puisse s'accompagner d'engagements dans le temps pris par les entreprises en ce qui concerne les investissements à faire pour pouvoir créer des emplois de qualité. L'idée est que les entreprises amenées à [...] faire des investissements de modernisation pourraient négocier un freinage de la hausse des rémunérations afin de maintenir un haut taux d'autofinancement. La contrepartie de ce freinage serait la garantie que les investissements en formation seraient faits et bénéficieraient aux salariés présents dans l'entreprise. Les salariés seraient amenés à renoncer à des avantages immédiats de rémunération pour des avantages futurs, avec évidemment une part de risque si l'entreprise disparaît ou si elle se trouve contrainte à un ajustement massivement récessif. Ce type de négociation suppose une profonde redistribution du pouvoir dans l'entreprise [10]. »

Aglietta précise également qu'un « cadre législatif » serait nécessaire pour « imposer aux entreprises un autre comportement dont le bénéfice ne peut apparaître qu'*a posteriori*, au niveau global ». Ce qui constitue en soi une énorme difficulté : dans une économie de plus en plus ouverte, comment faire pour imposer de nouvelles contraintes aux entreprises, sauf à imaginer un progrès rapide, bien improbable, de l'Europe sociale ?

## 3. L'éclatement du travail comme obstacle à la reconstruction d'un compromis social ancré dans la logique du système productif

Mais le principal problème est ailleurs. Aglietta compare la solution qu'il préconise avec ce qui a été fait pour sortir de la crise des années 30 : « L'augmentation du salaire était la condition essentielle de sortie de la récession, mais il fallait trouver des formes salariales la permettant, puisque, individuellement, les entreprises avaient tout intérêt à les baisser. » Compte tenu de la

10. *Alternatives économiques*, 3e trimestre 1994, p. 46. Voir également un exposé plus détaillé dans *Travail et Emploi* (revue du ministère du Travail), n° 59.

relative homogénéité sociale du monde industriel, il fut alors possible de définir des formes salariales, c'est-à-dire des normes générales d'organisation et de rémunération du travail, susceptibles par leur caractère transversal et englobant de s'imposer à toutes les entreprises. Or c'est précisément sur ce point que la situation actuelle est complètement différente, parce que le monde du travail est d'ores et déjà beaucoup trop éclaté pour qu'un même type de compromis puisse prévaloir dans l'ensemble des entreprises. Les confédérations syndicales interprofessionnelles ont de grandes difficultés à représenter les travailleurs dans la diversité de leurs intérêts et de leurs aspirations et l'hétérogénéité des entreprises rend bien improbable l'agrégation des compromis locaux. Il n'est pas rare, en effet, que les partenaires sociaux négocient localement des accords avantageux du double point de vue micro-économique et micro-social. On peut citer nombre de bons exemples de « modernisation négociée » : les entreprises ont besoin de davantage de flexibilité pour survivre, et cette flexibilité peut s'accompagner d'une modernisation des relations professionnelles, d'un accroissement de l'effort de formation, dans certains cas d'une réduction du temps de travail. Mais ces accords sont trop disparates, ils prennent en compte des situations trop hétérogènes pour déboucher sur une nouvelle cohérence macrosociale.

En outre, lorsque Aglietta fait référence aux qualifications comme objet de négociation, il suppose que cette notion conserve une certaine univocité. Or l'évolution du travail a tendance à en brouiller la signification, compte tenu notamment de la différence de plus en plus fréquemment faite entre « compétence » et « qualification » et de l'importance prise par les « compétences sociales ». Or parler de « compétences » au lieu de « qualification » signifie que l'on s'intéresse à une réalité moins aisément objectivable et transférable. Concrètement, les pratiques d'embauche révèlent l'embarras d'établir des normes d'évaluation de la difficulté d'un poste de travail et des compétences qu'il requiert. Le contrat de travail n'est plus réductible à un contrat d'échange (un savoir-faire précis contre un statut et une rémunération) et relève davantage de la mise en relation, de la transaction subjective (une capacité d'engagement contre une reconnaissance personnelle). Dans ces conditions, considérer la formation comme un enjeu pertinent de négociation collective ne va pas de soi.

Une autre difficulté des schémas du type de celui proposé par Aglietta est l'instabilité des marchés, qui réduit la capacité des entreprises de prendre des engagements à long terme et, donc, la portée des négociations entre partenaires sociaux. On peut citer l'exemple de la filiale française d'une grande entreprise américaine d'informatique dans laquelle avait été mise en œuvre une expérience innovante d'aménagement-réduction du temps de travail à la suite d'une négociation exemplaire avec les syndicats. Quelques mois après l'accord, le changement du contexte économique et les décisions de la maison mère ont contraint les partenaires de l'accord à le remettre en chantier. Ce que prouve cette anecdote, c'est que les entreprises évoluent dans un univers trop instable pour constituer un espace d'élaboration négociée de nouvelles normes sociales. La négociation sociale demeure, de toute évidence, une nécessité et un enjeu important, aussi bien pour les entreprises que pour ceux qui y travaillent : de nombreuses questions touchant à l'organisation du travail ne peuvent être réglées que par ce moyen. Mais il ne faut pas en attendre plus que ce qu'elle peut donner : il n'existe pas actuellement de possibilité de reconstruction d'un compromis social, du type fordiste ou autre, ancré principalement dans les rapports de production. Si l'on partage bien l'idée d'un déficit de régulation sociale, celle-ci devra à l'avenir trouver d'autres ancrages que l'équilibre des relations professionnelles dans l'entreprise. On y reviendra au chapitre 12.

## 4. L'« après-fordisme » : nouveau modèle socio-productif ou nouveau mode de régulation ?

Depuis vingt ans, les entreprises ont évolué et de nouveaux modèles d'efficacité ont émergé au Japon (« toyotisme ») ou en Suède (« uddevallisme »[11]). On pourrait même dire, comme le notent Boyer et Durand, que la réflexion sur les formes d'organisation productives les mieux adaptées au nouveau contexte de l'économie débouche sur un certain nombre de principes peu contestés : « Les principes d'une alternative au fordisme sont très largement reconnus par une communauté de praticiens, de théoriciens de la gestion, d'économistes, etc. », et le risque serait plutôt d'en faire une panacée : « On peut redouter un excès de conformisme autour d'une adhésion enthousiaste et parfois naïve à un nouveau type d'entreprise, communicante, polyvalente, organisée en réseau, vendant sur un marché international des produits de haute qualité et à haute valeur ajoutée, garantissant ainsi des salaires élevés et préservant l'emploi[12]. »

A supposer qu'un tel modèle d'entreprise se généralise, cela ne suffirait pas à reconstruire une cohérence macro-économique et macro-sociale du type de ce qu'a représenté le fordisme. Le système productif n'est qu'« un élément de la boucle de la régulation ». L'un des problèmes cruciaux dont la solution ne dépend pas, ou très peu, de l'innovation productive est l'invention d'un modèle de consommation cohérent avec l'état du progrès technique et qui présente les mêmes vertus, du point de vue de l'accumulation du capital et de l'intégration sociale, que le modèle des « trente glorieuses » (standardisation, économies d'échelle,

11. D'« Uddevalla », localité où est implantée une usine modèle Volvo.
12. Robert Boyer et Jean-Pierre Durand, *op. cit.*, p. 35.

consommation de masse, etc.). A cet égard, s'en remettre à la théorie des cycles ou à la vision schumpéterienne de la « destruction créatrice » relève d'un acte de foi bien peu scientifique, et, comme les deux auteurs précités, « on peut d'ailleurs se demander si la nature même des technologies de l'information qui traitent des savoirs et de la connaissance ne serait pas à l'origine de la première exception aux thèses de Kondratieff ou de Schumpeter. Autrement dit, il n'y a peut-être rien à attendre des technologies de l'information pour relancer la demande ».

Il sera longuement question de l'impact du progrès technique dans les chapitres suivants, mais nous pouvons immédiatement suivre jusqu'au bout le raisonnement de nos auteurs :

> « S'il en est ainsi, ne doit-on pas considérer que la mort du paradigme socio-technique fordien conduit non pas à la recherche de son remplacement (attentisme d'une technologie miraculeuse), mais à la création d'une nouvelle régulation ? La contradiction entre une croissance des gains de productivité et le non-renouvellement de la norme de consommation (absence de technologie remplaçant l'automobile et l'électricité) ne peut conduire qu'à la conscience claire de l'ineptie que constitue l'idée d'un retour au plein emploi à temps complet[13]. »

Autant dire que cette « nouvelle régulation » ne sera pas seulement socio-économique, et qu'il faut chercher à la penser plus largement comme une régulation politico-culturelle des rapports entre l'économie et la société.

## 5. Une affinité particulière avec la culture politique française

Il convient de souligner à cet égard que le compromis fordiste n'était pas seulement un modèle de rapport salarial doublé de

13. *Ibid.*, p. 88.

mécanismes de régulation macro-économique : il avait des prolongements culturels et politiques au-delà des sphères de l'organisation productive et de la consommation. C'est ici que l'analyse doit prendre en compte les spécificités de la société salariale française. On entend souvent dire que la France a choisi le chômage comme mode d'adaptation à la nouvelle donne économique, mais il est pourtant peu de pays où le pouvoir politique soit à ce point contraint de s'engager vis-à-vis de l'opinion dans la recherche de solutions. Cette contradiction apparente s'explique très bien : c'est précisément parce que l'on a beaucoup investi politiquement dans la question de l'emploi et que l'institutionnalisation du rapport de travail a été poussée plus loin qu'ailleurs que les évolutions impliquées par le changement économique sont si douloureuses. Plus que d'autres, la société française s'est pensée comme une société salariale, c'est-à-dire comme une société où l'accès à un emploi salarié est perçu peu ou prou comme une condition de l'exercice effectif de la citoyenneté – résultat de tendances corporatistes fort anciennes, mais aussi d'évolutions juridiques relativement récentes (la mensualisation du salaire des ouvriers, par exemple, ne date que de 1972). Malgré les coups de boutoir qu'il subit depuis une quinzaine d'années (l'échelle mobile des salaires, conquête du Front populaire, est morte en 1983), notre système social – organisation du marché du travail, protection sociale, structuration du cycle de vie – reste l'héritier des « trente glorieuses ». Comme cela a souvent été noté, il y a une forte congruence entre cette culture sociale et une culture technico-organisationnelle privilégiant la qualification technique, les grands projets, les exploits techniques, la productivité et les organisations hiérarchisées [14]. Pour parler le langage très évocateur de Luc Boltanski et Laurent Thévenot, l'une des clefs de compréhension de la particularité française réside dans la force du compromis entre le « monde civique » et le « monde industriel » :

14. Cf. Pierre Calame, « La substitution du capital au travail », *Esprit*, août-septembre 1994.

« Les deux grandeurs industrielle et civique sont, particulièrement dans la société française, l'objet d'intenses efforts de compromis [...]. La figure du travailleur, supportée par les dispositifs du syndicalisme et par l'équipement du droit social, est issue de ce travail de compromis. Le qualificatif de social sert souvent, à lui seul, à jeter un pont entre une dignité s'exerçant dans la confection d'une volonté collective inscrite dans des groupes et une dignité s'exerçant dans le travail[15]. »

Il faudrait également analyser la congruence entre ce mode d'organisation sociale, l'alliance apparemment contre nature de l'individualisme et du sens de la hiérarchie[16], et le rôle dévolu à l'école comme creuset de l'intégration sociale républicaine. Dans un autre registre, le développement rapide et continu du travail féminin illustre le rôle joué par l'emploi salarié dans les processus d'émancipation individuelle : l'accès au monde salarial a représenté pour les femmes françaises la voie royale de l'autonomie. Fait significatif : elles sont plus nombreuses à travailler à plein temps que leurs homologues allemandes ou britanniques, mais beaucoup moins nombreuses à exercer des responsabilités associatives ou politiques : « Tout se passe comme si les femmes françaises avaient privilégié leur indépendance économique et constitué leur identité par le travail plus que par la politique. Elles ont investi dans ce champ un immense effort qui a absorbé une grande part de leur temps et de leur énergie[17]. »

Cet investissement de la société salariale française par un imaginaire politique pétri des idées d'égalité et de liberté individuelle explique les « rigidités » dénoncées par les économistes libéraux. Il est difficilement contestable que la surdétermination politique de la question du travail rende plus difficile les adaptations nécessaires et explique pour partie l'ampleur prise par le chômage. Mais il ne s'agit pas d'en tirer trop facilement la conclusion que

15. Luc Boltanski et Laurent Thévenot, *La Justification*, Paris, Gallimard, 1991, p. 396.
16. Cf. Philippe d'Iribarne, *La Logique de l'honneur*, Paris, Éd. du Seuil, 1990.
17. Citation de l'historienne Michèle Perrot, *Vendredi-Idées*, juin 1993, p. 35.

la France doit renoncer à être elle-même pour s'aligner sur la conception dominante, au niveau international, de l'organisation économique. L'important est de prendre conscience des choix implicites opérés depuis des décennies et de leurs conséquences : l'ampleur prise par le chômage dans un contexte social donné dépend crucialement des fonctions politiques imputées au travail économique. Le principal tort de la société française est d'avoir trop misé sur l'emploi salarié comme ancrage socio-économique de l'individualisme démocratique. A trop demander à l'emploi, il ne peut que se raréfier.

Deuxième partie

# *Travail et société : l'ère du flou*

Résultat d'un désajustement entre l'offre et la demande de travail, l'accroissement du chômage s'inscrit dans une discordance de plus grande ampleur entre la logique du développement économique et le fonctionnement de la société. Le jeu combiné du progrès technique, de l'évolution des modes de vie, des normes sociales et des régulations institutionnelles ne garantit plus, comme on vient de le voir, la vigueur et la régularité de la croissance. Mais cette crise de la régulation n'a-t-elle pas aussi une dimension culturelle ? Dans la société post-industrielle, la rationalité économique perd progressivement sa capacité d'objectiver le sens et la cohérence de la vie collective. La réflexion sur l'avenir du travail ne peut donc se limiter à l'analyse de mécanismes socio-économiques : elle doit également s'interroger sur la spécificité du travail parmi les différentes formes de l'agir humain et sur la manière dont l'évolution économique affecte structurellement ses fonctions normatives et intégratrices.

# 5

# Identités, normes et régulations au cœur de la prospective sociale

## 1. De la prospective

Réfléchir de manière prospective ne signifie pas nécessairement faire le récit imaginaire du prochain siècle. Grâce aux progrès de la pensée scientifique, on commence à mieux comprendre le caractère radicalement imprévisible du devenir de certains systèmes complexes, et tout particulièrement des sociétés humaines (chacun a entendu parler du battement d'ailes de papillon qui provoque une tempête de l'autre côté du globe, et ce qui vaut pour les phénomènes atmosphériques vaut très certainement pour l'évolution des sociétés). Qui plus est, à une époque qui voit coexister les plus grands raffinements du confort et les massacres à la machette, on se sent de moins en moins autorisé à parler au singulier de l'avenir de l'humanité. Prévoir l'enchaînement des événements et des situations est radicalement hors de portée, mais il reste utile, pour comprendre le présent, d'identifier les phénomènes émergents qui, quoi qu'il arrive, exerceront une influence sur l'évolution de la société au cours des prochaines décennies.

Pour résumer les idées les plus couramment admises sur notre futur proche, on peut s'en tenir à trois termes : globalisation, communication, individualisation.

– le terme de globalisation désigne, d'abord, le processus

d'intégration de l'économie mondiale : développement du commerce des marchandises, des échanges de services, accroissement des mouvements de capitaux et internationalisation des entreprises. Mais la globalisation, c'est aussi, dans un autre sens, l'intensification et la complexification des interdépendances entre le développement économique et d'autres mutations planétaires, démographiques, militaires, écologiques et culturelles ;

– sous la notion de communication on ne vise pas seulement le développement de l'économie de l'information, mais, plus largement, la dimension immatérielle et relationnelle des activités économiques et l'intensification des activités symboliques ;

– l'individualisation, ou subjectivation, fait référence à l'exigence de plus en plus explicite de différenciation et d'autonomie des personnes. Celle-ci produit des effets en chaîne dans tous les compartiments de la vie économique et sociale, à commencer par un changement radical des rapports entre les individus et les institutions et une révolution permanente dans les manières de produire et de consommer.

Il ne suffit pas de prolonger ces trois tendances et de juxtaposer leurs effets pour faire de la prospective sociale : prises séparément, elles semblent annoncer un avenir plutôt riant à des individus émancipés, plus instruits et mieux informés, citoyens du monde affranchis des barrières culturelles et communiquant avec l'ensemble de la planète par l'intermédiaire de leurs divers écrans, etc. Elles annoncent, entre autres choses, la fin des séparations bien tranchées qui ont caractérisé la société industrielle : séparation entre le travail productif, le travail « improductif », les loisirs et la culture ; séparation entre les travailleurs manuels et les travailleurs intellectuels ; séparation entre le monde du travail, la sphère de la vie privée et l'espace public, ouvrant la voie à un nouvel humanisme, à un épanouissement plus complet des capacités de chaque être humain.

On peut toujours rêver et persister à voir l'avenir comme le déroulement d'une histoire nécessairement bien intentionnée pour (presque) tout le monde, ce qui revient à projeter sur l'avenir de l'humanité nos aspirations de classes moyennes émancipées qui se croient abonnées au progrès. En réalité, cet avenir est lourd de contradictions non résolues, et c'est bien plutôt à l'identification de celles-ci que devrait s'attacher toute tentative de penser le futur.

## 2. De la crise de la régulation à l'affaiblissement des normes sociales

L'une des tâches premières de la prospective sociale devrait être d'examiner si le jeu des différentes tendances économiques et culturelles que l'on vient de rappeler est compatible, ou non, avec la survie et le développement de formes sociales – repères identitaires, valeurs et systèmes organisationnels – qui donnent sens et cohérence à l'existence collective. Le moins que l'on puisse dire est que rien ne semble garantir cette compatibilité. Il y a même, à première vue, une contradiction frontale entre le maintien de la diversité et de l'autonomie relative des espaces culturels (de la diversité des langues, notamment) et le double mouvement de mondialisation et d'individualisation rappelé plus haut, qui se traduit déjà sous nos yeux par une intensification de la communication à l'échelle de la planète et une internationalisation des élites. C'est cette impossibilité qui conduit à penser que l'État-nation, forme indépassable à ce jour de mise en cohérence par le politique des principaux registres (militaire, économique, social, culturel) de coordination des activités humaines, demeurera, contre toutes les tendances contraires, un concept fort d'organisation des sociétés.

Pour se limiter à l'aspect économique des choses, il est banal de constater que l'économie mondiale souffre d'un déficit de régulations. Le besoin se fait sentir d'institutions et de règles plus contraignantes régissant, par exemple, la circulation des capitaux, les rapports entre les monnaies, la protection de la propriété intellectuelle, définissant les conditions d'une concurrence équitable ou garantissant un minimum d'harmonisation internationale du droit du travail. Participent également d'une crise générale de la régulation socio-économique, comme on l'a vu précédemment, l'inadaptation des compromis sociaux négociés en période de forte expansion du capitalisme et l'affaiblissement des instances de représentation professionnelle. Mais il faut encore élargir l'angle de vue : les sociétés capitalistes développées sont confrontées à un trouble plus global, qui a des prolongements dans les champs de la politique, de la culture et de la morale. Trouble dont on n'énumérera pas ici les symptômes multiples et diffus (le plus évident d'entre eux est la montée de la délinquance et de la corruption). Cette contamination de l'ensemble du champ social par les dérèglements économiques s'explique d'abord, de toute évidence, par la rupture du lien social qui résulte de l'exclusion économique. Mais ce n'est là qu'un aspect des choses. Pour des raisons que l'on va tenter de préciser, le désordre socio-économique a des conséquences plus étendues et plus insidieuses sur la pratique des règles de la vie commune : on pourrait exprimer cela en disant que le *potentiel normatif de l'ordre productif* s'est affaibli.

L'activité économique est impliquée dans l'appropriation et l'interprétation de différents types de normes sociales. On pense, d'abord, à la mise en rapport de la valeur de l'argent, de la valeur des objets et de la valeur du travail, à l'identification et à la hiérarchisation des compétences (diplômes, grilles de qualification… ), en bref, à tout ce qui fait des activités économiques un système d'orientation, de mesure et de balisage d'un monde dans lequel les hommes peuvent agir ensemble. A un niveau plus profond, l'organisation économique interfère également avec les normes comportementales régissant l'implication de chacun dans son travail, les règles non écrites de réciprocité qui permettent le développement de rapports de coopération informelle, le respect des engagements… Dans nos sociétés, l'apprentissage des codes élémentaires qui rendent possible la gestion non violente des situations et transactions relationnelles les plus ordinaires s'effectue de plus en plus sous l'emprise de l'ordre économique.

## 3. Un exemple clef : l'éthique de l'engagement contractuel

L'exemple du contrat est particulièrement pertinent pour illustrer ce qui précède, d'abord parce que la forme contractuelle est typique de la régulation de l'échange social dans les sociétés modernes, et ensuite parce qu'elle intervient dans des situations très diverses, relevant de tous les registres de l'existence : cette universalité en fait un vecteur d'influence réciproque entre les normes de l'échange économique, les normes de la vie civique et celles de la vie privée. Or, selon une recherche récente [1], la force du paradigme contractuel serait en recul. Plus précisément, serait mise en cause la convention de base qui fait que la validité d'un contrat est définitivement acquise dès lors que la volonté des contractants s'est exprimée de manière claire et concordante. Il serait de plus en plus couramment admis que l'on peut revenir sur l'engagement pris, sous diverses justifications (dissymétrie des contractants, ambiguïté de certaines clauses, tendance à justifier plus largement certaines limitations de la liberté contractuelle, prise en compte des modifications du contexte, prescription... ). La montée en puissance de cette « philosophie relativiste

1. Jean Kellerhals, Marianne Modak et Jean-François Perrin, « Le juste contrat. Éthique de l'engagement dans les mentalités populaires », *La Revue Tocqueville*, n° 1, 1994, p. 103. La méthodologie de la recherche repose sur l'interrogation d'un échantillon de personnes auxquelles on demande de choisir un scénario face à quelques situations de contentieux dans le déroulement d'un contrat (par exemple : la loi devrait-elle étendre le « droit au regret » en cas d'achat de biens tels qu'un ordinateur, etc. ?), l'une des variables discriminantes étant la nature des deux contractants (individu ou organisation).

de l'engagement » constitue un fait majeur, tant par ses implications culturelles que par ses conséquences économiques : on peut en effet y voir « une mise en cause, dans les mentalités populaires, de la légitimité de la volonté comme source unique des obligations ». L'intérêt de cette recherche pour notre réflexion réside dans le fait que les auteurs interprètent la relativisation de la norme contractuelle comme une conséquence de l'évolution économique, et notamment de l'accroissement des échanges « abstraits » entre un individu et une organisation, au détriment des échanges entre personnes portant sur des objets bien identifiés :

> « On peut trouver, dans l'évolution structurelle des acteurs et des processus économiques, une raison majeure à la diffusion de conceptions assez “relativistes” de l'engagement. On sait en effet qu'aujourd'hui le contrat se transforme, parfois radicalement, pour s'adapter aux mutations des échanges. Fort éloigné des transactions limitées, simples, entre deux particuliers, il a maintenant très fréquemment pour tâche de régler des échanges dont les protagonistes sont des firmes ou des structures bureaucratiques. En retour, cette évolution marque d'une forte empreinte les transactions de ces organisations avec les individus. Ceux-ci se voient souvent imposer, par le biais de contrats cadres notamment, des obligations dont ils ont parfois mal saisi la portée, et dont ils n'ont pas vraiment choisi les termes. »

Plus significatif encore, les auteurs soulignent le « réisme » des personnes interrogées, à savoir l'attitude qui consiste à faire prévaloir la valeur réelle d'une chose sur sa valeur conventionnelle, par exemple lorsqu'un objet a manifestement été payé trop cher (c'est-à-dire, par exemple, plus cher que dans les autres magasins où il a été mis en vente). D'une manière générale, tout se passe comme si l'opacité des échanges économiques rendait caduque l'application à ces échanges (et, par une dangereuse contagion, à d'autres types d'échange) du principe de souveraineté de la volonté individuelle : « Les cadres sociaux dans lesquels se produisent actuellement les échanges ne permettent plus aux sujets individuels de s'exprimer librement. Il faut donc interpréter les attitudes relativistes comme des parades à la perte de confiance en la réciprocité des opérations contractuelles. »

Il semble bien que l'on puisse généraliser cette observation : le fait que l'échange porte sur des réalités plus complexes et plus immatérielles affaiblit la force et la légitimité des conventions et représentations sociales ancrées dans la rationalité économique. « C'est au pied du mur qu'on voit le maçon », disait-on autrefois : qu'un travailleur soit capable de construire un mur qui tienne debout, voilà qui le qualifie objectivement comme maçon. Dans une société d'abondance hypercomplexe, c'est ce type d'évidence, de valeur sûre, dont on est le plus démuni : « La recherche de la nouveauté et de l'originalité devient une valeur en soi, accentuant encore le caractère arbitraire, instable et volatile de la hiérarchie des symboles. On brûle aujourd'hui ce que l'on a adoré hier[2]. » Une telle économie ne peut plus prétendre rester la grammaire naturelle de l'agir ensemble.

2. Charles Goldfinger, *op.cit.*, p. 190.

# 6

# Savoir, information et travail : l'impact du progrès technologique

## 1. De la révolution industrielle à la révolution informationnelle

Le progrès scientifique et technique est l'un des moteurs de l'histoire humaine. Ce n'est pas le seul, mais, si l'on pense aux bouleversements des derniers siècles, force est de reconnaître qu'il a joué un rôle décisif. C'est d'ailleurs le constat, récent à l'échelle de l'histoire, que l'amélioration cumulative des techniques rendait possible un progrès social à peu près continu qui a conduit à parler du Progrès avec un grand P, pour résumer par une seule et même notion l'ensemble des évolutions affectant différents aspects de la civilisation.

La prospective sociale échappe difficilement à l'erreur d'optique qui consiste à prolonger cette relation vertueuse entre le progrès technique et le mouvement de la société. Pourtant, certains indices suggèrent un écart croissant entre le fonctionnement réel de la société et les possibilités théoriquement ouvertes par la technoscience : ainsi, l'homme a conquis la Lune voici plus de vingt-cinq ans, mais les retombées sociales directes de cet exploit sont restées faibles, et on pourrait prendre bien d'autres exemples (l'avion Concorde, la physique des particules...). Plus banalement, l'observation quotidienne permet de constater que les nouvelles techniques ne font pas toujours disparaître les anciennes. Notre monde se caractérise, de plus en plus semble-t-il, par l'hybridation complexe de l'ancien et du nouveau. Ainsi, l'aspirateur ne supprime pas l'usage du balai, ou encore le scanner ne remplace pas la radiologie classique, laquelle ne remplace pas l'auscultation ; les nouveaux médicaments ne se substituent pas à l'antique médecine par les plantes, les progrès de la guerre électronique n'empêchent pas les hommes de s'entre-tuer au fusil de chasse ou à l'arme blanche, etc. Dans le domaine de la production économique, une même technique peut être compatible avec des modèles socio-organisationnels fort divers, et la pertinence d'un modèle culturel hérité d'une histoire millénaire demeure une clef indispensable pour comprendre les performances obtenues par les entreprises japonaises. En bref, le temps n'est plus où l'on croyait naïvement en l'existence d'un lien univoque entre le développement des techniques et les changements socio-culturels.

A moyen et long terme, le rythme et la nature de la croissance économique, ainsi que les évolutions de l'emploi et du travail apparaissent comme des conséquences quasi mécaniques de progrès réalisés dans les manières de produire, mais ceux-ci n'adviennent que s'ils sont attendus. Bien que l'innovation ait un caractère irréductiblement aléatoire, le rythme des inventions dépend pour partie de la volonté collective d'investir dans la recherche et d'en utiliser les résultats. S'il est difficile de cerner l'origine du miracle grec, ses limites et son épuisement progressif s'expliquent plus facilement par le caractère presque exclusivement spéculatif de la connaissance et par le fait que le développement des sciences n'a pas été stimulé par le développement des techniques productives. De ce point de vue, la révolution industrielle n'est pas seulement la conséquence d'une accumulation du savoir : elle résulte du choix social d'utiliser la connaissance scientifique pour améliorer systématiquement les techniques de production. Jusqu'à la fin du XVIIIe siècle, les techniques artisanales progressent lentement, sous l'effet d'innovations ponctuelles qui se diffusent au sein de chaque métier, sans volonté de systématisation et de généralisation. L'*Encyclopédie* de Diderot et d'Alembert constitue la première tentative de capitalisation et de diffusion de l'ensemble du savoir technique. A partir de cette époque, des techniques comme la machine à vapeur vont être utilisées dans l'ensemble des branches industrielles et faire l'objet d'un effort incessant de perfectionnement. Surtout, le métier d'ingénieur fait son apparition (Ponts et Chaussées, Polytechnique, créés à la fin du XVIIIe siècle). Or qu'est-ce qu'un ingénieur, sinon précisément celui qui a pour fonction d'appliquer des connaissances scientifiques générales à l'amélioration des techniques particulières ?

Avec l'organisation scientifique du travail (le taylorisme), une nouvelle étape est franchie : le travail humain lui-même fait l'objet d'une approche scientifique visant à augmenter son efficacité. Il ne s'agit plus seulement d'appliquer le savoir à la fabrication de machines qui suppléent la force physique brute de l'homme, mais de rationaliser le geste humain. Innovation fondamentale qui permet d'améliorer et d'homogénéiser à grande échelle la productivité du travail manuel non qualifié.

Ce bref rappel permet de mieux saisir le caractère particulier de la phase actuelle du progrès technique, la rupture qu'elle introduit par rapport aux étapes antérieures. Depuis deux décennies, le développement extraordinairement rapide des technologies de l'information, ce que l'on appelle parfois la « révolution informationnelle », a entraîné un nouveau déplacement de la frontière homme/machine. Il ne s'agit plus simplement d'augmenter la puissance physique du travail humain, ni d'en améliorer directement l'efficacité, mais de le remplacer jusque dans une partie de ses fonctions abstraites. Les robots modernes sont plus que de simples machines : ils sont capables d'assurer des fonctions logiques simples et de faire face avec souplesse et sans perte de temps à des variations dans la spécification des produits. C'est ce qui permet aux constructeurs automobiles de varier presque à l'infini la finition de leurs modèles sans perte de productivité. La technique ne se contente plus de suppléer l'action mécanique du travailleur sur la matière, mais elle se substitue en partie à ses capacités d'observation, de calcul, de mémorisation et d'organisation. Ce qui autorise le développement d'un vaste domaine d'activités matérielles et immatérielles « assistées par ordinateur » (conception, dessin, production, gestion).

Cette nouvelle vague de substitution de la machine à l'intervention humaine frappe l'esprit, à juste titre. Les ouvriers licenciés sont tentés d'y voir la cause principale des pertes d'emplois industriels. Il est banal de lire ou d'entendre que ce sont désormais les « machines qui produisent ». Comme on l'a rappelé dans la première partie, le raisonnement ne vaut pas pour l'ensemble de l'économie. S'applique-t-il néanmoins à la seule industrie manufacturière ? L'évolution technologique conduit assez naturellement à imaginer des chaînes de fabrication fonctionnant avec un nombre très réduit d'ouvriers, utopie ou cauchemar selon le point de vue auquel on se place. A l'appui de cette thèse on assiste incontestablement, dans tous les pays développés, à un déclin au moins relatif des effectifs industriels et à une croissance corrélative de la part des services dans l'emploi [1]. Mais le phénomène ne se produit pas partout avec la même intensité, et, dans des pays comme l'Allemagne, les États-Unis ou le Japon, l'emploi industriel n'a pas diminué au cours des dix dernières années. En France même, certains secteurs ont continué à créer des emplois, principalement des activités fabriquant des produits plus différenciés, utilisant une main-d'œuvre plus qualifiée (machines de bureau, papiers et cartons, fabrication et installation d'ascenseurs...), ou bénéficiant pour des raisons particulières d'une croissance de la demande intérieure (fabrication de peintures, vernis, colles, fonderie de métaux non ferreux, literie), ou encore peu concurrencées, pour diverses raisons, par les pays à

1. Jean Gadrey, *L'Économie des services*, Paris, Éd. de La Découverte, 1993. Le tableau reproduit p. 12 établit sans ambiguïté que la croissance de la part des services dans l'emploi est un phénomène général dans les pays industrialisés.

faible coût de main-d'œuvre (produits plats en acier, pièces en matière plastique pour l'industrie, transmissions hydrauliques et pneumatiques, verre technique, matériel médico-chirurgical et prothèses, mobilier métallique)[2]. En revanche, la réduction des effectifs est générale et continue dans les activités produisant des marchandises banalisées soumises à une forte concurrence internationale, qui concentrent encore la majeure partie des ouvriers peu qualifiés. Plus qu'une réduction uniforme de l'emploi industriel, les études et observations les plus récentes suggèrent une évolution complexe et différenciée du monde de la production, dans laquelle le travail humain devrait conserver une place importante, y compris dans les tâches de fabrication. Il semble d'ailleurs que le mouvement de robotisation de la production connaisse une pause, tout au moins dans l'industrie automobile. Le constructeur japonais Toyota fait peut-être ici figure de précurseur :

> « Visitant la chaîne de montage de l'une des usines du géant automobile Toyota, un groupe d'ingénieurs de Renault tombe en arrêt devant le poste où se réalise la pose du pare-brise. Stupéfaction. Nulle trace du robot à ventouse à guidage laser, entièrement piloté par l'ordinateur, qui fait la fierté des roboticiens hexagonaux. Un petit bijou de 2,4 millions de francs remplaçant quatre ouvriers seulement, mais indispensable pour assurer la rapidité et la qualité de l'opération, affirme-t-on doctement du côté français. Chez Toyota, leurs certitudes vacillent. Sous les yeux des visiteurs, deux opérateurs posent la pièce à la main, avec pour seul dispositif de guidage quatre petits ergots, fixés aux quatre coins du pare-brise, qui s'ajustent dans des encoches percées sur le pourtour du montant en tôle. Simple, rapide et… économique[3]. »

Cette remise en cause technique s'accompagne d'une prise de conscience du fait que les décisions qui aboutissent à remplacer

2. Par exemple, la pharmacie et certaines industries liées à la santé, la parfumerie, les machines pour les industries alimentaires, chimiques, plastiques, les machines de bureau, les transmissions hydrauliques et pneumatiques, la literie et le mobilier métallique… Voir sur ce point « La délicate alchimie de l'emploi industriel », *Consommation et Mode de vie*, lettre du CREDOC, juillet 1994.

3. *Le Nouvel Économiste*, 1er juillet 1994, p. 46.

les hommes par les machines ne sont pas toujours dictées par des raisons purement économiques. La substitution du capital au travail est souvent poussée au-delà de ce qu'imposent les critères de rentabilité bien compris sous l'emprise d'une culture technique et managériale marquée par la préférence pour les équipements performants et une méfiance inconsciente vis-à-vis des subordonnés. La prétendue rationalité économique serait ainsi biaisée, si l'on en croit Jean Lojkine, par « la volonté patronale de centraliser et de monopoliser les décisions[4] ». On connaît l'expression : les machines ne font pas grève. D'autres, tel Pierre Calame, soulignent la spécificité française en matière de recherche de gains de productivité, et la prégnance d'une « culture d'ingénieur » qui conduit à survaloriser les performances techniques et à sous-estimer l'importance des problèmes socio-organisationnels[5]. Quoi qu'il en soit, la tendance semble être à la critique de ces excès et à une revalorisation du facteur humain, dont on souligne désormais plus volontiers le caractère irremplaçable, à cause notamment de sa capacité à réagir aux incertitudes et aux changements[6], et de son aptitude à l'innovation.

A long terme, on peut cependant penser que la place de l'homme dans les processus de fabrication va continuer à évoluer et, très probablement, à diminuer. En tout état de cause, les constructeurs automobiles japonais ont d'ores et déjà réduit à 6 %

4. Jean Lojkine, *La Révolution informationnelle*, Paris, Presses universitaires de France, 1993, p. 234.

5. Pierre Calame, « Les méfaits de l'idéologie de la productivité », *Esprit*, août-septembre 1994.

6. « Source capitale de contrôle de la variabilité du système », selon l'expression de Harley Shaiken, cité par Jean Lojkine (*op.cit.*, p. 235). Cet aspect du travail humain fait l'objet de réflexions poussées dans les organisations qui ont à gérer des équipements sensibles (centrales nucléaires, navires de guerre...). Quel est le degré d'automatisation des dispositifs de sécurité qui permet la meilleure symbiose entre la puissance des automatismes techniques et les capacités humaines et qui garantit le mieux la sécurité des systèmes complexes ? La réponse n'a souvent rien d'évident : les automatismes sont en général plus fiables que l'homme, mais leur mise en œuvre peut conduire à la déqualification et à la démobilisation de l'opérateur humain, seul capable de bien réagir dans certaines circonstances.

la part des coûts directs de main-d'œuvre dans l'ensemble des coûts de production : dans ces conditions la réduction des effectifs n'est plus un enjeu prioritaire. A terme, le mouvement de robotisation suivra le progrès technique. Si Toyota a provisoirement décidé de marquer une pause dans la robotisation de la production, c'est que certaines machines récemment installées se sont révélées trop complexes et peu fiables, et cela ne préjuge en rien de l'évolution ultérieure. Les robots ne sont pas toujours moins chers et plus fiables que les hommes, mais ils deviennent progressivement capables d'accomplir des tâches dont ceux-ci sont incapables. Dans le secteur automobile, les automates n'effectuent pas seulement des travaux lourds mais également des travaux de précision, tels que la mesure des pièces des moteurs au micron près. Les ouvriers ne pourraient pas faire aussi bien[7].

## 2. Le rôle spécifique et irréductible de l'intervention humaine

En tout état de cause, le progrès technique continuera à modifier qualitativement le rôle du travail humain dans les processus productifs. Le sens des évolutions ne fait guère de doute même si leur rythme peut prêter à discussion. Pour dire les choses brièvement, tout ce que le travail humain comporte de mécanique, répétitif et standardisable a vocation à être effectué par des dispositifs techniques. En bonne logique, l'activité humaine devrait tendre à se spécialiser en fonction de ce qui fait sa spécificité par rapport aux machines.

Cette spécificité comporte plusieurs facettes. La première d'entre elles est la capacité d'interpréter une information en fonction de la totalité des éléments du contexte. C'est ce qui fait, par

7. D'après *Newsweek*, cité in *Courrier international*, 13-20 juillet 1994, p. 34.

exemple, que nous sommes capables de réagir instantanément à un événement imprévu, en mobilisant des éléments d'appréciation diversifiés et hétérogènes (y compris des paramètres affectifs), parfois sans rapport direct avec la situation en cause. C'est typiquement ce qui permet à n'importe quel travailleur de faire face quotidiennement à une multitude d'aléas (erreur dans une transmission d'information, défaillance technique...). C'est ce qui permet aux cadres et aux dirigeants de penser stratégiquement en fonction du flot d'informations qui leur parvient sur les coûts, l'évolution des marchés, le comportement des actionnaires, etc. Le deuxième aspect est l'imagination, la capacité d'inventer de toutes pièces des mondes nouveaux d'une incroyable complexité. C'est la qualité principale du chercheur, mais aussi de n'importe quel promoteur, publicitaire, communicateur, concepteur de produits nouveaux. Le troisième aspect, enfin, est la capacité d'entrer en communication et en sympathie avec ses semblables, d'acquérir cette ressource rare et fragile qu'est la confiance des autres. Ce qui suppose notamment de comprendre leurs besoins, matériels, affectifs et symboliques. Mais la confiance demande encore plus : elle repose sur l'appréciation de ces caractéristiques personnelles particulièrement secrètes et difficiles à objectiver que sont les « qualités morales », le courage, le sens des responsabilités, etc.

Il y a fort à parier que le travail reposera sans cesse davantage sur ce qu'il y a de plus spécifiquement humain, et donc de plus noble, dans nos compétences. Telle est la tendance dominante, qui pose, parmi d'autres questions, celle de l'écart entre les compétences ainsi définies, plus dépendantes du noyau central de la personnalité, et la notion traditionnelle de qualification, supposée représenter un ensemble de savoirs et de savoir-faire bien identifiés. Parler d'économie du savoir est à cet égard simpliste, dans la mesure où la dimension relationnelle de cette « qualification sociale » n'est nullement réductible à sa dimension cognitive. On y reviendra.

D'un autre côté, cette tendance générale à l'accroissement de la dimension communicationnelle du travail ne doit pas occulter un autre aspect, moins réjouissant : le travail humain conservera sa place dans les interstices, les marges et zones d'ombre des systèmes les plus performants. Il faudra toujours des travailleurs pour assurer des tâches d'entretien et de nettoyage : remplacer une vitre cassée, nettoyer les bureaux pendant la nuit, faire la toilette des vieillards impotents, repasser les cols des chemises, changer les draps dans les chambres d'hôtel, faire disparaître les graffitis des murs et les déjections canines des rues, nettoyer les plages polluées… L'un des cauchemars des prochains siècles pourrait bien être la prise de conscience par l'humanité du caractère irréductiblement entropique de son activité : emballages perdus, épaves diverses, friches industrielles, centrales nucléaires désaffectées, déchets, déjections, pollution de l'air, de l'eau… Toute activité produit du désordre et des résidus inutilisables ou dangereux : c'est l'une des tares de notre condition. A y regarder de près, nous consacrons déjà une large part de notre existence privée à la lutte contre le désordre et la saleté : faire son lit, se laver les dents… la transmission et l'entretien de la vie (l'élevage des enfants, les soins aux vieillards), tâche essentielle qui pèse toujours lourdement sur les femmes, malgré l'électroménager et la révolution féministe. Quel lien entretiennent ces activités vitales avec les activités proprement économiques ? Aristote, déjà, opérait une claire distinction entre l'économie domestique, l'entretien de la vie, et la production, qui se réalise dans une œuvre extérieure à celui qui l'exécute et aux moyens qu'il déploie (« de la navette [du tisserand] on obtient autre chose que son simple usage, alors que du vêtement ou du lit on ne tire que l'usage »). De manière significative, il associait l'esclavage au service de la vie, c'est-à-dire pour lui à l'action de l'homme libre, et non à la production : « La vie est action, et non production, et par suite aussi l'esclave est un aide à ranger parmi les instruments destinés à l'action », et insistait lourdement sur le lien entre l'esclavage et les servitudes de la condition humaine : « Le secours que nous attendons de la force corporelle pour la satisfaction de nos besoins indispensables provient indifféremment des uns et des autres, aussi bien des esclaves que des animaux domestiques[8]. » On voit s'esquisser là une séparation nette entre la logique de l'accumulation (processus *cumulatif* de production de nouveaux outils et de nouvelles richesses) et celle de la vie (faite de processus *cycliques*, depuis les cycles de la nourriture, des vêtements, de la toilette, jusqu'au cycle vital qui va de la naissance à la mort). Aristote avait une perception aiguë du fait que la production, au sens d'accumulation, ne libère pas l'humanité des contraintes de sa condition biologique. La prise de conscience des limites du progrès technique, de son incapacité à modifier certaines données fondamentales de la condition humaine, nous rapproche de cette intuition, malgré l'amélioration bien réelle des conditions matérielles de l'existence. La nouveauté, c'est que, en plus de notre écosphère privée, nous serons de plus en plus confrontés collectivement et à grande échelle à la question de l'entretien de la niche écologique de l'humanité. Bien entendu, la technique peut ici ou là nous venir en aide : usines de retraitement des déchets, dépollution des eaux, etc., mais le propre de l'entropie, du désordre et des déchets, c'est leur caractère diffus, récurrent, irréductible, le caractère permanent de la mobilisation qu'il faut leur opposer. Le mieux que l'on puisse faire, chacun le sait, c'est de les rejeter à l'extérieur de son espace vital, comme la poussière de l'appartement que l'on jette par la fenêtre. Mais l'humanité n'a plus cette possibilité.

8. Aristote, *La Politique*, Paris, Vrin, 1989, p. 36.

## 3. Une intégration fonctionnelle du savoir et des compétences qui favorise la valorisation de l'individu

*A priori*, donc, la révolution informationnelle ne sera pas plus destructrice d'emplois que les précédentes révolutions techniques. En revanche, son impact sur les conditions économiques et sociales de la recomposition du travail pose des problèmes totalement inédits. Les fonctions sociales du travail seront profondément affectées par cette mutation. On a coutume de mettre l'accent sur le fait que le travail va devenir plus qualifié : c'est vrai, dans l'ensemble, bien que, comme on vient de le voir, il demeurera une part irréductible de tâches matérielles ingrates et faiblement qualifiées, bénéficiant peu du progrès technique, dans des activités telles que le nettoyage, les soins ou la surveillance. D'où un éclatement de l'emploi de service, sur lequel on reviendra au chapitre suivant.

Pour en rester, dans l'immédiat, à la production manufacturière, chacun sait que l'emploi y est devenu plus qualifié : il est désormais presque impossible à un travailleur sans formation d'être embauché dans une entreprise moderne. On peut bien entendu faire remarquer qu'il n'y a pas de relation déterministe entre la technologie, l'organisation du travail et le niveau de formation requis. Les exemples allemand et japonais sont souvent cités pour prouver qu'une requalification du travail d'exécution est possible, même avec des travailleurs de faible niveau de formation initiale. La meilleure manière de tirer parti du progrès technologique ne serait pas d'accroître les différenciations mais, au contraire, de réduire l'éventail hiérarchique et de motiver l'ensemble des travailleurs, afin de mobiliser leur capacité d'initiative et d'augmenter la souplesse et la réactivité du dispositif de production. La technologie n'est d'ailleurs pas seule en cause : l'importance prise par la « compétitivité hors coût » joue également en faveur d'une mobilisation plus intensive du facteur humain. Rappelons que la compétitivité hors coût regroupe l'ensemble des éléments qui, en dehors du prix, peuvent influer sur les ventes de deux produits comparables. Il s'agit en réalité d'un résidu extrêmement composite : « On y trouve pêle-mêle : la qualité des produits, leur différenciation, l'efficacité des réseaux d'après-vente, la rapidité de mise en marché, l'absence de goulot d'étranglement, la spécialisation sectorielle et/ou géographique, l'efficacité des coopérations externes, la bonne image de la firme et/ou des marques[9]. » Selon Coriat et Taddéi, la réussite de l'industrie japonaise s'expliquerait pour l'essentiel par l'attention apportée à la compétitivité hors coût et par l'adoption de formes d'organisation du travail compatibles avec cette préoccupation. Par voie de conséquence, l'élévation du niveau de qualification de la main-d'œuvre et la qualité de son implication dans l'entreprise seraient désormais les conditions premières de la compétitivité.

Ce type d'analyse suggère qu'il est possible de réconcilier l'économique et le social en mettant la motivation des travailleurs au service de l'efficacité productive. Mais, comme on l'a déjà souligné, les enseignements d'un modèle socio-productif exemplaire ne peuvent être extrapolés à l'ensemble de l'économie, et rien ne garantit le passage du micro-social (l'organisation du travail) au macro-social (la régulation de l'ensemble du système social). L'entreprise fordiste n'était qu'un élément du système fordiste. Les analyses de Coriat et Taddéi s'appuient sur l'observation de grandes entreprises vendant leurs produits sur des marchés mondiaux, peu représentatives des réalités les plus communes du monde du travail. Le toyotisme reste une vue de l'esprit dans les nombreuses entreprises où perdurent des rapports de travail rigides et hiérarchisés caractéristiques de l'organisation

9. Benjamin Coriat et Dominique Taddéi, *op. cit.*, p. 53.

taylorienne. De plus, si les entreprises les plus modernes font parfois de réels efforts pour requalifier le personnel en poste, elles ne sont pas prêtes pour autant à embaucher des chômeurs sans qualification.

Dans les faits, le toyotisme et l'exclusion sociale se développent simultanément. Pour saisir les causes de ce dualisme, il faut partir des mécanismes de la valorisation du travail, des processus à travers lesquels s'objective la contribution des travailleurs à la production. Le plus important dans l'impact socio-économique du progrès technique, ce n'est pas, d'abord, que le travail devienne globalement plus ou moins qualifié, plus ou moins bien considéré et rémunéré, etc., c'est la manière dont le savoir s'incorpore au travail individuel et améliore son efficacité.

A titre d'hypothèse, on peut identifier quatre phases dans l'évolution des rapports entre connaissance et efficacité productive du travail :

– le premier âge, qui a précédé la révolution industrielle, se caractérise par le développement du savoir hors de la sphère du travail productif ; l'efficacité du travail s'améliore lentement, sous l'effet d'un apprentissage progressif, d'une accumulation d'innovations empiriques qui diffusent peu d'un métier à l'autre ;

– le deuxième âge, celui des débuts de l'industrialisation, qui voit l'application systématique du savoir scientifique à la domestication de l'énergie mécanique à des fins productives ;

– le troisième âge, celui de l'« organisation scientifique du travail », au cours duquel la méthode scientifique est massivement appliquée à la rationalisation du travail humain lui-même ;

– le quatrième âge, dont nous voyons se développer les prémices, verra le savoir technique s'autonomiser en tant que facteur de production et, en un certain sens, se dissocier de nouveau de l'ordinaire du travail humain.

Le critère de cette périodisation, c'est la manière dont l'efficacité productive du savoir s'objective dans l'efficacité du travail individuel et interagit avec sa qualification propre pour en déterminer la valeur économique. Précisons. Au cours des deux derniers siècles, le progrès technique a massivement contribué à l'amélioration de l'efficacité du travail de fabrication et de transport des marchandises, travail le plus souvent *peu qualifié.* La mécanisation a eu généralement pour effet de réduire l'importance des différences de qualification, de niveler l'efficacité du travail. De tels progrès ont certes encore lieu, mais, désormais, seule une minorité de travailleurs est employée à des tâches productives simples et répétitives susceptibles de voir leur efficacité directement améliorée par le progrès technique. A première vue, cela peut sembler paradoxal : la science ne contribue-t-elle pas plus efficacement que jamais au progrès des techniques de production et à la productivité du travail humain ? Dans le détail, pourtant, les mécanismes de l'efficacité productive du savoir se modifient. Comme le remarque Peter Drucker, le savoir s'applique désormais principalement au savoir lui-même [10] : les progrès de l'informatique permettent, par exemple, d'augmenter la capacité de création des bureaux d'études, d'améliorer les systèmes de surveillance, de perfectionner les outils de diagnostic médical. L'essentiel des progrès a lieu au sein d'une sphère de la connaissance dont le travail routinier est exclu. Les tâches peu qualifiées ne disparaissent pas, et, dans certains cas, elles se développent, mais elles ne sont plus au cœur du processus d'accroissement de l'efficacité globale du système économique.

Dans la phase taylorienne, l'effort de rationalisation s'appliquait au travail lui-même, il avait pour but de le décomposer, de le réifier et de réduire l'importance des facteurs personnels. Cela aboutissait, en pratique, à limiter l'incidence économique des disparités de compétences et à favoriser l'intégration des moins qualifiés et l'homogénéisation des salaires. Lorsque le savoir s'applique au perfectionnement de processus informationnels dont l'homme est exclu en tant que fournisseur direct de travail productif (de gestes répétitifs et d'énergie musculaire), c'est exactement l'inverse qui se produit : le travail humain retrouve son unité

10. Peter Drucker, *op.cit*, p. 49.

créatrice et les différences personnelles entre les travailleurs prennent davantage d'importance. On peut prendre, une fois de plus, l'exemple de l'industrie automobile. L'automatisation de la production se traduit par le remplacement du travail posté par des équipes au sein desquelles chaque opérateur retrouve davantage d'autonomie et de polyvalence : ce que l'on attend de chacun, c'est une compétence « gestionnaire », une capacité à prendre des initiatives pour améliorer l'organisation d'un segment du processus de production et à réagir de manière adéquate en cas de dysfonctionnement. Comme le note le directeur de l'usine Renault de Sandouville : « Au niveau de technologie atteint par l'industrie automobile, ce sont les hommes et non les techniques qui font la différence [11]. » Il est inévitable que cette valorisation du facteur humain fasse ressortir plus crûment la diversité des aptitudes individuelles.

L'hypothèse d'une différenciation de la valeur économique du travail peut sembler contredite par le fait que l'on ne sait plus mesurer la productivité individuelle. L'efficacité devient une caractéristique systémique qui résulte avant tout de la bonne organisation d'ensemble et de l'adéquation des compétences de chacun à ses fonctions. La fiction véhiculée par la théorie économique selon laquelle le salaire devrait être proportionnel à la productivité individuelle n'a plus aucune réalité : il est pratiquement impossible de traduire en terme monétaire les différentes contributions personnelles à l'efficacité globale du système [12]. La contradiction n'est pourtant qu'apparente : les compétences individuelles jouent un rôle déterminant mais leur impact n'est pas

11. Cité in *Libération*, 7 juillet 1994.

12. C'était déjà le cas depuis longtemps, il est vrai, dans certaines branches industrielles, comme l'avait remarqué Pierre Naville dans la pétrochimie : « La productivité dépend beaucoup plus de l'outillage que du personnel [...]. Il en résulte une difficulté croissante de considérer, comme on en a l'habitude, la productivité comme un rapport entre un nombre d'heures de travail et une quantité ou une valeur de produits. La productivité se calcule ici en tonnage par rapport aux investissements en outillages et en matières premières, le coût en salaires pouvant presque être incorporé à l'outillage » (*Vers l'automatisme social*, Paris, Gallimard, 1963, cité par Jean Lojkine, *op. cit.*, p. 37).

mesurable, et elles sont irréductibles et non substituables les unes aux autres. C'est particulièrement évident lorsque la production implique l'intégration de différents savoirs spécialisés, par exemple au sein d'une équipe médicale, mais c'est vrai, à des degrés divers, de toute organisation du travail impliquant des formes complexes de coopération.

L'observation peut être transposée au niveau macro-économique, à l'étude des transferts d'efficacité technique et de surplus financiers entre secteurs économiques : l'intégration fonctionnelle entre les différents secteurs de l'économie rend plus arbitraire la mesure de leurs gains de productivité. On connaît le prix de marché d'une prestation de conseil, mais on est bien incapable d'objectiver sa contribution à la production finale de l'entreprise, et donc de lui affecter une part de l'accroissement de la productivité. Pour certains services, cette contribution peut varier du tout au tout, de manière largement imprévisible : il est bien difficile de prévoir la réussite ou l'échec d'une campagne publicitaire. La faible croissance de la productivité des services n'est, à certains égards, que le reflet de leur rôle périphérique et contextuel dans le fonctionnement du système productif, et du caractère peu évaluable de leur impact économique.

## 4. Transmission de l'information, délocalisation du travail et mutations du rapport salarial

Les nouvelles technologies ont également pour effet de modifier radicalement les formes de mise en concurrence du travail. Grâce aux progrès accomplis dans la transmission des données, une grande partie des activités impliquant un traitement de masse de l'information sont susceptibles d'être délocalisées. Cela concerne, d'abord, la saisie massive d'informations, la gestion de banques de données, la tenue de comptabilité, le télésecrétariat, mais aussi, phénomène plus nouveau, l'expertise spécialisée. Le dépannage à distance des ordinateurs donne une idée des possibilités ouvertes, en ce domaine, par l'amélioration des communications. A terme, ce ne sera plus seulement le travail ouvrier peu qualifié qui subira la concurrence des pays à faible coût de main-d'œuvre – phénomène auquel certains secteurs tels que l'industrie textile et la sidérurgie ont déjà payé un lourd tribu – mais également le travail qualifié. La capacité des « autoroutes de l'information » autorise potentiellement une délocalisation de grande ampleur des ressources informationnelles et cognitives : tant les particuliers que les entreprises pourront recourir à des sources d'information et d'expertise situées dans n'importe quel endroit du globe. A terme, une part non négligeable des travailleurs du savoir et de l'information pourrait être soumise à une concurrence planétaire. Perspective redoutable pour les vieux pays industrialisés, compte tenu du nombre et de la qualité des diplômés que produisent chaque année les pays asiatiques et des rémunérations qu'ils acceptent.

A l'heure actuelle, la compétition économique internationale porte essentiellement sur des marchandises ou des services nécessitant le déplacement des prestataires. Les travailleurs de différents pays ne sont pas directement en concurrence : les entreprises et, plus globalement, les structures économiques nationales et locales (capital accumulé sur un territoire, infrastructure, rentes technologiques et traditions organisationnelles) font écran entre les individus et le marché mondial. Si chacun devait se vendre sur un marché mondial des compétences, la notion même de nation comme espace d'échange économique perdrait de sa pertinence. D'ores et déjà, un auteur comme Robert Reich[13] incite les gouvernements nationaux à anticiper cette évolution, en s'efforçant par priorité d'accroître la valeur de ce que leurs mandants peuvent apporter à l'économie mondiale, en les aidant à développer leurs compétences (par un investissement massif dans

13. Robert Reich, *L'Économie mondialisée*, *op. cit.*

le système éducatif) et en leur donnant les moyens de les faire valoir. Les politiques économiques et sociales devraient donc être axées davantage sur la formation et la culture, et non plus, comme autrefois avec nos bonnes vieilles politiques industrielles, sur le renforcement de « champions nationaux » travaillant pour l'exportation. L'objectif étant désormais de mettre le plus grand nombre possible de citoyens en position de jouer directement leur carte sur le marché mondial des compétences.

L'avenir seul dira quelle ampleur prendra ce phénomène. Rien ne prouve que toutes les potentialités des technologies de l'information seront utilisées à plein : les dynamiques socio-culturelles seront, une fois de plus, déterminantes. Comme on peut déjà le constater dans de nombreux cas de figure, la communication électronique ne remplace pas les relations humaines directes, pour la bonne raison qu'elle ne peut jouer le même rôle de socialisation mutuelle : « A ce jour, la conséquence la plus manifeste de l'utilisation d'Internet, le plus grand réseau informatique mondial, n'a nullement été la fondation de quelque "village global", mais bien le renforcement des liens professionnels et sociaux qui unissent les personnes et les entreprises situées au cœur de la Silicon Valley [14]. »

Plus sûrement, on devrait assister au cours des prochaines années au développement d'une autre forme de délocalisation du travail, au sens de dissociation entre l'activité productive et l'occupation d'un local spécialisé. Pour une bonne partie des professions intellectuelles, des cadres et des employés de bureau, se rendre chaque jour dans les locaux de l'entreprise n'est plus techniquement nécessaire. Cela ouvre la voie au travail à domicile et à la création de centres de services permettant aux salariés d'effectuer près de chez eux des tâches de bureau pour n'importe quelle entreprise. Les avantages économiques potentiels sont considérables : utilisation plus rationnelle des immeubles de bureaux, réduction du temps et des coûts de transport, maintient

14. *The Economist*, cité in *Courrier international*, 18-24 août 1994.

d'activité dans les petites villes et les zones rurales, etc.[15]. Ces nouvelles manières de travailler, qui ne concernent encore que quelques milliers de salariés[16], pourraient prendre de l'ampleur. Plusieurs centaines de milliers de personnes sont susceptibles d'adopter ce mode de vie inédit d'ici à la fin du siècle.

Le développement du télétravail est en harmonie avec quelques-unes des tendances les plus significatives de l'évolution du monde du travail. Quand on n'est plus en contact direct avec ses supérieurs, il faut être capable de prendre de bonnes initiatives et de gérer soi-même sa charge de travail : l'autonomie, l'aptitude au travail non strictement prescrit deviennent cruciales. Le télétravail se traduira inévitablement par une individualisation des rapports entre l'entreprise et ses salariés. Fait significatif, l'une des craintes – justifiée – des syndicats concernant le télétravail est de ne plus pouvoir jouer leur rôle de médiation. Les travailleurs ne seront plus soumis à la surveillance permanente de leur supérieur hiérarchique, mais, en contrepartie, le contrôle sur le résultat de leur travail deviendra plus rigoureux, ce qui ouvre la voie à une appréciation plus différenciée des performances réelles de chacun. La figure du travailleur soumis en permanence à l'autorité de son patron s'effacera derrière celle du prestataire de services. Une telle évolution facilitera le développement du travail à temps partagé, des groupements d'employeurs (lorsque plusieurs employeurs se regroupent pour employer une même personne, qui occupe simultanément plusieurs postes à temps partiel) et, au-delà, du travail non salarié. Remise en cause du salariat, favorisée en outre par la diminution de la taille des collectifs de travail, par l'évolution de l'organisation des entreprises et par la nature même du travail dans l'économie post-industrielle.

15. Économies d'autant plus appréciables que la longueur du trajet entre le domicile et le lieu de travail ne cesse de s'allonger – elle a doublé en vingt ans – du fait de l'instabilité de l'emploi.

16. Au cours de l'été 1994, la DATAR a subventionné 152 projets concernant 2 700 emplois.

# 7

# Emploi, croissance et productivité dans une économie de services

Comme on a commencé de le montrer, les formes prises par le progrès technique dans l'industrie sont indissociables de l'accroissement du poids économique des activités de service. C'est sous cet angle que l'on va maintenant prolonger l'analyse des transformations du monde du travail et, plus généralement, des rapports économie/société.

## 1. Économie de services ou société de services ?

Dans les pays développés, le secteur des services représente près de 70% de l'emploi. En France, ce pourcentage a doublé en quelques décennies. Depuis le premier choc pétrolier, cette évolution s'accompagne d'une régression quasi ininterrompue de l'emploi industriel. Il est remarquable que cette tendance soit peu sensible à la conjoncture : que la croissance soit forte ou faible, les services créent toujours nettement plus d'emplois que l'industrie.

Ce qui ne veut pas dire que cette dernière ait vu son rôle économique décliner : à bien des égards, elle constitue toujours le cœur du système productif. C'est dans l'industrie que se concrétise le progrès technique, que se réalise l'essentiel des accroissements de productivité, lesquels se diffusent ensuite à l'ensemble de l'économie. Coriat et Taddéi expriment ainsi cette centralité de l'industrie : « Les activités manufacturières génèrent les gains de productivité les plus importants, c'est-à-dire les plus fortes chances de prospérité accrue et d'accumulation future [...] c'est l'industrie qui fournit aux services les outils et, souvent, les méthodes sur lesquels sont assis leurs gains de productivité [1]. » Il est banal de souligner le rôle déterminant de la puissance industrielle dans la compétition économique, politique et militaire entre les nations. Toutefois, cette manière de voir les choses a récemment été contestée par Charles Goldfinger : selon cet auteur, le redressement économique des États-Unis face au Japon dans la période récente s'explique par la domination américaine dans le domaine des services liés aux technologies de l'information : « Tout le monde s'accorde à dire que l'enjeu de la compétition économique globale est le vaste domaine du tout numérique, émergeant de la convergence de l'informatique, de l'audiovisuel et des télécommunications. Si les Américains y paraissent bien placés, c'est à cause de leur maîtrise du logiciel sous toutes ses formes, techniques ou ludiques [2]. »

L'accroissement du poids des services dans l'emploi a trois causes principales : les progrès plus lents de la productivité du travail, sur lesquels on reviendra plus loin, l'externalisation de certaines activités (restauration, nettoyage, conseil...) auparavant incluses dans les entreprises industrielles, et l'évolution du mode de vie. L'élévation du niveau de richesse entraîne habituellement un accroissement de la demande de services : on peut le constater en analysant l'évolution au cours du temps de la structure de la consommation ou en comparant les consommations de ménages aux revenus différents vivant dans un même pays à la même époque. Une fois logés, habillés et nourris, le désir d'« améliorer

1. Benjamin Coriat et Dominique Taddéi, *op. cit.*, p. 66.
2. Charles Goldfinger, *op. cit.*, p. 38.

notre sort » s'oriente vers les loisirs, les voyages, les soins de beauté, et nous avons également l'esprit plus libre pour nous inquiéter de notre état de santé. Et comme on a plus d'argent et moins de temps pour le dépenser, on préfère aller plus souvent chez le garagiste que de s'occuper soi-même de l'entretien de sa voiture. Ces effets de l'augmentation du niveau de vie sont amplifiés par un ensemble d'évolutions démographiques et culturelles caractéristiques des sociétés contemporaines : vieillissement de la population, « décohabitation », urbanisation, développement du travail féminin, aspiration à l'indépendance et préoccupations sécuritaires. Pour une part importante, le développement des services correspond à la monétarisation d'une production auparavant assurée gratuitement par les femmes (garde des enfants et des personnes âgées, repas de midi pris au domicile, nettoyage des vêtements...). La diversité des logiques économiques et sociales impliquées dans leur développement explique l'extrême hétérogénéité des services : il ne semble pas y avoir grand-chose de commun entre les services relationnels à faible croissance de productivité, faiblement qualifiés (soins aux personnes, gardiennage, commerce de détail...), ou au contraire très qualifiés (médecine, conseil aux entreprises...), les services administratifs « standardisables » (banques, assurances, administrations...) et les services liés aux industries de la communication (télécommunications, logiciels...). Qui plus est, l'intégration croissante des produits et des services, tant au niveau de la production qu'à celui de la consommation, rend, dans un nombre croissant de situations, moins nette et moins pertinente l'opposition traditionnelle secondaire/tertiaire. Les entreprises industrielles consomment des services, dont la valeur est incorporée à celle de l'objet produit. Celle-ci inclut également la valeur de services rendus directement au consommateur (livraison, information, service après-vente). Enfin, l'acquisition de biens tels que l'automobile génère une consommation de services de réparation, de sécurité et d'assurances. D'une manière générale, l'avenir est au développement de services liés à l'usage d'objets technques, à l'exemple du Minitel ou de la location de voitures.

Reste que, par-delà cette diversité, le développement des services s'accompagne d'un ensemble de mutations sociales et culturelles qui font système : nous sommes bien entrés, de ce point de vue, dans une société « post-industrielle ». Ce changement concerne au premier chef le monde du travail, et la liste des professions dont les effectifs augmentent en fournit une vision éloquente : professions sociales et médicales, métiers du commerce, de l'information et de la communication, conseil, enseignement, restauration, surveillance et nettoyage, etc. Une telle énumération souligne, certes, l'hétérogénéité des emplois de service en termes de statut, de rémunération et de qualification : qu'y a-t-il de commun entre une caissière de grand magasin, un chauffeur routier et un professionnel de la communication ? Pourtant, ces métiers ont des caractéristiques communes qui les distinguent nettement du travail « productif » de l'agriculture et de l'industrie.

## 2. Dynamique de la productivité et de la croissance

La productivité du travail s'accroît plus lentement dans les services que dans l'industrie[3], ce qui s'explique facilement, en première analyse, par leur caractère interactif et relationnel : la valeur d'un service est directement liée à l'intensité et à la qualité d'une *prestation*, d'une intervention humaine qui s'y manifeste directement. Ce faible accroissement de la productivité tire tendan-

3. De 1970 à 1980, la productivité horaire du travail a augmenté de 4,7% par an dans l'industrie, de 2,7% pour les hôtels, cafés et restaurants, de 2,1 % dans les services divers aux ménages et de 1,8% dans les services non marchands. Pour la décennie suivante, les chiffres sont respectivement de 3,7%, 0%, 2,6% et 1,3% (INSEE, comptes nationaux).

ciellement vers le bas la croissance de l'ensemble de l'économie. C'est un thème classique : on renvoie aux travaux déjà anciens de Fourastié, de Baumol[4], etc. Cette tendance négative pourrait en principe être contrecarrée par deux mécanismes : la modification de la structure de la demande sous l'effet de l'évolution des prix relatifs, et, surtout, la transformation radicale des modes de production de certains services, aboutissant à des gains de productivité comparables à ceux de l'industrie. On reviendra ci-après en détail sur la question de l'industrialisation des services. Disons pour faire bref qu'aucun des deux mécanismes évoqués ne s'est manifesté avec suffisamment de force pour s'opposer au ralentissement global de la productivité[5].

Le développement des services modifie en outre les *circuits de redistribution des gains de productivité*. Question quelque peu technique, il faut l'admettre, mais d'une grande importance pour notre sujet, comme on voudrait le montrer.

Dans le schéma économique standard, tel qu'Alfred Sauvy l'a exposé dans son livre *La Machine et le Chômage*[6], toute augmentation de la productivité permet une augmentation du pouvoir d'achat de la masse salariale, que ce soit par l'intermédiaire d'une baisse des prix, de l'accroissement des investissements ou d'une redistribution directe aux actionnaires ou aux salariés. Dans tous

4. Il revient à Guy Roustang (*L'Emploi, un choix de société*, Paris, Syros, 1987) d'avoir attiré l'attention sur la signification et les enjeux politiques du développement des services à faible croissance de productivité.

5. En ce qui concerne l'effet des prix relatifs, deux économistes allemands ont récemment fait remarquer que la demande de biens durables (automobiles, électroménager…) est devenue « inélastique », c'est-à-dire qu'elle ne réagit plus à la baisse des prix relatifs, à cause de la saturation des besoins des ménages. Sur la base d'un raisonnement voisin de celui exposé ici, ils font de ce facteur l'une des causes principales de la crise du « déversement » de l'emploi, et donc du chômage : « Tandis que les forces du marché parviennent sans peine à faire passer la main-d'œuvre des secteurs à faible productivité et à bas salaires vers les secteurs où la productivité et les salaires sont plus élevés, on voit mal comment elles pourraient susciter le transfert en sens inverse » (Eilen Appelbaum et Ronald Schettkat, « Emploi et développement économique des pays industrialisés. Quelles relations ? », *Problèmes économiques*, n° 2420, 19 avril 1995).

6. Alfred Sauvy, *op. cit.*

les cas, les emplois perdus dans certaines branches de l'économie sous l'effet du progrès technique sont plus que compensés par la solvabilisation d'une demande non satisfaite et le développement de nouvelles activités. Or ce mécanisme de « déversement » de l'emploi des secteurs en déclin vers les secteurs en émergence fonctionne moins bien lorsqu'il s'opère de l'industrie vers les services. Cette difficulté tient pour partie à la difficulté d'organiser l'offre sur des marchés plus segmentés et plus fluides (cela requiert davantage d'entrepreneurs capables d'innover), mais on insistera surtout ici sur une seconde raison : le fait que les gains de productivité ne sont pas recyclés aussi directement dans le circuit monétaire pour solvabiliser de nouvelles demandes. Deux exemples permettront de l'illustrer :

– Le développement de services périphériques à la production (communication, service après-vente, recherche-développement, commercialisation) n'est pas assimilé par les consommateurs à une augmentation de leur niveau de consommation. Dans le cas des produits agricoles, par exemple, la baisse du prix à la production sous l'effet du progrès technique est loin d'être totalement répercutée dans les prix de vente au détail : elle est partiellement transformée en « qualité ». Cette qualité peut prendre différentes formes, un conditionnement plus pratique et plus esthétique, le respect de normes sanitaires plus strictes, une diversification des produits, etc. Autre cas : quand une administration s'informatise, l'une des préoccupations majeures des décideurs est de limiter les risques d'erreurs, source possible de problèmes d'ordre politique. Mais l'usager, lui, n'en retire aucun avantage tangible (cf. *infra*, 5, p. 148).

– Lorsque les gains de productivité sont affectés au financement des services collectifs ou de prestations sociales, ils échappent au pouvoir de choix du consommateur et ils ne contribuent pas à augmenter son revenu « arbitrable ».

Ce qu'il y a de commun dans ces deux cas de figure, c'est que les gains d'efficacité du travail ne se traduisent pas immédiatement par un gain économique valorisable en termes monétaires (sous la forme d'une baisse de prix ou d'un accroissement du niveau de la consommation marchande) pour le consommateur. En d'autres termes, *les gains de productivité sont captés par des utilisations finales qui ne créent pas de valeur échangeable.* Le même phénomène se produit lorsque les surplus des entreprises servent à financer des investissements qui n'aboutissent qu'à accélérer l'obsolescence des produits sans gains évidents pour le consommateur.

Les formes de ce détournement d'efficacité varient, mais son ampleur n'est pas directement liée au caractère marchand ou non marchand des activités de services. Les « coûts de transaction » générés par la complexification de l'organisation sociale, qui sont à l'origine du développement de nombreux services d'intermédiation privés, s'imposent souvent aux producteurs et aux consommateurs avec la même force que des prélèvements obligatoires. Il suffit de considérer l'exemple de la médecine, ou encore des services d'assurances, pour s'en convaincre (par exemple lorsque l'État décide que les assureurs doivent garantir contre les catastrophes naturelles). Finalement, une part importante des gains de productivité est affectée à des usages finaux prédéterminés et ne peut plus être recyclée dans le circuit économique. Le déversement de l'emploi vers les services s'accompagne, en un certain sens, d'une « stérilisation » économique de la productivité[7]. C'est ce que l'on veut énoncer quand on dit d'une activité économique qu'elle est « improductive », mais cela ne signifie nullement qu'elle soit inutile !

Ces observations sont d'une grande portée dans la mesure où :

*a)* elles contribuent à expliquer la difficulté d'exploiter certains « gisements d'emploi » dans le cadre d'un processus de croissance auto-entretenu : c'est particulièrement évident pour certains

7. Cette analyse recoupe la distinction opérée par Marx entre le travail productif, qui contribue à la valorisation du capital, et le travail non productif. L'idée de recyclage de la productivité dans le circuit économique paraît cependant plus générale que celle de valorisation du capital, dans la mesure où elle prend en compte des formes plus variées de « bouclage » du circuit.

services collectifs, tels que la santé, mais c'est également vrai des services marchands à faible croissance de productivité ;

*b)* elles sont étroitement reliées aux problèmes d'objectivation et de reconnaissance de la valeur du travail, que l'on évoquera plus loin ;

*c)* en fin de compte, elles démontrent que la croissance économique ne pourrait devenir plus « qualitative » qu'en faisant jouer plus largement des mécanismes non monétaires d'évaluation et d'échange.

### 3. Croissance qualitative et échanges non monétaires

L'amélioration de la qualité d'un service public, par exemple, produit des externalités positives qui ne peuvent avoir de contrepartie financière directe. Mais l'une des principales externalités de l'activité économique, quoique la moins couramment prise en compte, est la *qualité du travail en tant que vécu de celui qui l'exerce.* Même si le temps de travail a tendance à diminuer, il occupe encore une part non négligeable de l'existence, et le bien-être réel de beaucoup de gens dépend autant de ce qu'ils y vivent que de leur niveau de consommation. La question ne se posait guère lorsque l'immense majorité de la population devait travailler durement pour accéder à des conditions décentes de vie matérielle. Dans une société d'abondance, où, de surcroît, l'intérêt du travail offert par le système économique est extrêmement variable, le problème change complètement de nature. Or ce fait majeur n'est absolument pas pris en compte par les raisonnements économiques, qui continuent à assimiler le bien-être au niveau de consommation et le travail à une « désutilité », ni dans les systèmes de rétribution (le travail le plus intéressant est, presque toujours, le mieux rémunéré). De la même manière, les activités d'échange et de prestation de services sont souvent l'occasion d'une circulation d'aménités invisibles entre les personnes en présence, qui interfèrent avec la valeur économique de ce qui est échangé, sans pour autant recevoir une traduction financière. C'est ce qu'on appelle parfois la « coproduction » du service, le fait que les compétences et l'implication du client contribuent à la qualité et à l'efficacité réelle de celui-ci (que l'on pense à la relation médecin/malade ou maître/élève).

Le fait que la dynamique de l'efficacité puisse emprunter des voies qui échappent à l'analyse économique standard n'est certes pas une découverte. Analysant l'insuffisance des modèles conventionnels de « fonction de production » utilisés par les économistes, Albert Hirschman souligne l'importance des « effets de liaison », mécanismes sociaux générateurs et mobilisateurs d'énergie, de capital et d'esprit d'entreprise, pour expliquer la croissance : « Il importe moins, pour promouvoir le développement économique, de trouver des combinaisons optimales de facteurs de production donnés que de faire apparaître et de mobiliser à son service des ressources et des capacités cachées, éparpillées ou mal utilisées[8]. » L'analyse qui précède fait ressortir qu'il s'agit d'un mécanisme à double sens : les ressources invisibles peuvent nourrir la croissance économique, mais, en sens inverse, la productivité économique peut se trouver (provisoirement ?) absorbée ou « éparpillée » dans des fonctionnements ou contenus d'existence sans valeur économique précise ou dont la valeur n'est pas recyclable dans le circuit monétaire. L'amélioration de la qualité de vie d'un vieillard, qui peut coûter très cher, représente l'exemple typique de ce que l'on pourrait appeler un « effet de dissipation » (de la même manière que l'énergie peut être dissipée par frottement et dégradée en chaleur) par opposition aux « effets de liaison ». La faible productivité des services n'est souvent que le reflet d'une

8. Albert O. Hirschman, *The Strategy of Economic Development*, New Haven, Yale University Press, 1958, p. 5, *in* id., *Vers une économie politique élargie*, Paris, Éd. de Minuit 1990, p. 31.

telle neutralisation (du point de vue du système économique) des ressources qui y sont engagées.

Parler de productivité suppose d'ailleurs que l'on sache identifier le produit. Or le résultat d'une activité de services peut souvent être appréhendé à différents niveaux, et, dans le cas de services collectifs, la notion même de produit tend à se dissoudre. Le cas de l'éducation est ici éclairant : si l'on s'interroge sur ce que « produit » une université, on est amené à distinguer le résultat direct de cette activité (par exemple, le nombre de diplômes délivrés), ce que l'on appelle parfois les « extrants » (*outputs*), et l'effet de cette activité sur la société (l'impact ou *outcome*), lui-même susceptible d'être évalué de plusieurs manières. On privilégiera l'un ou l'autre produit selon que l'établissement sera regardé comme un système productif ou comme le protagoniste d'une politique publique, c'est-à-dire d'un processus de changement social.

Cette incertitude sur le produit se traduit naturellement par une difficulté pratique à mesurer la productivité. Le constat d'une faible croissance de la productivité des services conduit fréquemment à mettre en doute sa mesure. Selon certains, les conventions adoptées par la comptabilité nationale ne tiendraient pas suffisamment compte de l'amélioration de la qualité des services. En fait, l'effort visant à faire rigoureusement la part de la qualité et de l'« effet prix » dans l'élévation de la valeur monétaire d'un service se heurte à des difficultés strictement insurmontables, et on ne s'en tire que par des conventions arbitraires que seul l'usage justifie. Sur quel indicateur, par exemple, doit-on s'appuyer pour mesurer la production et les gains de productivité d'un hôpital : le nombre de journées ? les pathologies prises en charge ? les résultats thérapeutiques obtenus ? Il est clair qu'aucune réponse univoque ne peut être donnée à cette question[9].

Ces réflexions pourraient permettre de clarifier des débats souvent confus sur l'évolution de la productivité et son impact sur l'emploi. On voit en effet s'exprimer à ce sujet des thèses dia-

9. Voir à ce propos Jean Gadrey, *op. cit.*, p. 77.

métralement opposées et qui rendent également perplexe. La première consiste à incriminer le caractère excessif des gains de productivité, la seconde, au contraire, à regretter que la faible croissance de la productivité freine la croissance économique. Une idée souvent avancée dans le cadre de ce débat est que l'on sous-estime la productivité des services parce que l'on ne sait pas bien la mesurer. Le défaut commun de ces raisonnements, c'est qu'ils ne prennent pas en compte le caractère dynamique du cycle emploi-croissance-productivité. Ce que l'on a essayé de démontrer plus haut, c'est que le nœud du problème était dans le mode d'objectivation et de circulation des gains de productivité plutôt que dans leur niveau. Au lieu de dire comme on l'entend parfois que la faible productivité des services s'explique par le fait qu'on la mesure mal, il semble plus judicieux de remarquer qu'une partie de cette productivité n'a pas vocation à être quantifiée, parce qu'elle circule en marge des flux monétaires et ne peut être recyclée dans la dynamique de la croissance quantitative. C'est ce qui peut justifier que l'on parle de « croissance qualitative » pour caractériser le bien-être qu'apporte le développement des services collectifs. Toute la question est de savoir si cette croissance peut être financée par un accroissement des transferts monétaires ou si, de par sa nature même, elle n'implique pas un développement des échanges non monétaires.

## 4. Technologie et standardisation : deux manières d'« industrialiser » les services [10]

Reste à examiner si la menace que fait peser le développement des services à faible croissance de productivité sur la croissance

10. Voir Bernard Perret, « Peut-on industrialiser les services ? », *in* Institut Eurotechnopolis, *Le Travail au XXIe siècle*, Paris, Dunod, 1995.

« quantitative » de l'économie peut être neutralisée par une nouvelle vague d'innovations technologiques et organisationnelles. En d'autres termes, sera-t-il possible progressivement de répondre aux nouvelles demandes sociales de manière économiquement plus efficace par une organisation productive de type industriel ? Cette « industrialisation des services » pourrait se traduire concrètement par deux types de processus :

– la mise en œuvre d'innovations technologiques permettant de produire les services avec une productivité supérieure, et donc un moindre coût, ou, mieux encore, de substituer complètement l'usage d'un objet matériel à une consommation de services (développement du « self-service ») ;

– une normalisation-standardisation permettant de produire certains services de manière « industrielle », c'est-à-dire avec des modalités d'organisation de la production et de commercialisation caractéristiques des produits industriels – l'innovation en cause est alors principalement de nature socio-organisationnelle.

Il s'agit, en somme, dans cette seconde stratégie, de lutter contre l'indétermination du produit que l'on vient d'analyser dans la section précédente comme une caractéristique des activités de services. Tenter, en d'autres termes, de répondre à l'observation de Peter Drucker : « Dans l'analyse du travail manuel classique, dans son organisation scientifique, on n'a presque jamais à se poser la question : "Quel résultat doit-on attendre de ce travail ?" Mais s'il s'agit de la productivité des travailleurs du savoir et des services, cela devient la question clef[11]. »

11. Peter Drucker, *op. cit.*, p. 97.

## 5. Technologie et productivité dans le tertiaire administratif

Le tertiaire administratif et financier comporte une forte proportion de tâches administratives routinières, relativement peu qualifiées et répétitives, se prêtant bien à l'utilisation massive de l'informatique. Des changements considérables s'y sont produits depuis une vingtaine d'années, modifiant radicalement l'organisation et le contenu du travail. Les fonctions de secrétariat, par exemple, ont connu d'importantes mutations grâce à la bureautique. Pour autant, les gains de productivité du travail n'ont pas été, le plus souvent, aussi rapides que ce qui était attendu. Les banques, les administrations et les compagnies d'assurances font état de sureffectifs, mais leurs problèmes n'ont, semble-t-il, rien de commun avec ceux qu'a connus la sidérurgie. La raison de cette différence de situation semble être la suivante : dans le secteur tertiaire, contrairement à ce qui se passe dans l'industrie, l'innovation technologique sert autant à diversifier l'offre de services qu'à réduire les coûts. Cela vaut particulièrement pour les secteurs peu concurrentiels, lorsque les consommateurs sont démunis face aux stratégies d'expansion des professionnels. Dans bien des cas, l'expérience prouve que l'outil technique ne se substitue pas au service mais stimule sa différenciation. L'exemple le plus frappant concerne la santé : le développement de techniques de diagnostic sophistiquées (scanner, IRM) a eu pour effet d'accroître la demande de soins et, finalement, les besoins en personnel de services dans les hôpitaux. Une étude récente portant sur l'« évaluation de l'impact du développement de l'informatique sur l'efficacité de l'administration [12] » fournit un

12. *L'Informatique de l'État*, Paris, La Documentation française, 1993, p. 35 et 52.

éclairage intéressant sur la manière dont les services administratifs utilisent le gain d'efficacité technique qu'apporte l'informatique. Il en ressort que celui-ci est en grande partie absorbé par des changements qualitatifs qui ne peuvent guère être comptabilisés comme des accroissements de productivité. Le rapport d'évaluation note par exemple que « l'informatique a été un facteur permissif de la complication croissante de la réglementation publique ». On se trouve dans le cas de figure, évoqué précédemment, de production d'une valeur non échangeable. Sont également identifiées les retombées suivantes : réduction de la charge de travail réelle des agents, accroissement de l'intérêt du travail (effets internes), amélioration de la sécurité des procédures, qualité du service rendu aux usagers (effets externes). Finalement, en ce qui concerne la productivité, le rapport d'évaluation dresse un bilan plutôt négatif :

> « Les gains de productivité administrative ont été différemment concrétisés dans le travail quotidien des services : suppression de postes, dans quelques cas ; plus couramment, absorption de volumes de travail plus importants à effectifs constants ; redéploiements de personnels vers d'autres tâches, en particulier vers l'accueil. Dans d'autres cas, la notion de productivité reste à l'état de simple gisement, c'est-à-dire de temps dégagé, potentiellement disponible pour d'autres tâches. »

Ce type d'observation a probablement une portée très générale : les moyens modernes de traitement de l'information ne produisent leur plein effet sur la productivité que s'ils s'accompagnent de changements dans la structure des organisations. C'est probablement l'une des raisons fondamentales du développement du travail indépendant et de l'externalisation des services informationnels, qui favorisent la spécialisation, la mise en concurrence, l'objectivation des résultats et les gains de productivité. Il n'en demeure pas moins que, comme l'illustre également l'exemple ci-dessus, une partie des retombées de l'informatique de gestion est irréductible à la notion de productivité.

## 6. Les limites du self-service

Le self-service n'est pas du domaine de la science-fiction : que l'on pense aux guichets automatiques de banque ou encore aux multiples usages du Minitel. Les principales fonctions concernées sont l'autosurveillance (sécurité des personnes et des biens, surveillance des installations industrielles à risques), l'autodiagnostic (la réalisation à domicile d'examens médicaux du type prise de tension, etc.), l'auto-enseignement (enseignement assisté par ordinateur). L'aide à la vie quotidienne des personnes âgées ou handicapées constitue un domaine d'application particulièrement prometteur (télécommande de systèmes d'alarme, d'appareils ménagers, etc.). De toute évidence, les progrès accomplis en micro-électronique laissent espérer un développement rapide de ce type d'équipement. La révolution en cours dans le travail de bureau relève largement de la même logique : les cadres ont de plus en plus intérêt à maîtriser eux-mêmes le traitement de texte et l'usage du télécopieur, et à confier d'autres tâches à leurs secrétaires.

Cette évolution ne peut que se poursuivre, mais rien ne dit qu'elle suffira à inverser la dynamique de développement des services au profit de la consommation d'objets techniques, et encore moins à relancer la croissance de l'emploi industriel. Les industries de fabrication de matériels de traitement de l'information connaissent d'ailleurs des gains de productivité très rapides (dont témoignent les baisses de prix des micro-ordinateurs), et l'augmentation des usages sociaux des nouvelles technologies devrait être véritablement explosive pour compenser le déclin de l'emploi dans les activités manufacturières traditionnelles.

Plus fondamentalement, parler de substitution d'un bien industriel à un service ne rend qu'imparfaitement compte des processus en cause : l'objet et le service n'ont pas la même fonction et ne répondent jamais exactement aux mêmes besoins. Que l'on réfléchisse un instant à l'alternative banale entre l'achat d'une automobile et le recours aux taxis et transports en commun. Il y a dans le service une utilité spécifique qui est liée à la prise en charge par le prestataire d'une partie de l'incertitude et de la complexité de l'existence. C'est la perception par le client de la réalité de cette prise en charge qui fait la qualité de la « relation de service ».

L'exemple de l'auto-enseignement est significatif. C'est l'un des domaines où les techniques ont atteint une maturité suffisante pour être utilisées à grande échelle. Les systèmes experts les plus récents ne se contentent pas de stocker et traiter une information spécialisée, ils intègrent également un certain nombre de connaissances didactiques qui leur permettent de se comporter comme de véritables pédagogues. Or, pour l'instant, ces outils sont davantage utilisés comme des auxiliaires, favorisant l'appropriation personnalisée de certains contenus de savoirs spécifiques, que comme une alternative générale à l'intervention des enseignants. Le rôle du rapport humain direct reste déterminant dans la transmission d'un savoir complexe (ou même d'une simple information, comme n'importe quel conférencier peut en faire l'expérience). Il y a à cela une raison très profonde : le rapport pédagogique est un rapport d'influence, voire d'autorité. Un bon enseignant restera toujours un « maître ». Comme le dit excellemment Alain Finkielkraut : « Je suis professeur, j'ai été élève. J'ai eu besoin pour être enseigné du visage des maîtres, j'ai besoin pour délivrer mon enseignement du visage des élèves, besoin d'ordre intellectuel. Tous les professeurs en font l'expérience, les visages inspirent, des visages naissent les idées. Ce sont les visages qui font de l'enseignement non une récitation, mais un événement [13]. » En matière médicale, on l'a déjà observé, l'effi-

13. *Va-t-on vivre par écran interposé ?*, compte rendu des deuxièmes rencontres INA-CSA-Sorbonne, p. 67.

cacité de la prise en charge thérapeutique est souvent conditionnée par la qualité du rapport humain entre le malade et son médecin.

Compte tenu de ce principe d'interactivité et de coproduction, l'alternative service/self-service ne se pose pas uniquement en termes technique et économique, c'est aussi, dans une certaine mesure, un choix culturel. Le choix entre différentes manières de répondre à un même besoin constitue, au sens fort du terme, un « choix de société ».

## 7. Les limites de la standardisation

Une autre manière d'industrialiser un service consiste à organiser sa production et sa commercialisation comme s'il s'agissait d'un bien industriel. Ce qui suppose, au préalable, de définir aussi précisément que possible ses caractéristiques. Le meilleur exemple reste sans doute la restauration rapide, dont on connaît, si l'on peut dire, la « recette » : vendre les dix mêmes plats aux quatre coins de la planète, dans un cadre rigoureusement identique, avec la même organisation du travail. La gestion des chaînes d'hôtels modernes s'inspire de plus en plus de principes analogues : l'architecture est conçue en fonction d'une analyse précise des gestes à accomplir par le personnel. Autre exemple, l'optimisation des techniques de télémarketing, avec une standardisation et une spécialisation des messages en fonction des cibles visées. On assiste dans ces différents domaines à une véritable *taylorisation* du service. Les difficultés et limites de ce type de stratégie apparaissent toutefois nettement à l'examen de quelques tentatives. Le cas de la médecine est, une fois de plus, très instructif. Dans les hôpitaux publics, on a tenté de définir des « groupes homogènes de diagnostic » permettant de normaliser les prestations et les coûts en fonction du « profil » pathologique des malades hospitalisés. A l'étude et testé depuis plus d'une décennie, ce système de gestion n'a pu jusqu'ici être mis en œuvre à grande échelle, ni produire les résultats escomptés. Dans le même esprit, la Sécurité sociale tente actuellement d'imposer aux médecins libéraux l'usage de « références médicales », protocoles définissant la conduite à tenir face à certaines pathologies types (par exemple : une seule échographie au cours de la grossesse). Cette volonté normalisatrice se heurte à l'objection, sincère ou intéressée, de certains médecins, selon laquelle chaque malade est un cas particulier[14]. Quel que soit le domaine en cause, la standardisation des services s'oppose à une tendance contraire à la spécialisation et à la différenciation. Le propre du service est l'adaptation au besoin spécifique du client, le sur-mesure, la personnalisation[15]. On pouvait penser il y a quelques années que la standardisation des logiciels informatiques ferait quasiment disparaître la programmation « à façon ». Or le développement rapide d'un marché de logiciels standardisés directement praticables par les utilisateurs finaux, mis au point industriellement et vendus à un grand nombre d'exemplaires, s'est simplement traduit par une montée en gamme : il n'y a certes plus guère d'artisans programmeurs produisant ligne après ligne de lourds programmes de gestion, mais les besoins en virtuoses de l'inter-

14. Dans une revue médicale, des médecins expriment ainsi leurs objections à l'encontre d'une excessive « normalisation » de leur pratique en matière de frottis vaginaux : « Le texte de la référence médicale élaboré par les experts prévoyait une certaine marge de liberté, en accordant aux cliniciens la possibilité d'effectuer un frottis annuel chez les femmes à risque (facteurs de risque pris en considération : précocité des rapports, nombre de partenaires, nombre de partenaires du partenaire...). Malheureusement, les facteurs de risque ne sont pas quantifiables : l'âge des rapports et le nombre de grossesses pourraient l'être. Mais que dire du nombre de partenaires sexuels et, surtout, du nombre de partenaires du partenaire masculin ? [...] A notre avis, le médecin devrait, en conséquence, être le seul juge du risque sur la base d'un interrogatoire attentif et de l'examen clinique » (*Gyn-Obst.* n° 310, 15 mars 1994, p. 6).

15. Il faudrait certainement complexifier cette analyse. La demande des consommateurs est ambiguë : elle pèse à la fois dans le sens d'une qualité contractuellement garantie (le « zéro défaut » médical), qui favorise une certaine normalisation, et dans le sens contraire, d'une personnalisation de la prestation.

face (entre programmes, équipements, etc.) ne cessent d'augmenter.

## 8. L'immatériel : un défi pour le droit de propriété

Bien que le problème soit rarement abordé sous cet angle, la difficulté de définir et de faire respecter le droit en matière de propriété intellectuelle constitue, au moins potentiellement, un obstacle réel à la standardisation et à l'industrialisation des services intellectuels. Il est connu qu'une part importante des logiciels de micro-ordinateurs utilisés par les entreprises et les particuliers n'ont jamais été achetés, et que la numérisation du son ouvre largement la voie au piratage de la création musicale. Selon certaines estimations, la contrefaçon représenterait 5 % du commerce mondial et concernerait un nombre croissant de produits :

> « La fraude sur la propriété intellectuelle, contrefaçons des grandes marques ou copies illégales du logiciel, est reconnue comme un problème majeur dont les enjeux économiques se chiffrent en dizaines de milliards de dollars. Selon les estimations du gouvernement américain, les pertes dues au piratage des brevets et aux copies non autorisées des produits protégés par le copyright (disques, films, etc.) s'élevaient à plus de soixante milliards de dollars en 1989. Dans certains pays, le non-respect des droits de propriété est la règle plutôt que l'exception. En Italie, près de 80 % des logiciels en circulation en 1992 étaient des copies illégales. La même année, le montant de la fraude sur le logiciel au niveau mondial a été estimé entre dix et douze milliards de dollars[16]. »

Le problème posé par la défense du droit de propriété intellectuel est la conséquence du fait que, comme on le verra au

16. Charles Goldfinger, *op. cit.*, p. 153.

chapitre suivant, la règle de base de l'économie du savoir est le partage. D'où une contradiction que l'on pourrait ainsi résumer : *l'accroissement de la productivité suppose la standardisation et l'objectivation des savoirs, mais, une fois objectivés, ceux-ci n'appartiennent plus à personne*, comme les mots, les idées ou n'importe quelle information lue dans un journal. Bien entendu, on peut tenter de lutter contre les pratiques de copiage le plus ouvertement frauduleuses, mais le problème est beaucoup plus général : comment empêcher un consultant, ou un médecin, de s'inspirer des méthodes d'un confrère, dès lors que celles-ci auraient été formalisées et explicitées ? Lorsque la productivité se diffuse par l'intermédiaire de marchandises stockables et appropriables, il est possible de mettre en cohérence les flux réels de valeur et les flux financiers ; dans l'économie post-industrielle, en revanche, la mise en circulation de ce que produisent les travailleurs du savoir s'effectue par une multiplicité de canaux beaucoup plus difficiles à identifier et contrôler.

# 8

# Vers une économie post-utilitariste

« UTILE : dont l'usage (l'emploi, la pratique) peut être avantageux (à quelqu'un, à la société), qui satisfait un besoin. » *Grand Robert.*

## 1. Utilité, utilitarisme et rareté

La pensée économique est foncièrement utilitariste, au sens où elle tend à réduire les activités humaines à leur résultat objectif, mesuré à l'aide d'un unique critère d'évaluation, l'accroissement de la richesse ou du « bien-être », au niveau individuel comme au niveau collectif. Précisons : les économistes n'ont jamais eu l'idée de nier que l'homme s'adonne pendant une bonne partie de son temps à des activités gratuites ou, du moins, impliquant une forte dose de désintéressement, telles que l'amour, la guerre ou le jeu. Leur visée réductrice ne concerne que les activités que l'individu lui-même considère spontanément comme utilitaires, c'est-à-dire, pour l'essentiel, le travail (travail économique, travail bénévole ou travail « pour soi », dans la sphère domestique), la gestion de l'épargne et, par extension, la formation et diverses autres activités de nature stratégique. De fait, la dimension utilitaire est une caractéristique importante du travail, par opposition au jeu et à d'autres activités de loisir, culturelles ou spirituelles : c'est d'ailleurs ce qui garantit l'efficacité de sa médiation dans les processus de reconnaissance de soi et des autres. Mais cette utilité-là est davantage une qualité qu'une quantité. De la subjectivité utilitaire qui nous porte à valoriser des activités que nous percevons comme avantageuses pour nous-mêmes ou pour les autres à l'utilitarisme comme volonté d'objectivation et d'unification de toutes les formes de rationalité sociale, il y a une marge. L'utilité attribuée par l'individu à ses actes est d'abord une intention, une *orientation de l'action.* Elle ne demande pas à être comptabilisée, mise en balance avec la valeur d'autres actions. Le citoyen qui accomplit son devoir d'électeur pense faire œuvre utile, comme l'homme qui aide un aveugle à traverser la rue ou la mère de famille qui prépare le repas familial. A y regarder de près, rien ne justifie la confusion des différents contenus d'existence qui soutiennent l'idée d'utilité.

En tant que doctrine philosophique, l'utilitarisme est attaché au nom de Jeremy Bentham, qui voulait faire du « principe du plus grand bonheur du plus grand nombre d'individus » un principe général de gouvernement. Mais l'utilitarisme économique est peut-être moins l'avatar de ce projet d'« arithmétique du plaisir » que l'enfant de la *rareté*, notion véritablement fondatrice pour l'économie politique. On sait le rôle qu'ont joué en la matière deux contemporains de Bentham, Malthus et Ricardo, impressionnés par la forte croissance démographique de l'Angleterre au début du XIXe siècle. Dès lors que le risque permanent de disette est pris en compte comme une donnée de base de l'existence humaine, le principe d'utilité cesse d'être une option philosophique parmi d'autres pour devenir la norme régulatrice de l'organisation collective. C'est de cette nécessité absolue de lutter contre une pénurie toujours menaçante que le travail productif tire à la fois sa valeur économique et son statut d'exception par rapport à l'autorité politique. D'une part, en effet, Ricardo, à la suite d'Adam Smith, fait du travail la mesure de la valeur des marchandises : « Les choses, une fois qu'elles sont reconnues utiles par elles-mêmes, tirent leur valeur échangeable de deux sources, de leur rareté et de la quantité de travail nécessaire pour les acquérir[1] » et, d'autre part, il justifie les violences de la division du travail par la nécessité de produire sans cesse plus efficacement : « Voilà donc les lois qui règlent les salaires et qui régissent le bonheur de l'immense majorité de toute société. Ainsi que tout autre contrat, les salaires doivent être livrés à la concurrence franche et libre du marché, et n'être jamais entravés par l'intervention du gouverneur[2]. » Comme plusieurs auteurs l'ont signalé, l'un des moments clefs de la pensée de Ricardo est sa découverte de la loi des rendements décroissants, le fait que l'accroissement des ressources nécessaires à la satisfaction d'une population britannique en rapide augmentation (avec des taux de croissance considérables, de l'ordre de 1,5% par an entre 1820 à 1850[3]) nécessite la mise en culture de terres de moins en moins fertiles, de mines de plus en plus difficiles à exploiter[4]. C'est de la prise de conscience de cette « difficulté de production » que la conception utilitariste du travail tire toute sa force. Seul, en effet, l'effort constant de l'homme pour améliorer la productivité de son travail lui permet de s'opposer victorieusement à cette tendance. Accroître sans arrêt l'efficacité de la production n'est pas seulement une conduite dictée par l'appât du gain, c'est, en quelque sorte, le destin tragique de l'humanité, l'expression de son rapport d'opposition à la nature : « En s'organisant pour produire, en divisant le travail, en améliorant ses connaissances, en se dotant de moyens de production de plus en plus puissants, l'homme pourra contraindre la nature à livrer ses fruits avec de moins en moins de travail[5]. »

1. David Ricardo, *Des principes de l'économie politique et de l'impôt*, Paris, Flammarion, 1977, p. 26.
2. *Ibid.*, p. 91.
3. Jean-Charles Asselain, *Histoire économique*, Paris, Presse de la Fondation des sciences politiques-Dalloz, 1985, p. 27.
4. David Ricardo, *op. cit.*, p. 57 *sq.* Pour un commentaire éclairant, voir notamment Paul Vidonne, *La Formation de la pensée économique*, Paris, Economica, 1986, p. 187 *sq.*
5. *Ibid.*, p. 189.

Dans une telle vision, le travail est forcément un sacrifice, une « désutilité » compensée par une rétribution monétaire. En ces temps d'abondance matérielle et de sous-emploi, la pensée économique reste l'héritière de cette peur de manquer, de ne pas pouvoir faire face à l'augmentation de la population, de voir l'économie s'enliser dans un « état stationnaire », qui semble avoir saisi quelques grands esprits britanniques à l'aube de l'ère industrielle.

## 2. Le substantiel et l'existentiel

Les choses ont bien changé depuis Malthus et Ricardo. Nous n'avons certes pas échappé à la peur du manque, mais la menace a complètement changé de nature : elle se situe plutôt du côté de l'épuisement ou la dégradation de ressources non reproductibles. Il ne nous viendrait pas à l'idée de craindre l'insuffisance de l'effort productif. Produire en masse n'importe quelle marchandise techniquement imaginable n'est plus, globalement, un problème. Nous sommes bel et bien de ce point de vue dans une société d'abondance. Dans une économie dominée par l'immatériel, ce fait devient chaque jour plus évident : la production n'est pratiquement plus limitée par les contraintes physiques, et n'importe quel ensemble de données, de chiffres, d'images ou de sons peut être reproduit à un très grand nombre d'exemplaires à des coûts très faibles. Du coup, le moteur de la croissance n'est plus la rareté mais la qualité : lorsqu'un nombre élevé de producteurs est en compétition pour un même type de produit, il ne suffit plus de produire pour vendre, mais il faut désormais « vendre pour produire[6] ». Outre, bien entendu, le savoir technique incorporé à l'objet, les éléments immatériels susceptibles de faire

6. Benjamin Coriat et Dominique Taddéi, *op. cit.*, p. 204.

la différence pour le consommateur, les facteurs de la compétitivité hors coût évoqués plus haut, prennent davantage d'importance : délais de livraison, qualités esthétiques, finition, sécurité d'utilisation, garantie, etc. D'une manière générale, le développement des services analysé au chapitre précédent se traduit, comme on l'a dit, par le caractère plus « qualitatif » et moins facilement objectivable de l'utilité.

Or le point de vue utilitariste-productiviste repose sur le postulat d'objectivité et de transférabilité de la valeur : la valeur produite étant « substantielle », on est sûr *a priori* que produire plus concourt au plus grand bonheur du plus grand nombre. Dans l'économie post-industrielle, au contraire, la valeur d'usage des biens et des services, c'est-à-dire le bien-être que l'on en obtient, est « existentielle » : elle est tributaire de la qualité de leur inscription dans le champ des rapports humains. On avait fait référence dans le premier chapitre à la notion de « fonctionnement » pour rendre compte du caractère très personnel du bien-être, du fait que le sentiment de bien vivre est irréductible à un ensemble de ressources matérielles. Même pour des personnes très démunies, la qualité de la vie, pour autant que l'on puisse l'objectiver, dépend crucialement de la maîtrise par l'individu de son environnement quotidien, laquelle repose autant sur des compétences personnelles et des liens sociaux que sur des ressources économiques. Cela devrait être encore plus vrai lorsque le niveau de vie s'accroît. La qualité de la vie dépend alors de bien d'autres choses que de ressources matérielles : intérêt et conditions matérielles du travail, sentiment de sécurité, qualité de l'environnement, etc. En tant qu'il prétend faire dépendre le bonheur d'éléments entièrement extérieurs à l'individu, le point de vue utilitariste est incapable d'appréhender le bien-être comme un processus dynamique dans lequel l'individu ne cesse de modifier ses préférences et ses valeurs. Dire cela ne signifie pas que la question du bien-être collectif doive être traitée sur un mode irrationnel : l'un des enjeux politiques et culturels de la période actuelle est au contraire de se donner les moyens de délibérer sur la valeur de contenus existentiels complexes, de transformer ceux-ci en objets de négociation et de transaction. On peut illustrer cette idée générale en prenant pour exemples l'économie du savoir, l'usage du temps et les activités liées au besoin de se protéger contre le risque. Le savoir, le temps et le risque sont en effet très présents comme contenus réels de l'échange économique, tout en demeurant irréductibles à une rationalité économique substantielle.

## 3. L'économie du savoir : l'abondance par le partage

Pour caractériser l'économie post-industrielle, on emploie fréquemment l'expression « économie du savoir », ou « économie de l'information », signifiant par là que le savoir est devenu la ressource économique la plus importante. Comme l'observe Peter Drucker : « Aujourd'hui, le savoir est la seule ressource qui compte. Les facteurs de production traditionnels, la terre (c'est-à-dire les ressources naturelles), le travail et le capital n'ont pas disparu, mais sont passés au second plan. On peut se les procurer facilement, pourvu qu'on ait le savoir. Et le savoir, dans ce sens nouveau, est devenu une utilité économique[7]. » Les causes de cette évolution ont été suffisamment analysées précédemment : la machine peut supplanter l'homme dans un nombre croissant de tâches routinières et peu qualifiées, et le progrès économique résulte désormais principalement des compétences intellectuelles mises en œuvre dans l'invention de nouveaux produits, dans l'amélioration des techniques et dans le *management* des ressources productives.

La valeur économique de la connaissance est cependant bien

7. Peter Drucker, *op. cit.*, p. 51.

difficile à mesurer. Le véritable « retour sur investissement » d'une recherche devrait en effet prendre en compte une multitude de retombées diffuses sur les compétences et les liens de coopération dont l'impact économique éventuel ne peut se manifester qu'à long terme. L'efficacité économique directe d'une recherche est elle-même fort difficile à anticiper, compte tenu de l'absence de certitude sur les résultats qui seront obtenus. Dès lors, les décisions prises par les entreprises en la matière relèvent davantage de la stratégie que de la gestion, ce qui signifie qu'elles participent de processus sociaux dans lesquels la subjectivité des acteurs prend une grande part. Plus fondamentalement, l'assimilation du savoir et de l'information à des ressources économiques soulève une série de paradoxes. Le premier d'entre eux résulte du fait que l'économie du savoir n'est pas soumise au principe de rareté. Les ressources dont s'occupe l'économie sont en principe des ressources qui s'épuisent dans leur usage. Le travail, l'énergie et les machines ne sont disponibles qu'en quantité limitée et doivent être utilisés avec parcimonie. Or, dans le cas du savoir, c'est le contraire qui est vrai : la diffusion et la mise en œuvre d'une compétence ont généralement pour effet de l'augmenter. Plus on pratique une technique, plus on investit dans un domaine du savoir, et mieux on les maîtrise. Cette importance des phénomènes d'apprentissage n'a certes pas échappé aux économistes, mais ils n'en ont pas tiré toutes les conséquences : il faut aller jusqu'au bout et reconnaître que le savoir n'est pas un bien économique comme un autre. En pratique, d'ailleurs, le développement du savoir n'est pas régi pas la logique de l'échange marchand. On le constate en observant les pratiques d'échange de savoir au sein des communautés scientifiques : la règle de base est, fondamentalement, celle du partage. Et cela n'est pas seulement vrai de la recherche fondamentale : la capacité d'innovation du système industriel suppose des formes de coopération qui échappent aux règles habituelles de la concurrence entre entreprises d'un même secteur. Les rapports marchands entre acteurs autonomes font place, au moins pour partie, à des relations de partenariat au sein d'un réseau. Michel Callon définit ainsi la notion de « réseau technico-économique » : c'est « un ensemble coordonné d'acteurs hétérogènes : laboratoires publics, centres de recherche technique, entreprises, organismes financiers, usagers et pouvoirs publics qui participent effectivement à la conception, à l'élaboration et à la distribution-diffusion de procédés de production dont certains donnent lieu à une transaction marchande [8] ». Les rapports de coopération qui se nouent autour de la recherche ont un caractère hybride, marchand et non marchand. Et cette hybridation est une condition d'efficacité : selon Jean Lojkine, un récent rapport du MIT sur les raisons de l'échec de l'industrie américaine face à ses concurrents japonais et allemands aurait mis en cause « l'incapacité à partager les informations entre concepteurs et utilisateurs, entreprises donneuses d'ordres et fournisseurs [9] ». Une autre étude américaine a montré que l'efficacité à moyen terme pour une entreprise donnée de ses dépenses de recherche-développement était maximale lorsque les résultats de ces recherches étaient immédiatement rendus publics. L'explication, assez intuitive, est que l'effet d'une amplification des progrès par leur diffusion au sein d'une communauté plus large l'emporte sur l'avantage comparatif obtenu par leur rétention. Au cœur même du fonctionnement de l'économie moderne, on voit donc émerger une rationalité complexe, des formes de coopération irréductibles à la notion d'échange économique. Une régulation par le partage qui est rendue possible par le caractère non strictement utilitaire de toute activité vraiment créatrice : la recherche est une passion qui procure à ceux qui s'y adonnent des satisfactions qui dépassent largement la rétribution monétaire qu'ils en obtiennent.

Ce déplacement rejoint la question de l'appropriation du savoir évoquée au chapitre précédent : toute connaissance a vocation à

8. Michel Callon, « Les réseaux technico-économiques », *in* Robert Boyer, Bernard Chavance et Olivier Godard, *Les Figures de l'irréversibilité en économie*, École des hautes études en sciences sociales, Paris, 1991.

9. Jean Lojkine, *op. cit.*, p. 214.

être socialisée et son appropriation ne peut avoir qu'un caractère éphémère et relatif. Il est légitime, certes, et vital pour le système économique, de tenter de défendre la propriété intellectuelle, mais, au total, les savoirs effectivement protégés ne le sont que pour un temps, et ils sont probablement de faible portée en comparaison des flux de connaissance qui ne cessent de circuler gratuitement dans les publications, les colloques, les réseaux télématiques et les échanges informels.

## 4. L'impossible économie du temps

L'économie de marché, d'abord, et la révolution industrielle, par la suite, ont fortement structuré notre rapport au temps. Nous en avons hérité l'idée d'une séparation nette entre le temps consacré à la production et les autres temps sociaux, consacrés à la famille, aux loisirs, à la culture et à d'autres activités sociales. En cohérence avec cette vision dichotomique, l'une des finalités majeures du progrès technique a toujours été de faire gagner du temps : se déplacer plus vite, calculer plus vite, consacrer moins de temps aux tâches ménagères, mettre moins de temps à fabriquer les mêmes objets. Ce qu'on pourrait appeler l'économie du temps était ainsi simplifiée à l'extrême : il faut accepter de sacrifier du temps (travailler) pour en gagner davantage pour se distraire, se reposer, etc. Une gestion utilitariste du temps s'imposait naturellement. Ajoutons à cela une autre caractéristique importante du temps industriel : son uniformité ; l'existence collective était rythmée par des alternances entre travail et non-travail qui s'imposaient peu ou prou à tout le monde.

Chacune de ces trois dimensions est affectée par l'évolution économique :

1) La séparation tranchée du travail et des autres temps sociaux fait place à une interpénétration croissante. Ce brouillage des

frontières résulte notamment de l'importance prise dans la vie professionnelle par la formation et la recherche d'information. La pénétration se produit dans les deux sens. On assiste, tout d'abord, à une « contamination » du temps libre par les préoccupations liées au travail : c'est ce que Daniel Mothé appelle l'accroissement du « travail invisible », indissociable du caractère plus intellectuel du travail. Compte tenu du fait que le temps de travail légal devient lui-même plus poreux, moins continûment contraignant, on est confronté à une disjonction croissante du temps d'« occupation » et du temps de « préoccupation » : « Les salariés peuvent rêver pendant le temps légal, mais, à l'inverse, on peut aussi dire qu'ils peuvent réfléchir à leur tâche en dehors du lieu de travail, c'est-à-dire en dehors du temps légal. Le technicien, le chercheur, l'universitaire, le charpentier peuvent procéder à des calculs pendant leur temps de loisir, sur la plage, dans leur lit. Ils peuvent travailler dans n'importe quel lieu [10]. »

D'un autre côté, le temps libéré est, à certains égards, un temps productif. Cela résulte tout d'abord de l'importance prise par le savoir et la compétence en tant que facteurs de production. Or ces ressources s'acquièrent principalement en dehors du travail, à l'école et à l'Université en premier lieu, mais également par l'exercice d'activités culturelles ou de loisirs. Et cela d'autant plus que la compétence professionnelle effective repose davantage sur un ensemble de « compétences sociales », savoir-être, savoir-vivre et capacités communicationnelles, qui, comme on l'analysera plus en détail au chapitre suivant, ne relèvent pas d'un apprentissage formalisé [11]. Mais ce n'est pas tout : le temps libre est aussi celui de l'autoproduction et de l'échange non monétaire. Le « hors-travail » comprend des activités qui échappent à toute comptabilisation et qui sont pourtant partiellement substituables à la consommation de biens et services marchands. Cela va du

10. Daniel Mothé, « Le mythe du temps libéré », *Esprit*, n° 8-9, 1994, p. 54.
11. Voir également Roger Sue, *Temps et Ordre social*, Paris, Presses universitaires de France, 1994, p. 230.

travail pour soi (bricolage, réparations...) aux services sociaux (garde des enfants et des personnes âgées), en passant par l'encadrement d'activités culturelles ou sportives. Il n'y a plus de séparation nette, du moins quant à leur nature, entre certaines prestations de services rémunérées et les activités auxquelles se livrent les individus pendant le temps « libéré » du travail.

2) La rareté du temps prend une nouvelle signification : il ne s'agit plus seulement de gagner du temps pour le consacrer à des activités non économiques, mais de recycler ce temps libéré dans le processus économique. De nombreuses activités de services (loisirs, formation, santé, culture...), en plein développement, consomment énormément de temps libre. Le temps n'est plus seulement une ressource productive, c'est également un adjuvant essentiel de la consommation. Qui plus est, la pression exercée par ces deux usages alternatifs du temps (production et consommation) est très concentrée sur les mêmes individus (les plus riches et les plus qualifiés). On aboutit ainsi à une répartition extrêmement hétérogène de la rareté du temps, avec d'un côté des chômeurs désœuvrés et de l'autre des cadres surinvestis dans leur travail qui n'ont pas le temps de consommer. Le fait que les retraités aient un pouvoir d'achat relativement élevé permet de masquer en partie cette contradiction, mais elle montre que la dissociation du revenu et du travail a une fonction positive dans le modèle de développement post-industriel.

3) La contrainte temporelle résultant de l'organisation collective du travail pèse de manière moins uniforme sur les travailleurs. En contrepartie, les exigences de « flexibilité imposée » augmentent. Cela se traduit notamment par une variabilité des horaires hebdomadaires au cours du temps, en fonction des contraintes de la production. En 1991, 15 % des salariés ne travaillaient pas le même nombre de jours d'une semaine à l'autre, alors qu'ils n'étaient que 11 % dans cette situation en 1984. La diversité est également plus sensible entre les individus : les calendriers et horaires de travail sont de plus en plus variés. Les salariés sont désormais plus nombreux à travailler après 19 heures

(20 %), et le samedi (au moins une fois dans l'année pour 47 % d'entre eux en 1991, contre 44 % en 1984)[12]. Cette désynchronisation des horaires de travail est étroitement liée au développement des services aux personnes : de telles activités impliquent un contact direct entre un travailleur-vendeur, personnel soignant, serveur de restaurant, et un client qui ne travaille pas. Elle résulte également du fait que les consommateurs sont en mesure d'imposer leurs exigences en termes de délais de livraison, de service après-vente, etc. La déstabilisation des rythmes collectifs qu'implique une telle évolution des horaires de travail n'est pas sans risques pour la vie sociale, on y reviendra. Une autre conséquence, tout aussi méconnue, de cette dérégulation du temps est l'accroissement des inégalités qui résultent de la plus ou moins grande liberté dont chacun dispose dans l'organisation de son temps. Le travail ouvrier correspondait à une contrainte forte, mais égalitaire et nettement délimitée. Les contraintes qui pèsent sur les travailleurs des services ne sont ni homogènes ni précisément définies : les disparités de situation qui en découlent sont particulièrement difficiles à appréhender. Bien qu'il ait en principe comme but de libérer l'homme des contraintes temporelles, le développement économique accroît donc l'instrumentalisation du temps, les inégalités dans la répartition de son libre usage et, en un certain sens, sa rareté. A tout le moins, rien ne paraît pouvoir garantir une répartition harmonieuse des contraintes temporelles au sein de la société.

Cette analyse suggère que le temps n'est pas un bien économique et que, par conséquent, la régulation sociale de son usage ne peut être pensée sur le mode de l'échange. Plus précisément :

– On ne peut plus séparer nettement les usages du temps selon qu'ils relèvent des fins ou des moyens de l'activité économique. Les utilisations instrumentales et hédonistes du temps sont de plus en plus indiscernables, dans la mesure où une même activité

12. Chiffres tirés des résultats de l'enquête « Conditions du travail », *Dossiers statistiques du travail et de l'emploi*, ministère du Travail, octobre 1993.

peut être à la fois productive et ludique. Le temps de travail peut être un temps de formation, de culture, et même de plaisir, et le temps libre peut être un temps productif. L'une des manifestations les plus spectaculaires de ce renversement apparaît dans le fait que travailler beaucoup est perçu comme la marque d'un statut social élevé, presque un privilège. Il y a encore quelques décennies, c'était l'inverse : les riches étaient souvent oisifs.

– Il n'est pas possible de dégager une rationalité collective en agrégeant les rationalités individuelles : les contraintes de la production et la diversité des attentes individuelles rendent très improbable l'émergence spontanée d'une cohérence macro-sociale dans l'usage du temps à partir du libre jeu de l'offre et de la demande.

– Le temps ne se prête pas à la redistribution sociale : les contraintes temporelles sont très mal réparties, mais la connaissance des inégalités réelles est beaucoup trop difficile pour donner lieu à compensation entre les individus. Cela résulte en particulier du fait que les contraintes temporelles ont un caractère qualitatif : le degré d'autonomie personnelle dans la gestion de son agenda échappe à toute mesure.

– Les individus ne peuvent, en pratique, arbitrer entre le temps et l'argent : la rareté et la précarisation de l'emploi font que la plupart des gens ne sont pas libres de moduler l'intensité de leur investissement professionnel en fonction de leurs besoins financiers. Pour que des projets tels que l'« épargne-temps » aient un sens, il faudrait que les salariés disposent d'un horizon suffisamment assuré, ce qui, hormis dans l'administration, est de plus en plus rare.

La conclusion que l'on tire de cette analyse, c'est que l'organisation collective du temps ne peut être abandonnée au libre jeu du marché, malgré les fortes pressions qui s'exercent en ce sens (les arguments développés en faveur du travail dominical en fournissent une illustration exemplaire), ni même à la négociation entre les partenaires sociaux. Il est parfaitement illusoire d'espérer une plus grande équité dans la répartition et la maîtrise du temps si on ne subordonne pas son usage économique à des normes sociales contraignantes.

## 5. Les apories de l'économie du risque

S'il est une valeur d'usage qui joue un rôle essentiel dans le sentiment d'être heureux, c'est la sécurité. Or pas plus que le temps on ne peut la considérer comme une valeur d'échange. De même qu'il existe un pseudo-marché du temps, à savoir le marché du travail, il existe pourtant bien un marché de la protection, en plein développement, comme en témoignent le poids économique des activités d'assurances et la croissance des dépenses liées à la sécurité. L'élévation du niveau de vie augmente fatalement la demande de sécurité : plus on est riche, plus on vit confortablement, et plus on a des raisons d'avoir peur de perdre ce que l'on a, à commencer par sa vie ou sa santé. Une partie de la croissance économique sert à financer des activités qui visent à répondre à cette demande de sécurité : assurances, services médicaux, sécurité routière (que l'on pense, par exemple, à la part de l'amélioration de la sécurité dans l'augmentation du prix des voitures), système policier et judiciaire, protection passive des appartements, etc. [13]. De prime abord, il semblerait donc que l'on se trouve en face d'un véritable champ économique, dont le cœur serait le marché de l'assurance. *A priori*, la technique assurantielle semble bien adaptée à la prise en compte du risque par la rationalité économique. Cependant, tout n'est pas assurable. La théorie de l'assurance a identifié cinq conditions pour qu'un risque soit assurable : *a)* que le risque soit connu ; *b)* qu'il puisse être estimé ; *c)* qu'il soit également réparti parmi les assurés ; *d)*

13. Un exemple : le marché des parafoudres progresse de 15% par an (*Libération*, 27 avril 1995).

qu'il soit indépendant du comportement des assurés ; *e)* que le fait d'être assuré ne modifie pas les comportements vis-à-vis du risque. C'est notamment parce que ces conditions ne s'appliquent pas à des risques tels que la maladie ou le chômage que l'on peut défendre d'un point de vue théorique le principe de la socialisation de l'assurance contre certains risques tels que la maladie ou la vieillesse [14]. Il est vrai que la Sécurité sociale elle-même, du moins dans sa version « bismarckienne », a fait largement appel à la technique assurantielle, mais on peut se demander si, dans les faits, les « assurances sociales » n'ont pas été considérées par les « assurés » comme un mécanisme de protection et de redistribution de nature étatique, et non comme un véritable mécanisme d'assurance. De plus, comme l'a récemment souligné Pierre Rosanvallon [15], un faisceau d'évolutions économiques et sociales réduit encore la pertinence de la logique assurantielle et rend probable une fiscalisation progressive du système de protection sociale français.

Mais l'économie du risque ne se limite pas au champ de l'assurance. La première préoccupation des individus est en effet d'éviter la réalisation du sinistre. Le préjudice réel occasionné par un accident, un vol, une maladie, etc., excède en général le montant de l'indemnisation, et le fait de bénéficier d'une couverture financière ne constitue souvent qu'une maigre consolation. Qui plus est, certains risques ne sont pas assurables, à commencer par le risque d'exclusion sociale. Bien des comportements vis-à-vis du travail et de la consommation sont dictés par cette aversion pour le risque. Or l'envahissement de la sphère économique par les préoccupations sécuritaires ne va pas sans perturber son fonctionnement et rendre encore plus problématique la marche vers le bien-être. Il est en effet difficile de faire entrer le sentiment de sécurité dans un schéma d'accumulation et de progrès. Le carac-

14. D'après Béatrice Majnoni d'Intignano, *La Protection sociale*, Paris, LGF, coll. « Livre de poche », 1993, p. 50.
15. Pierre Rosanvallon, *La Nouvelle Question sociale*, Paris, Éd. du Seuil, 1995.

tère subjectif et paradoxal de la perception du risque fait que toute amélioration crée immédiatement de nouvelles demandes. La sécurité est perçue davantage comme une exigence qui s'impose que comme un élément de bien-être. Équiper son appartement d'un système de sécurité très coûteux prouve que l'on a pris conscience du risque d'être cambriolé, mais ce n'est pas une contribution positive à la qualité de la vie. La consommation de sécurité se développe en même temps que la perception des menaces : dans une certaine mesure, d'ailleurs, elle contribue à les objectiver.

A l'instar de ce que l'on a observé plus haut à propos du temps, il semble difficile de faire émerger une rationalité collective à partir des comportements individuels vis-à-vis du risque. Entre la sécurité objective et le sentiment de sécurité, les contradictions peuvent être considérables. Par exemple, le risque d'être contaminé par le virus du Sida est objectivement faible mais subjectivement important. De ce fait, les discordances sont fréquentes entre la perception individuelle des risques et leur impact collectif : on le constate avec le tabac et l'alcool. Enfin, et pour les mêmes raisons que celles évoquées à propos du temps, il est particulièrement difficile de faire jouer des mécanismes d'arbitrage et de redistribution pour un bien tel que la sécurité. En matière de risque, l'absence de transparence est une donnée première. Cela concerne particulièrement les risques liés à la vie professionnelle : l'inégale probabilité de perdre son emploi est devenue l'un des principaux facteurs d'inégalité sociale, mais c'est aussi l'un des plus opaques. Autant il est facile de négocier sur des salaires, autant il est difficile de négocier sur la base d'une évaluation des risques de précarisation. Et, comme on l'a dit, la technique assurantielle est d'un faible recours en la matière.

Concluons : la gestion des risques ne peut être entièrement abandonnée au libre jeu des attitudes individuelles et de la régulation marchande, non seulement parce que, par bien des aspects, la sécurité est un bien collectif, mais également parce qu'elle se plie difficilement à des arbitrages rationnels contre d'autres biens.

On peut dire du risque ce que l'on a dit du temps : il ne peut être géré raisonnablement et équitablement qu'en s'appuyant sur des normes collectives. Un exemple permettra d'illustrer ce que l'on veut dire par là. Jusqu'à une date récente, les rapports entre les patients et les médecins étaient placés sous le signe de la confiance. Le risque thérapeutique était géré dans le cadre d'un rapport personnel, dont la seule garantie sociale était la crédibilité de l'éthique professée par le corps médical sous l'autorité du Conseil de l'ordre des médecins. Sous l'effet d'une multitude de facteurs (évolution technique, relâchement du corporatisme médical, intérêt des médias pour les problèmes de santé, extension de l'attitude consumériste aux services collectifs), le risque thérapeutique a cessé, depuis une date récente, de relever de cette gestion paternaliste : les patients ont progressivement pris l'habitude de refuser à leur médecin le droit à l'erreur, comme ils le refusent à leur garagiste. Les recours devant la justice se sont multipliés [16] et, par voie de conséquence, les médecins ont été contraints de se prémunir, en adoptant des stratégies thérapeutiques plus prudentes et, surtout, en s'assurant mieux. La charge est devenue telle pour les assurances que le gouvernement envisage la création d'un fonds public d'indemnisation financé par une taxe sur les contrats d'assurance-habitation. On peut résumer cette évolution de la manière suivante : d'une acceptation sociale du risque médical comme faisant partie d'un certain ordre des choses, et échappant comme tel à toute contestation publique et à toute évaluation financière, on est passé au refus de subir la conséquence de quelque erreur humaine que ce soit. Du fatalisme à une « victimisation » systématique. Il n'est pas sûr que cela constitue un progrès.

Le paradoxe, c'est que le développement d'une économie de la protection contre le risque coexiste avec le développement

16. En 1991, 80 000 médecins sur 600 000 auraient fait l'objet de poursuites, et le nombre des demandes d'indemnisation a plus que doublé en dix ans (chiffres cités par *Libération*, 24 août 1994).

d'une « économie du pari », à savoir d'activités productives dont les gains sont largement aléatoires : « L'audiovisuel et le spectacle en général constituent une économie du pari, que l'on retrouve aussi dans d'autres secteurs immatériels ou plus traditionnels. Elle est caractérisée par des enjeux élevés, des probabilités de succès faibles et une dépendance cruciale vis-à-vis de quelques méga-succès. Elle ressemble davantage à un jeu de hasard, comme la roulette, qu'à un jeu d'échecs [17]. » Le risque a d'ailleurs quelque chose à voir avec le jeu. Non pas seulement au sens de la « théorie des jeux », qui étudie l'application de la rationalité économique à des situations où règne l'incertitude, mais au sens de « mise en jeu », c'est-à-dire d'acceptation délibérée du risque, à l'instar du joueur de roulette russe, qui met délibérément sa vie en suspens. D'un point de vue psychologique, on peut faire l'hypothèse que l'homme éprouve une fascination pour les situations où le résultat de ses décisions est imprévisible, peut-être parce qu'il vit cette expérience comme une objectivation de sa propre liberté. On peut difficilement faire abstraction de ce genre de fonctionnements pour analyser le comportement des agents économiques, en particulier lorsqu'ils se livrent à la spéculation. Illustration supplémentaire de la diversité et de l'ambivalence des attitudes individuelles vis-à-vis du risque et de la difficulté de fonder sur elles un système de transaction et de régulation cohérent.

## 6. Une économie de l'imaginaire et du sens

La consommation fait davantage appel à des ressorts subjectifs : désir de paraître, plaisirs fantasmatiques, sentiment de liberté et de sécurité. Ce faisant, l'économie interfère plus intensément

17. Charles Goldfinger, *op. cit.*, p. 252.

avec des dimensions de l'existence humaine qui échappaient jusqu'ici largement à son emprise. A savoir tout ce qui dans la vie sociale est de l'ordre de l'immatériel, de la gratuité, du symbolique. Mais également la sphère de l'intimité, de la sexualité, tout ce qui touche à la transmission de la vie et à l'art de s'accommoder de la mort (avec le développement des soins aux personnes, de la médecine, des bio-industries). L'activité économique a de plus en plus affaire à des réalités telles que le plaisir, la beauté, les sentiments altruistes, mais aussi la séduction et la corruption. Ce que l'on appelle économie dans une société d'abondance relève moins de l'ordre de la nécessité et toujours davantage de l'ordre du sens. Les performances économiques elles-mêmes ne dépendent plus seulement de savoirs techniques spécialisés, mais également de la qualité de l'engagement personnel des travailleurs et de la mobilisation de compétences qui touchent de plus près aux couches profondes de la personnalité, telles que la créativité, la capacité à communiquer et à coopérer. Et ces compétences ont, plus que d'autres, besoin de sens pour être activées.

D'un autre côté, la désobjectivation des valeurs échangées ouvre la voie à la séduction, au mensonge et à la corruption. La publicité est une gigantesque entreprise de séduction, qui n'hésite pas à activer les pulsions les moins avouables. Entre la séduction ordinaire propre à toute activité commerciale et la corruption caractérisée, les frontières deviennent plus difficiles à tracer. Dans une économie mondialisée et dématérialisée, énormément d'argent circule, dont les contreparties réelles deviennent plus floues, plus difficiles à appréhender. Les spéculateurs de tout poil en savent quelque chose. Cette opacité constitue pour les plus malins une tentation permanente. De plus, le lien entre l'argent et le travail devenant plus lâche, les exclus de la richesse ont moins de raisons de reconnaître la consistance et la légitimité d'un ordre social dont ils sont les victimes. Les normes morales propres à l'activité économique se font plus floues, et donc également les frontières de la délinquance. Il devient difficile de maintenir une séparation étanche entre la rationalité économique et la moralité personnelle. C'est sans doute pour cette raison que l'on parle beaucoup d'éthique des affaires.

Mais le problème n'est pas d'abord, ou pas uniquement, un problème d'insuffisante moralité personnelle. Les dérèglements actuels reflètent la logique floue d'une économie qui a rompu ses attaches avec l'univers de la nécessité, de la production matérielle et de l'effort laborieux. Dans un monde économique où l'essentiel de l'activité humaine consiste à manipuler des passions et des symboles, l'autonomie de la rationalité instrumentale par rapport aux autres fondements et ressources de la vie sociale ne peut plus être maintenue.

# 9
# Le travail : un lien social relâché

## 1. Travail et identité dans les sociétés modernes

La persistance du chômage et la réduction de l'importance quantitative de l'activité économique dans l'existence humaine conduisent certains à prédire que la vie sociale cessera bientôt d'être centrée sur le travail. Avant de trancher ce point, il faut prendre la mesure de la complexité du sujet et de la multiplicité des niveaux d'analyse possibles. Ce chapitre est consacré aux conséquences anthropologiques et sociétales de l'évolution du travail, le suivant étant réservé à l'examen de ses aspects plus spécifiquement socio-politiques.

S'agissant des attitudes individuelles, il faut partir de la distinction évidente et fondamentale entre le travail (activité concrète) et l'emploi (ensemble des contreparties du travail en termes de droits sociaux et de revenu monétaire) : si certaines formes de prise de distance vis-à-vis du travail peuvent être observées, il n'en est pas de même à l'égard de l'emploi. Celui-ci demeure, plus que jamais, la condition première de l'autonomie sociale (la proportion croissante des femmes désirant non pas « travailler » – elles travaillent de toute façon beaucoup – mais occuper un emploi en est la meilleure preuve). Même si l'on se limite au travail, plusieurs acceptions du terme se présentent à l'esprit, entre une définition stricte, l'activité économique rémunérée juridiquement reconnue comme telle, et une définition élargie, toute « activité coordonnée et utile [1] », laquelle, prise au pied de la lettre, s'applique à nombre d'activités non professionnelles comme le bricolage, l'engagement bénévole dans une association ou un parti politique, etc., sans même parler du travail scolaire.

Contrairement à ce que suggère le sens commun, la notion à laquelle nous nous référons habituellement, et à laquelle nous associons spontanément un certain nombre de significations et de valeurs, n'a rien d'une catégorie anthropologique fondamentale. Les attitudes culturelles vis-à-vis du travail semblent avoir été extrêmement variables au cours de l'histoire. Comme l'ont rappelé avec insistance Hannah Arendt et, après elle, André Gorz [2], le monde grec avait une vision négative du travail économique, activité nécessaire à la survie physique de l'homme mais dénuée de toute dignité sociale, réservée aux femmes et aux esclaves. Le lieu où s'exprimaient la dignité et la liberté de l'individu, ou plutôt du citoyen, était la *polis*, l'espace public de l'action, de la parole et des arts. Les analyses d'Arendt, sur lesquelles on reviendra plus longuement au chapitre suivant, sont très stimulantes parce qu'elles offrent une perspective distanciée sur la manière dont la mentalité moderne articule spontanément l'économique, le social et le politique. Son invitation à revaloriser l'*œuvre* et l'*action* comme modalités spécifiquement humaines de l'existence, par opposition au caractère trivial, contingent et utilitaire du travail, mérite d'être prise sérieusement en considération. Cela étant, il n'est guère possible de tirer de sa réflexion des conclusions trop directes sur l'évolution de la place du travail dans les sociétés modernes. Comme elle le reconnaît elle-même, la conception grecque du travail est indissociable de l'existence de l'esclavage :

> « Les Anciens jugeaient qu'il fallait avoir des esclaves à cause de la nature servile de toutes les occupations qui pourvoyaient aux besoins

1. Christophe Dejours, « Le sens du travail », *Politis*, avril-mai-juin 1994, p. 23.
2. Hannah Arendt, *Condition de l'homme moderne*, Paris, Calmann Lévy, 1988. André Gorz, *Métamorphoses du travail*, Paris, Galilée, 1988.

de la vie [...]. Travailler, c'était l'asservissement à la nécessité, et cet asservissement était inhérent aux conditions de la vie humaine. Les hommes étant soumis aux nécessités de la vie ne pouvaient se libérer qu'en dominant ceux qu'ils soumettaient de force à la nécessité[3]. »

Il faut d'ailleurs se demander si l'ordre du raisonnement d'Arendt ne doit pas être renversé. La dévalorisation du travail chez les Grecs ne serait, dans cette optique, qu'un effet second de l'acceptation de la domination violente de l'homme sur l'homme comme donnée permanente de la vie des collectivités humaines. Ce qui rend parfaitement intelligible le mépris affiché des activités productives : la répartition des tâches entre les individus ne doit pas viser l'efficacité mais, d'abord, la réaffirmation de leur place dans une structure sociale que l'on souhaite pardessus tout préserver et renforcer. Cette subordination de l'organisation du travail à la préservation d'un ordre social hiérarchisé n'est en rien propre aux Grecs : elle a prévalu jusqu'à nos jours dans toutes les sociétés traditionnelles. Ainsi chez les Kanaks :

« [On travaille] “lorsqu'il le faut” : c'est-à-dire lorsque les règles sociales légitiment l'effort productif. Dans la société domestique, outre l'exigence d'assurer l'autosubsistance, ces règles imposent un certain nombre d'“extras”, travaux d'“utilité collective”, notamment lors des fêtes cérémonielles. Mais il est dangereux d'effectuer un surtravail pour disposer des biens matériels que son rang social ne légitime pas et, plus encore, pour acquérir des moyens de production destinés à enclencher un cycle d'accumulation productive. Les propos entendus maintes fois sur la réprobation de ces comportements, la marginalisation des “fautifs” ou, en tout cas, la crainte d'être marginalisé attestent la permanence de ces règles et de ces représentations[4]. »

Par contraste, la spécificité de la « condition de l'homme moderne » apparaît avec force : notre culture est fondée sur la reconnaissance de l'égale dignité des individus, l'illégitimité de

3. Hannah Arendt, *op. cit.*, p. 128.
4. Jean Freyss, « La société kanak en travail », *Histoires de développement*, Lyon, CIEDEL, juin 1995.

la domination par la violence et le droit pour chacun d'œuvrer librement à l'amélioration de son sort. Contrairement à toutes celles qui l'ont précédée[5], la société moderne se caractérise par le fait que l'identité sociale, en principe tout au moins, procède de l'action, et non l'inverse : je suis ce que je fais. Qui plus est, cette société a fait de l'argent, pour le meilleur et pour le pire, la médiation centrale des rapports entre les hommes. Tel est le contexte dans lequel, à vue humaine, on doit poser le problème du travail[6].

Reste que l'action ne se réduit pas au travail, et que celui-ci n'est pas le seul vecteur de l'émancipation individuelle. D'où la thématique du « temps libéré » développée par un certain nombre de sociologues. Pour Joffre Dumazedier, par exemple, le travail aurait cessé d'être l'activité la plus importante pour une majorité des citoyens des pays riches : « Deux tiers des individus, depuis le commencement de leur activité professionnelle, mettent leur intérêt majeur, leur jouissance ou leurs valeurs en dehors du travail – dans leur famille, dans les week-ends, dans les compétitions sportives, dans le culte des vedettes, dans les activités associatives de leur choix, etc.[7]. » Dans la même veine, Roger Sue

5. Rappelons l'opposition proposée par Louis Dumont entre les sociétés individualistes modernes, « qui valorisent en premier lieu l'être humain individuel » et pour lesquelles « chaque homme est une incarnation de l'humanité tout entière », et les sociétés « holistes », qui « valorisent en premier lieu l'ordre, donc la conformité de chaque élément à son rôle dans l'ensemble » (*Homo aequalis I*, Paris, Gallimard, t. 1, 1977, p. 12).

6. La rémunération monétaire du travail est encore loin d'avoir épuisé son potentiel d'émancipation des individus, et en particulier de modification des rapports entre les sexes. Les résultats d'une étude sociologique récente menée en Tunisie rappellent à quel point l'accès des femmes au salariat est un moteur puissant de changement culturel : « Contrairement à leurs mères, les jeunes femmes interrogées prennent effectivement part aux décisions concernant la gestion du budget familial. Leur situation (économique et sociale) temporaire de salariées participe donc fortement aux transformations des rapports familiaux et sociaux » (Isabel Ruiz, « Du rural à l'urbain. Travail féminin et mutations sociales dans une petite ville du Sahel tunisien », *Correspondances*, Institut de recherche sur le Maghreb contemporain, Tunis, décembre 1994).

7. Entretien avec Jean Daniel, « L'irrésistible ascension du temps libre », *Collections du « Nouvel Observateur », Ce qui ne sera plus jamais comme avant*, p. 6.

soutient que le travail n'est plus le « temps social dominant », ayant perdu à la fois sa primauté quantitative et sa domination normative (en tant que « lieu de production des valeurs dominantes du système social »)[8]. Le prétendu attachement des gens au travail ne serait que l'expression de la « satisfaction d'avoir un travail » dans une période où beaucoup redoutent le chômage, l'investissement personnel ayant tendance à se reporter sur la sphère privée, la culture et les loisirs. S'appuyant sur un corpus important d'études de terrain, Robert E. Lane défend une thèse exactement opposée à celles de Sue et Dumazedier, et n'hésite pas à conclure que « les activités de travail sont généralement préférées aux activités de loisir[9] », et notamment aux sorties en ville et à la télévision. Sans doute faut-il éviter d'être trop catégorique sur ce point, mais beaucoup de nos contemporains ont pu expérimenter, au moins à certaines périodes de leur vie, que le travail pouvait être une passion positive beaucoup plus puissante que toute forme de divertissement. Comme on l'a vu au chapitre 8, cela s'applique tout particulièrement aux chercheurs et autres travailleurs intellectuels, mais, dans l'économie du savoir qui s'annonce, l'efficacité d'un grand nombre de travailleurs reposera sur leur capacité à acquérir en permanence de nouvelles connaissances, ce qui ne peut aller sans un minimum de curiosité et de passion.

En fin de compte, on peut se demander si le fait majeur de l'évolution sociale actuelle n'est pas la diversification et l'individualisation des attitudes. Si l'on suit Alain Erhenberg[10], l'individu moderne serait soumis à l'injonction de s'accomplir personnellement, de prouver sa différence en accomplissant des « performances » dans un domaine quelconque de son existence publique ou privée. Pour des raisons évidentes, ce désir d'accomplissement passe souvent, mais non exclusivement, par le travail :

8. Roger Sue, *op. cit.*, p. 128.
9. Robert E. Lane, art. cit., p. 21.
10. Alain Erhenberg, *Le Culte de la performance*, Paris, Éd. de La Découverte, 1992.

l'importance prise par le sport ou certaines formes de loisir actif permettant la prise de risque et l'expression de soi (du karaoké au saut à l'élastique) est significative. Selon une étude récente, 60 % des Français se déclarent « passionnés » par l'un de leurs loisirs [11]. Bien plus, entre les performances économiques et les performances accomplies dans d'autres domaines, les convergences sont de plus en plus fréquemment valorisées (l'exemple le plus parlant étant celui du sport automobile). Comme on l'a déjà signalé, il est significatif que les objets phares de la consommation (téléphone, ordinateurs) puissent être indifféremment utilisés dans le travail, la vie privée et les loisirs. Tout se passe comme si nous étions amenés à développer et à valoriser des postures et des schèmes d'action qui apportent à peu près les mêmes gratifications psychologiques dans le travail et dans la vie personnelle. Cela rend compte du fait qu'il existe une substituabilité croissante entre le travail et l'investissement dans certaines activités ou passions non professionnelles, permettant la généralisation de comportements opportunistes. Un nombre croissant d'individus traversent des phases d'engagement et de désengagement vis-à-vis du travail, en fonction de l'intérêt de celui-ci, mais également des possibilités alternatives de satisfactions personnelles dans d'autres compartiments de l'existence (y compris la vie privée). Tout se ramenant peut-être simplement à cette remarque de Robert E Lane : « Le facteur principal du bonheur subjectivement ressenti est l'estime de soi, le sentiment de valoir quelque chose [12]. »

Cette observation conduit à souligner l'importance des régulations psychiques opérées par le travail. Sa spécificité par rapport aux autres contextes d'action et d'interaction socio-affective lui confère un rôle irremplaçable dans les processus d'élaboration de l'image que chacun se fait de lui-même, comme le souligne le psychiatre Christophe Dejours :

11. *L'Etat de la France*, Paris, Éd. de La Découverte, CREDOC, 1992, p. 112.
12. Robert E. Lane, art. cit., p. 19.

« J'affirme que l'identité ne peut pas se construire uniquement sur l'espace privé. La sphère de l'amour, elle-même, ne peut suffire. Aucun être humain ne peut jouer entièrement son identité dans le champ de l'économie érotique, car c'est se placer là dans une situation extrêmement périlleuse. Chacun cherche donc à former des substitutions, par lesquelles on peut reprendre ce qui n'est pas accompli dans la sphère amoureuse, et jouer cela dans un autre champ, au moyen d'un déplacement que la théorie baptise "sublimation" [13]. »

Et quel meilleur terrain que le travail pour guérir ses blessures narcissiques et stabiliser l'image de soi ? En effet, contrairement à l'échange amoureux, qui est le domaine de l'excès, du tout ou rien, le travail est, par excellence, le domaine du relatif, de l'effort patient, de la réussite partielle, il permet la construction progressive de compromis solides entre les prétentions subjectives de l'individu et le regard objectivant des autres. De plus, le travail, du moins tant qu'il n'est pas trop abstrait, ramène l'individu à la réalité de sa condition matérielle et sociale. Comme l'avait bien vu Freud (dans *Malaise dans la civilisation*), il s'agit non seulement d'une activité socialement valorisée, mais également d'une activité qui contribue mieux que toute autre à « resserrer les liens entre la réalité et l'individu ». On trouverait chez Hegel, Marx ou, plus récemment, Habermas des analyses qui, toutes, soulignent l'importance du rapport dialectique entre les deux dimensions du travail – le rapport au réel matériel et le rapport aux autres – dans ce que Marx appelle l'« auto-engendrement » de l'homme [14].

Une autre manière d'appréhender l'avenir du travail est de considérer sa place dans les fonctionnements collectifs. Outre son évidente fonction instrumentale de « facteur de production », le

13. Christophe Dejours, art. cit.
14. Karl Marx et Friedrich Engels, « *Économie II* », *Manuscrits de 1844*, Paris, Gallimard, 1968, p. 209. Sur la problématique de l'identité et de la socialisation dans les sciences humaines, voir la mise au point très complète de Claude Dubar, *La Socialisation*, Paris, Armand Colin, 1991.

travail joue en effet un rôle central comme vecteur d'intégration et de structuration de la vie sociale. Cette fonction générale pouvant se décliner en une pluralité d'aspects : le travail est, tout d'abord, fondateur d'identités collectives (le fait de se reconnaître dans un modèle professionnel) et de communautés (l'entreprise, la profession, voire la classe sociale), il contribue à l'apprentissage des comportements et règles nécessaires à la vie en société (il permet notamment de faire l'expérience de l'imbrication complexe des phénomènes de compétition et de coopération) et, enfin, il favorise l'appropriation des valeurs communes [15] (intégration culturelle et politique). C'est au regard de ces diverses fonctions que l'on peut parler d'une crise de l'intégration par le travail. Nous avons jusqu'ici surtout évoqué la crise du travail à travers le chômage et le déclin de la société salariale. Il faut dire maintenant plus précisément en quoi les changements économiques évoqués dans les chapitres précédents affectent les capacités intégratrices du travail. Nous pourrons ainsi articuler deux niveaux d'analyse complémentaires : l'un qui concerne les macro-régulations socio-économiques (la crise du fordisme évoquée au chapitre 4) et l'autre la crise socio-anthropologique du travail.

Il n'est d'ailleurs pas toujours facile de distinguer ces deux niveaux, dans la mesure où les normes et règles institutionnelles ne sont pas indépendantes de l'univers concret auquel elles s'appliquent. L'évolution du travail économique affecte ce que nous avons appelé au chapitre 5 le « potentiel normatif de l'ordre productif ». L'analyse des régulationnistes suggère que le chômage de masse et la crise du système fordiste sont caractéristiques d'une nouvelle phase du développement économique,

15. Dominique Méda souligne « le décalage qui existe entre des discours selon lesquels le travail serait le lieu d'une coopération et d'une solidarité effective et les instruments et/ou les représentations qui régissent nos rapports au travail aujourd'hui » (*Le Travail, une valeur en voie de disparition*, Paris, Aubier, 1995, p. 184). Certes, mais on ne voit pas très bien où se situe la contradiction qu'elle semble déceler entre le caractère instrumental des représentations du travail et la valorisation de ses fonctions macro-sociales.

moins favorable à la stabilité et à l'institutionnalisation des rapports entre les travailleurs et les entreprises. Mais il faut aller plus loin et se demander si ce n'est pas la nature même des activités économiques qui rend plus difficile l'institutionnalisation d'un ordre socio-productif compatible avec la régulation d'ensemble de la société. On l'a déjà noté dans la première partie, la remise à plat des droits, normes et conventions régissant l'univers du travail ne semble pas pouvoir résulter d'un renouveau de la négociation sociale au sein des entreprises. Cette impossibilité a une cause fondamentale : le caractère radicalement *non générique* de la réalité économique, sociale et culturelle du travail. L'hétérogénéité des mondes productifs ne permet plus à ceux-ci de s'agréger pour constituer un *lieu politique*, c'est-à-dire un terrain où se déterminent, par la coopération, le conflit ou la négociation, l'identité des groupes sociaux et la configuration dynamique de leurs rapports.

## 2. Salariat, entreprise et capital : vers un brouillage des catégories

Cette fragmentation de l'univers du travail a, de manière évidente, une dimension juridique. Il n'est guère utile de rappeler ici la longue liste des réformes qui, par touches successives, ont conduit à une mutation profonde du droit, au détriment de sa cohérence et de l'homogénéité des statuts professionnels. Ce que l'on sait moins, c'est que cette déconstruction délibérée s'accompagne d'un brouillage croissant des repères pratiques auxquels se réfère la substance juridique du contrat de travail. Ce brouillage concerne autant l'objet du contrat (la nature du rapport qui lie le salarié à son employeur) que l'identité des contractants.

En ce qui concerne le premier point, on sait que le critère distinctif du contrat de travail, défini par la jurisprudence plus que par la loi, est la subordination du salarié à l'entreprise dans l'exercice de son travail : celui-ci s'effectue dans le cadre d'un rapport hiérarchique, contrairement au travail indépendant. Ce critère renvoyait initialement à une réalité forte : celle de l'organisation du travail industriel. Or l'un des traits de l'évolution économique récente est l'autonomie du travail : davantage d'initiative laissée au salarié, une moindre présence de la hiérarchie, en contrepartie d'une responsabilité personnelle accrue dans le résultat obtenu. Mais la notion de salariat est également rendue moins lisible par le fait que des professions autrefois indépendantes sont plus fréquemment exercées par des salariés : « L'extension du contrat de travail à de nombreuses activités et professions qui s'exerçaient auparavant par tradition sous le statut de professions libérales (architectes, avocats, experts-comptables, etc.) ou celui de mandataires et gérants non salariés comportant des fonctions de direction et des attributions d'employeurs, brouille également les représentations classiques du salariat [16]. » Du coup, certains des attributs du salariat tendent à s'effacer : « contraintes d'horaires et de lieu de travail, soumission à des directives de travail, choix imposé des instruments de travail et même irresponsabilité financière ». Finalement, compte tenu de ce chassé-croisé, la qualification juridique du rapport de travail dépend davantage de la volonté commune des partenaires (et du rapport de forces entre eux) que de la réalité socio-économique sous-jacente.

L'identification de l'entreprise contractante fait également problème. On peut certes remarquer que l'entreprise n'a jamais existé en tant qu'objet juridique. Seules sont précisément définies certaines formes particulières de personnes morales, sociétés anonymes, SARL, associations, etc., qui ne correspondent pas nécessairement à la réalité économique et sociale de l'entreprise. En fait, le droit du travail s'est constitué par rapport à une situation

16. Thierry Priestley, « Droit du travail et régulation des rapports sociaux », *in* rapport du commissariat général du Plan, *Prospective du travail et de l'emploi à l'horizon 2015*, à paraître.

de référence dans laquelle différentes fonctions (pouvoir économique, responsabilités gestionnaires, civiles et sociales) sont concentrées sous une même responsabilité. Cette « entreprise de référence » avait une autre caractéristique importante : elle était supposée pérenne ou, du moins, avoir une espérance de vie suffisante pour prendre des engagements à moyen terme vis-à-vis de ses salariés. Le divorce est patent entre la réalité économique et cette situation de référence implicite, du fait de la faible durée de vie des entreprises dans certains secteurs, du développement de la sous-traitance, des diverses formes de partenariat, de l'internationalisation, de la structure de propriété du capital. On assiste parfois à une séparation entre l'organisation financière et l'organisation productive (holdings) ou encore au partage du pouvoir économique et social entre plusieurs entreprises (GIE et groupements d'employeurs). Dans la mesure où le savoir-faire le plus rare n'est plus d'ordre technique mais d'ordre stratégique (concevoir les produits qu'attend le marché et identifier les ressources nécessaires à leur production), on pourrait voir se développer un modèle d'entreprise « évidé » de toute activité productive et réduite à son « capital immatériel » (image de marque, réseaux commerciaux). Dans quel cadre et sur quels enjeux pourront s'affronter et négocier les partenaires sociaux si le pouvoir économique s'éloigne des lieux de production ?

Aux États-Unis, cette indétermination quant aux responsabilités des différents acteurs institutionnels résulte également d'un autre phénomène, moins sensible en France, la montée en puissance d'investisseurs collectifs (les fonds de pension). Ces acteurs d'un nouveau genre exercent une influence de plus en plus grande sur la marche des affaires sans pour autant être en position de s'investir de manière responsable dans la gestion des entreprises. Pour Peter Drucker, le capitalisme des fonds de retraite est « un capitalisme sans capitaliste » (les caisses sont gérées par des spécialistes de la finance qui n'ont rien d'entrepreneurs)[17], dont la

17. Peter Drucker, *op. cit.*, p. 89.

faiblesse provient du fait que les managers n'ont plus d'interlocuteurs stables représentant les propriétaires du capital. Or « tout organe dirigeant, qu'il s'agisse d'un État ou d'une entreprise, verse dans la médiocrité et l'inefficacité s'il n'est pas clairement responsable de ses résultats, et ce devant quelqu'un de clairement désigné ». Cette évolution serait, selon Peter Drucker, responsable de la déconnexion de la sphère financière et de l'économie réelle, et de toutes les dérives qui l'accompagnent (telles que la multiplication des OPA hostiles), à cause de l'obligation juridique faite aux mandataires de fonds de pension de privilégier des critères exclusivement financiers (ce qui implique, par exemple, d'accepter systématiquement les offres de rachat d'actions d'un *raider* à un prix supérieur au cours de la Bourse du jour).

L'une des conséquences importantes de ce brouillage des catégories réside dans le fait que les rapports de dépendance et d'exploitation entre les entreprises se superposent au rapport salarial. Il n'est plus possible de mettre en correspondance des lignes de fracture sociale, des contradictions d'intérêt économique et des situations juridiques telles qu'« employeur » et « salarié ». Cette complexification du cadre juridico-organisationnel de l'activité économique obéit à une logique précise : il s'agit d'accroître la souplesse, la réactivité et donc la flexibilité de l'organisation productive. Les acteurs dominants du marché imposent une nouvelle répartition des contraintes au sein du système, plus fonctionnelle du point de vue économique, mais surtout moins lisible et moins maîtrisable socialement. Que peut faire le droit lorsque la précarisation de certains segments du tissu productif se répercute sur la précarité du travail ? Comme le constate Alain Lebaube :

> « De l'entreprise exploitée par plus fort qu'elle, au travailleur indépendant qui supporte tous les risques, en passant par le travail précaire, on peut tirer un trait d'égalité. Tous ces phénomènes qui s'enchevêtrent, s'imbriquent et s'opposent correspondent à la même réalité ou sont les facettes contraires d'une seule et unique réponse. Ce sont

d'ailleurs logiquement les patrons les plus exposés qui sont condamnés à accélérer le processus qui les dévore [18]. »

On n'analysera pas ici dans le détail les adaptations du droit et des pratiques managériales qui pourraient être suggérées pour répondre à ces diverses formes de désordre juridique [19]. Quel que soit l'effort d'innovation des juristes, le fait demeure que cette complexité reflète le caractère non générique du travail évoqué plus haut. La logique même de l'économie contemporaine paraît s'opposer à l'établissement de règles générales de droit du travail protégeant les travailleurs contre les aléas du marché et les effets de la dissymétrie des rapports sociaux de travail. En fin de compte, c'est le caractère statutaire de la condition salariale qui est en cause. Retournement majeur quand on pense au temps qu'il a fallu pour que celle-ci s'affirme et s'homogénéise [20].

## 3. Développement des services et tertiarisation du travail [21]

On reviendra dans ce qui suit sur les conséquences du développement des services. Ceux-ci forment, on l'a dit, un ensemble d'activités hétérogènes dont les contours et les caractéristiques communes sont difficiles à définir. On peut en revanche assez clairement associer la montée des services à un ensemble d'évolutions de l'emploi et du travail. L'évolution du travail humain vers plus d'autonomie, d'interactivité et/ou d'abstraction

18. Alain Lebaube, *Social, par ici la sortie !*, Paris, Le Monde, 1993, p. 113.
19. Sur la manière dont le droit du travail pourrait s'adapter au développement de la sous-traitance, voir l'article de Marie-Laure Morin, « Sous-traitance et relations salariales », *Travail et Emploi*, nº 60, 1994, p. 23 *sq*.
20. Voir sur ce point l'ensemble du livre de Robert Castel, *op. cit.*
21. Les pages qui suivent reprennent en grande partie l'article « Quand le travail n'intègre plus », *Projet*, hiver 1993-1994.

concerne en effet, à des degrés divers, tous les secteurs de l'économie, y compris l'industrie. Sous le double effet du progrès technique et de la modification des conditions de la concurrence, le travail ouvrier lui-même intègre une part croissante de tâches intellectuelles et relationnelles. Cette tendance résulte, notamment, des mécanismes suivants :

– l'automatisation réduit les tâches matérielles répétitives et met l'ouvrier en contact avec des équipements sophistiqués dont la maîtrise nécessite des facultés d'abstraction plus importantes, ainsi qu'une capacité d'intervention autonome pour faire face aux incidents et autres aléas techniques ;

– la diminution de la taille des entreprises, l'organisation déconcentrée de la production et le recours plus fréquent à la sous-traitance entraînent un accroissement des activités d'interface et supposent une plus grande capacité des agents d'exécution à situer leur travail dans le contexte des relations de l'entreprise avec ses partenaires et son environnement ;

– enfin, l'intensification de la concurrence, les exigences des clients en termes de qualité et de délais de livraison, l'obligation de prendre en compte plus en amont les contraintes du marché obligent les travailleurs à intégrer dans leur culture du travail les objectifs commerciaux de l'entreprise.

Dans sa dimension relationnelle, la tertiarisation du travail concerne d'abord la galaxie des emplois de service, par-delà les contrastes qui ont été soulignés plus haut, dans la mesure où la plupart d'entre eux impliquent un rapport direct avec un client. En définitive, on peut retenir deux critères pour préciser la notion de tertiarisation du travail : d'une part, l'intensification des interactions sociales au sein des processus productifs (le travail est fait de relations humaines plus que de processus matériels) et, d'autre part, le fait que le métier n'est plus défini par un type particulier de produit mais par une fonction au sein d'un système. Dans son acception traditionnelle, héritée de l'artisanat, la notion de métier implique un savoir-faire précis et stable, la connaissance d'un matériau, d'un outil ou d'un geste productif. Bien que ces éléments soient toujours présents et que l'on ait plus que jamais besoin de compétences techniques spécialisées, la clef de la réussite dans une profession tertiarisée tend à se situer dans un autre registre : il s'agit d'occuper une position, de tenir un rôle en amont, en aval ou en marge des processus productifs : communicateur, vendeur, surveillant, secrétaire, thérapeute... Le terme de rôle doit être entendu ici dans ce qu'il implique d'autonomie et de créativité, de faculté d'adaptation à la manière dont les autres conçoivent leur propre rôle. Il ne s'agit plus simplement d'être le rouage neutre d'une organisation hiérarchisée, à l'instar du « bureaucrate loyal » évoqué par Robert Reich comme la figure type du cadre moyen de l'entreprise américaine du milieu du siècle[22]. Dans l'univers complexe et instable de l'économie moderne, la capacité d'intégration fonctionnelle ne résulte plus simplement d'un apprentissage et de l'acceptation d'une discipline, c'est devenu un enjeu de performance et de différenciation. Le déclin du « travailleur routinier » (Reich) de l'industrie ou des services standardisables est de toute évidence aggravé par la mondialisation de l'économie, dans la mesure où c'est sur lui que pèse la concurrence des pays à bas coûts de main-d'œuvre. Mais, dans une perspective de long terme, c'est la raréfaction globale de ce type de travail, irrémédiablement voué à être effectué par des machines de plus en plus intelligentes, qui constitue le fait majeur.

Les tendances qui viennent d'être analysées marqueront l'évolution du travail au cours des prochaines années quel que soit le rythme de la croissance économique. Elles résultent en effet des orientations fondamentales du progrès technique que nous avons analysées dans les précédents chapitres (l'automatisation des processus répétitifs et la spécialisation du travail humain dans le relationnel, l'innovation et la gestion des aléas) et des modes de consommation (l'attente des consommateurs de réponses personnalisées à leurs besoins, l'intégration aux objets de prestations

22. Robert Reich, *op. cit.*, p. 45.

immatérielles, telles que la simplicité d'usage, l'esthétique et le sentiment de sécurité).

## 4. L'éclatement du monde du travail

A bien des égards, la tertiarisation du travail est le résultat heureux de décennies de progrès industriel : elle signifie d'abord que, pour la majorité des habitants des pays développés, le travail n'est plus cette épreuve physique, pénible, monotone et abrutissante qui accaparait une trop grande part de leur existence. Dans l'ensemble, on pourrait dire que le travail est devenu plus « humain », tout au moins si l'on s'en tient à une appréciation objective de sa pénibilité et de son organisation [23], et cela devrait être logiquement la moins contestable des retombées de la croissance économique. Le paradoxe est que l'on ne peut dissocier cette « libération » de la crise de l'intégration par le travail.

La tertiarisation entraîne inéluctablement un éclatement du monde du travail. Il est largement reconnu que le développement

23. Cela n'empêche pas l'expression de frustrations et de souffrances liées au travail, comme en témoigne la dernière enquête de l'INSEE et du ministère du Travail sur les conditions de travail. Cette enquête semble montrer que la part des salariés qui souffrent de pénibilité et de nuisances dans leur emploi augmente de 1984 à 1991. Mais ce résultat pourrait tout aussi bien refléter, au moins pour partie, une moindre acceptabilité par les individus des contraintes physiques et psychologiques liées au travail, par simple effet générationnel (l'arrivée dans le monde du travail de personnes ayant bénéficié d'un meilleur confort dans leur jeunesse). Par ailleurs, comme le montre Christophe Dejours (art. cit., p. 20), la perception subjective du vécu du travail est d'abord fonction du degré de réappropriation par chacun d'une maîtrise personnelle sur les conditions et le sens de son travail : « aucun dispositif technologique ni aucune forme d'organisation du travail ne sont, par eux-mêmes et "naturellement", générateurs de santé ou de plaisir dans le travail [...] toute organisation est d'abord déstabilisatrice [...]. La santé, le plaisir au travail, l'accomplissement de soi, la construction de l'identité sont toujours des conquêtes sur la souffrance, qui constitue la composante première du rapport au travail. » Travailler, c'est d'abord subir les contraintes imposées par les autres.

de l'emploi dans certains types de services est favorisé par les inégalités salariales, comme on le voit très clairement dans le cas des services domestiques ou des soins aux personnes. Le creusement des inégalités de rémunération, constaté dans tous les pays industrialisés, s'accompagne de contrastes accentués dans les conditions de travail, la stabilité de l'emploi et les avantages sociaux qui lui sont liés. Les exigences de flexibilité des horaires, par exemple, sont très différenciées dans une économie de services. Cette segmentation des contraintes (liée notamment au développement de la sous-traitance évoqué précédemment) contribue à affaiblir les solidarités au sein du salariat et, de ce fait, favorise l'exclusion sociale.

Mais l'éclatement du monde du travail a aussi une dimension culturelle. Comme on vient de le voir, la division des tâches prend désormais la forme d'une spécialisation des fonctions au sein d'une organisation productive complexe. Or à chacune de ces fonctions correspond un type particulier d'engagement professionnel : la mobilisation psychologique et l'appropriation des objectifs de l'entreprise ne répondent pas aux mêmes exigences pour une secrétaire, un conducteur de robot ou une personne chargée du nettoyage des bureaux. Cette différenciation des modes d'implication a pour conséquence de favoriser la dissolution des solidarités collectives liées au travail. Trop éclatées, les identités professionnelles sont également trop opaques et trop instables pour servir de support à la constitution de groupes sociaux homogènes et solidaires. Le travail peut certes donner lieu à un engagement personnel intense et à des expériences de coopération très gratifiantes sur le plan relationnel. Mais ces micro-climats sociaux sont fragiles et, surtout, ils ne génèrent aucune production symbolique, ils ne font pas sens pour ceux qui n'en bénéficient pas directement. L'entreprise moderne est plus souvent une aventure qu'une institution, et les formes de socialisation qu'elle permet ne favorisent pas nécessairement l'intégration d'ensemble de la société. Comme le note Denis Segrestin, le remplacement des identités de métier par des cultures d'entreprise signifie la perte

« des référents universels, auxquels la société devait en définitive la solidité du lien social[24] ».

Cette incapacité du travail tertiarisé à médiatiser l'institution du social est bien illustrée par le fait qu'il favorise la désynchronisation des temps sociaux. Ce qui caractérise un service est en effet qu'il est simultanément « produit » et « consommé ». Il faut pour cela que certains travaillent pendant que d'autres consomment des loisirs, se font soigner, effectuent leurs achats, etc., ce qui suppose qu'eux ne travaillent pas. Environ 60 % des salariés des services travaillent parfois le samedi, contre 40 % seulement des salariés de l'industrie. La controverse sur l'ouverture des grands magasins le dimanche illustre l'actualité du phénomène. Or cette évolution, outre ses effets directs sur la vie relationnelle des travailleurs concernés, n'est pas sans conséquences pour la cohésion sociale. Un minimum de synchronisation des rythmes sociaux est nécessaire à l'existence d'une société civile distincte du marché : les gens doivent avoir la possibilité concrète de se rencontrer et de s'organiser (dans les associations et les partis, notamment) en dehors de leur travail. Si l'on n'y prend garde, non seulement le travail ne générera plus de liens sociaux stables, mais les conditions dans lesquelles il faudra l'exercer conduiront à un affaiblissement des espaces de socialisation qui échappent encore à la logique marchande.

## 5. Économie du savoir et qualification sociale

L'accent mis sur l'économie du savoir conduit fréquemment à occulter l'autre tendance de l'économie post-industrielle, à savoir son caractère relationnel. Un exemple parmi bien d'autres : on s'est récemment aperçu que l'efficacité de certains médicaments

24. Denis Segrestin, *Sociologie de l'entreprise*, Paris, Armand Colin, p. 211.

contre la douleur était plus grande lorsqu'ils étaient absorbés en présence du médecin traitant. Cette observation illustre de manière spectaculaire le contenu relationnel de l'activité thérapeutique, comme de toute prestation de service. L'adaptation des compétences à la nouvelle donne économique ne peut donc se limiter à l'augmentation générale du niveau de formation, comme on l'a trop souvent dit. Le type d'apprentissage qu'implique le développement des rapports sociaux de services est largement irréductible à l'acquisition d'un savoir spécialisé.

On appelle *compétences sociales* les compétences mobilisées dans les relations humaines, telles que le langage, la flexibilité comportementale, l'intuition stratégique, tout ce qui permet de se situer dans un environnement social complexe et, plus généralement, tout ce qui permet de s'intégrer dans un groupe et de participer à des activités collectives. Paradoxalement, le fait que l'activité professionnelle fasse davantage appel à ce type de capacités renforce les mécanismes générateurs de chômage et d'exclusion sociale. La première conséquence de l'importance prise par la qualification sociale est en effet la plus grande opacité du marché du travail. Un marché économique, on le sait, est d'autant plus efficient qu'offreurs et demandeurs disposent d'informations et de normes communes leur permettant de s'accorder sur les termes de l'échange. Appliqué au marché du travail, cela signifie que la mise en rapport des offres et des demandes de travail sera d'autant plus aisée qu'employeurs et candidats à l'embauche raisonneront sur des normes communes. L'accord sur les conditions de l'embauche suppose en effet de pouvoir s'entendre sur les qualifications nécessaires, la difficulté et la valeur économique du travail demandé. Or la qualification sociale est, par nature, plus ardue à repérer et à formaliser. Tout le système de repérage mis en place au cours des phases antérieures du développement économique (diplômes, métiers, grille de qualifications, profils de poste) devient inopérant, d'où un manque de transparence qui complique la mise en rapport des compétences et des besoins. Les désajustements entre l'offre et la demande de travail (les pénuries de main-d'œuvre qualifiée ressenties par les entreprises lorsque la croissance économique s'accélère) résultent moins d'un manque de formation des candidats à l'embauche que de la difficulté pour les employeurs d'objectiver les compétences dont ils ont besoin. L'une des conséquences de cette opacité est le recours fréquent à l'emploi précaire comme sas d'entrée dans un emploi durable. De même, le recrutement par cooptation, de plus en plus fréquent, peut constituer un moyen pour contourner cette difficulté de repérage de la qualification. Plus généralement, les critères de sélection deviennent plus subjectifs, malgré le développement de techniques visant à objectiver les caractéristiques comportementales. Cette évolution des modes de recrutement s'étend aux industries les plus classiques, comme les équipementiers automobiles : « Une grande importance est donnée à la présentation et à la façon de s'exprimer. Les loisirs, les goûts du candidat sont aussi abordés. Des tests complètent de plus en plus fréquemment la démarche, pour évaluer de façon plus objective la mémoire, la dextérité, la force physique, mais aussi le comportement[25]. » Inutile de souligner les effets pervers de telles pratiques : « Dès lors que l'apparence ou la passion prennent le pas sur le rassurant savoir-faire, les risques et les abus ne sont pas loin[26]. »

Savoir-être plus que savoir-faire, la qualification sociale d'un individu dépend de son caractère et de son histoire personnelle, de son éducation et de la qualité de sa vie relationnelle. Elle s'entretient et se renforce par toute forme de participation à des activités collectives, politiques, culturelles ou de loisir. La formation, au sens de savoir formalisé acquis à l'école ou sur le lieu de travail, n'en devient certes pas moins nécessaire, mais elle ne suffit plus. Sa transformation en compétence professionnelle suppose une capacité de mise en situation qui ne relève pas d'un

25. Armelle Gorgeu et René Mathieu, « Nouvelles usines : nouvelle gestion des emplois », *La Lettre du Centre d'étude de l'emploi*, février 1995.

26. Alain Lebaube, « Les exigences de la professionnalisation », *Le Monde*, 15 mars 1995.

apprentissage spécialisé. L'école pourrait, certes, contribuer davantage à l'acquisition des compétences sociales, comme le note un spécialiste de la formation : « Si on accorde vraiment une importance au savoir-être, il faut que la réforme des programmes soit accompagnée d'une réforme de la vie scolaire [27]. » Reste que toutes les expériences sociales de l'individu entrent en ligne de compte, ce qui fait que la probabilité de trouver du travail est d'autant plus grande que l'on est préalablement bien intégré à la société. Mais la réciproque est également vraie : l'insertion professionnelle conditionne l'intégration sociale, ne serait-ce que parce qu'il faut des revenus pour accéder aux biens culturels, pour avoir une vie relationnelle normale, etc. Cette boucle de la déqualification sociale et de l'exclusion professionnelle n'est certes pas une nouveauté [28], mais elle fonctionnait de manière plus ouverte dans un monde économique structuré par des processus matériels, lorsqu'on pouvait s'intégrer à la production par la seule vertu de l'effort physique ou par l'acquisition patiente d'un savoir-faire codifié.

La plus grande proximité entre les ressources mises en œuvre par l'individu dans sa vie relationnelle et celles qui sont requises par le travail explique le renforcement mutuel de la précarité économique et de la précarité relationnelle constaté par de nombreuses enquêtes (par exemple, le fait que 80 % des bénéficiaires du revenu minimum d'insertion sont des isolés, hommes et

27. Pierre Caspar, professeur au Conservatoire national des arts et métiers, cité *ibid.*

28. Pierre Bourdieu a pu faire remarquer avec quelques bonnes raisons que toute compétence technique est, en un certain sens, une compétence sociale : « La propension à acquérir ce qu'on appelle la compétence technique est d'autant plus grande que l'on est compétent socialement, c'est-à-dire que l'on est plus reconnu socialement comme digne, donc tenu d'acquérir cette compétence » (*Questions de sociologie*, Paris, Éd. de Minuit, 1991, cité *in* Annick Percheron, *La Socialisation politique*, Paris, Armand Colin, 1994, p. 29). Bourdieu joue ici habilement sur les différents sens du mot « compétence » pour souligner la prégnance du statut social hérité, mais son systématisme le conduit à sous-estimer la spécificité et l'autonomie relative du monde productif par rapport aux autres espaces de socialisation.

femmes seuls avec ou sans enfants). Une récente étude du CERC met en évidence une corrélation significative entre la situation familiale et la précarité professionnelle [29]. Ces résultats rejoignent l'observation que chacun peut faire dans son entourage professionnel : l'enchaînement fréquent des difficultés affectives et des difficultés professionnelles [30]. Plus le travail repose sur la communication et l'engagement relationnel, plus il requiert une bonne image de soi, laquelle suppose une sécurité affective, et donc un univers relationnel stable.

## 6. Qualité des emplois de services et indétermination des processus identitaires

Mais l'apprentissage social requis par l'organisation du travail dans la société post-industrielle concerne également les attitudes vis-à-vis du travail et les processus sociaux de reconnaissance de sa valeur. Celle-ci, n'étant plus médiatisée par la production d'objets matériels, devient plus dépendante de normes culturelles extérieures à la logique économique. C'est dans ce contexte que se pose la fameuse question de la « dignité » des emplois de service. Sans suivre complètement André Gorz lorsqu'il suggère que les emplois créés dans les services relèvent majoritairement d'une nouvelle forme de domesticité [31], il faut lui reconnaître le mérite de formuler de manière très radicale les enjeux politiques du développement des services. Pour Gorz, toutes les activités

29. CERC, *Précarité et Risque d'exclusion en France*, Paris, La Documentation française, 1993, p. 23.

30. Ce que confirme ce constat du sociologue Vincent de Gaulejac : « Les histoires personnelles de désinsertion mettent presque toujours en évidence l'existence d'une faille antérieure à la rupture sociale, d'une fragilité relationnelle ou affective qui s'est trouvée réactivée par les difficultés économiques ou professionnelles » (*Libération*, 17 février 1995).

31. André Gorz, *op. cit.*

utiles aux individus ou à la société n'ont pas vocation à entrer dans la catégorie du « travail économique ». Cette dernière qualification devrait être, selon lui, réservée aux tâches qui s'inscrivent dans une logique de « substitution productive » (c'est-à-dire dans une division du travail justifiable en terme d'efficacité productive). La substitution productive confère en effet au travail une qualité propre, une dignité sociale intrinsèque, dans la mesure où celui qui l'effectue contribue consciemment à rendre la société plus rationnelle. Or, cette condition est moins bien satisfaite dans les activités de service : pour prendre un exemple extrême, une femme de ménage ne travaille pas plus efficacement que la mère de famille qu'elle remplace, et la substitution obéit alors à une pure logique de hiérarchisation sociale. Gorz résume son point de vue en remarquant que le travail du serviteur se déroule dans la sphère privée, alors que le travail économique crée un lien entre le travailleur et l'ensemble de la société. Pour cette raison, la réponse aux nouveaux besoins qui apparaissent dans les champs de l'éducation, de la culture ou des services aux personnes, devrait selon lui relever du « travail pour soi » et se développer hors de la sphère monétaire, sur la base de l'autoproduction et du don, grâce au temps libéré par la réduction des besoins en travail économique. On peut faire plusieurs objections à l'analyse de Gorz : les tâches dont les caractéristiques s'ajustent parfaitement à son analyse sont, en fait, très minoritaires au sein des emplois de services. La plupart des nouvelles activités, y compris dans les services sociaux relationnels, mettent en jeu un savoir ou une expérience capitalisables susceptibles d'être objectivés par des formations et des diplômes. Elles n'échappent donc pas totalement à la logique de la substitution productive. Quant au vécu de ces activités par ceux qui les exercent, c'est d'abord une construction personnelle, et l'observation montre qu'elle peut être extrêmement variable. Qui plus est, le statut social d'une activité dépend moins de sa nature concrète que de la manière dont elle est organisée : c'est tout l'enjeu des processus de professionnalisation. Pour prendre un exemple évident, un geste donné n'a pas le même statut selon qu'il est accompli par un médecin ou une aide-soignante. Dans une certaine mesure, l'institutionnalisation du rapport de travail (la fiche de paie, le bénéfice des règles communes du droit social) garantit toujours *a minima* son inscription dans la sphère publique.

Quelles que soient les difficultés conceptuelles de cette anthropologie politique du travail, le fait que l'on soit amené à débattre de telles questions souligne la nouveauté de la situation par rapport au monde industriel. Le fait nouveau n'est pas tant l'apparition d'emplois peu valorisés – ceux-ci ont toujours existé –, il est dans le fait que la conquête de la reconnaissance de soi, à la fois personnellement et collectivement, par le travail ne peut plus passer simplement ni par l'acquisition d'une qualification, ni par l'effort accompli dans l'exercice de ce travail, ni même par les luttes sociales ayant pour enjeu la maîtrise de l'organisation productive et l'appropriation de son résultat. La construction identitaire dépend davantage d'une « transaction relationnelle » nécessairement complexe et aléatoire, où s'éprouve « l'identité pour autrui, c'est-à-dire la reconnaissance des compétences par un partenaire (employeur, hiérarchie, client, etc.)[32] », selon un processus dont il n'existe plus de scénario préétabli. L'expérience en est faite dès l'embauche, lorsque « savoir se vendre, se mettre en valeur, est devenu aussi important que [...] de travailler ».

Le jeu devient beaucoup plus risqué pour les individus et, autre caractéristique importante de l'économie post-industrielle, il dépend davantage de normes culturelles extérieures à la logique économique. Le regard de la société (à commencer par celui des clients ou usagers des services) sur ceux qui exercent les tâches en question, les modèles sociaux transmis par l'éducation et la culture constituent autant de variables susceptibles de faciliter ou de compliquer le travail de construction d'une identité professionnelle. Conséquence : toutes les sociétés ne disposent pas des

32. Claude Dubar, « Le travail, lieu des constructions identitaires », *Projet*, nº 236, hiver 1993-1994, p. 47-48.

mêmes ressources culturelles pour faire face à la recomposition des rôles sociaux qu'implique la modification de la structure de l'emploi. En France, contrairement au Japon et aux États-Unis, la faible reconnaissance de la qualification sociale des tâches d'exécution rend particulièrement sensible à la dépendance personnelle qu'elles impliquent, ce qui accentue leur dévalorisation[33]. Lorsqu'on parle de la responsabilité du système de formation dans le chômage des jeunes, on a trop tendance à oublier que l'école a également une responsabilité dans la production de normes sociales compatibles avec les réalités du monde du travail. De ce point de vue, comme on l'a déjà noté dans un précédent chapitre, les valeurs individualistes et méritocratiques inculquées par le système scolaire, la valorisation unilatérale de la rationalité et des performances techniques, le silence fait sur tout ce qui conditionne pratiquement la capacité de vivre et d'agir ensemble, sans oublier l'occultation des ressources culturelles et spirituelles qui pourraient permettre à chacun de se construire une identité personnelle plus résistante aux aléas de la vie professionnelle[34], sont autant d'éléments qui pèsent bien davantage que l'inadaptation de certains contenus d'enseignement. Il est pourtant bien rare qu'on les évoque lorsque l'on s'interroge sur les liens entre l'école et le chômage.

33. Philippe d'Iribarne, *Le Chômage paradoxal*, *op. cit.*

34. Voir sur ce point Patrick Boulte, *Individus en friche*, Paris, Desclée de Brouwer, 1995. Boulte insiste sur le fait que l'intensification de la compétition économique entre les individus s'accompagne d'une « pénurie des moyens les plus communs de l'identification », ressources culturelles, rôles sociaux et activités grâce auxquels toute personne peut construire une « idée satisfaisante d'elle-même ».

# 10

# Le travail au cœur de la nation

Le caractère massif des phénomènes d'exclusion pose crûment la question des fondements socio-économiques de la citoyenneté. Question qui se décompose en deux : premièrement, jusqu'à quel point les droits politiques des individus sont-ils dissociables de leurs droits sociaux ? Deuxièmement, ces derniers peuvent-ils être reconnus et honorés indépendamment de toute participation effective de leurs titulaires à la production de la société ? Encore n'est-ce là qu'un aspect partiel du problème politique que pose l'évolution du travail, car la crise de la société salariale ne se résume pas à la montée de l'exclusion. La précarisation de l'emploi concerne désormais une bonne partie des classes moyennes, dont elle menace l'identité et les espérances, risquant, à terme, d'affaiblir sa confiance dans le système politique. La déstabilisation du monde salarial menace d'inverser un processus d'intégration, de généralisation d'un mode de vie et d'extension des protections et droits sociaux qui semblait irrésistible. Avant de revenir plus en détail sur les conséquences politiques de cet ébranlement et de discuter des perspectives de réforme qu'on peut lui opposer, il n'est pas inutile de faire un détour socio-historique pour prendre la mesure de la spécificité du lien social créé par le travail et de son importance dans la conception moderne du lien politique.

## 1. Spécificité du lien politique

Rappelons d'abord la distinction entre « *la* politique comme système du pouvoir institué et *le* politique comme rapport des sociétés à leur propre indétermination et comme mode de liaison des divers ordres [économique, social, culturel…] [1] ». Cette formulation a le mérite de souligner, dans la ligne de Hannah Arendt, que le politique a pour fonction de permettre aux communautés humaines de faire face à leur fragilité et à l'incertitude radicale qui pèse sur les conditions de leur survie et de leur autonomie (cf. *infra*). Comme le note encore Caillé, le politique est « autant visée d'un avenir commun qu'acceptation d'une tradition héritée [2] ». Malgré la clarté de ces définitions, la nature spécifique du lien politique n'est pas facile à saisir dans la réalité. Il y a d'ailleurs à cela une raison essentielle : le lien politique n'existe jamais à l'état pur ; il se manifeste presque toujours, historiquement, sous les traits ambigus du sentiment national. Dans le monde moderne, la nation ou, mieux encore, l'« État-nation » est le lieu naturel de la vie politique. Vérité que l'on a parfois tendance à méconnaître au nom d'une conception volontariste du lien politique, comme si celui-ci pouvait résulter d'un choix collectif reposant sur des motifs purement éthiques ou rationnels. L'idée de nation peut être, certes, légitimement suspectée. Elle charrie trop d'histoires dramatiques et de passions inavouables, et rappelle trop explicitement l'existence de liens prépolitiques, linguistiques, culturels, voire ethniques, entre les hommes. Mais il s'agit d'un mauvais procès, dans la mesure où la nation a précisément

1. Alain Caillé, *La Trahison des clercs*, Paris, Éd. de La Découverte, 1993, p. 255.
2. *Ibid.*, p. 262

pour raison d'être de transcender les communautés ethniques dans un projet tourné vers l'avenir. Elle est, par nature, à la fois un héritage et une création artificielle des hommes : « La nation n'est pas définie seulement par une "culture" commune objectivement observable mais aussi par la "volonté" d'une catégorie de personnes de constituer une nation et de se reconnaître certains droits et devoirs mutuels en vertu de leur adhésion [3]. » Dit d'une autre manière : « On peut analyser en termes sociologiques la nation comme un processus d'intégration de la société par la politique. »

La nation se bâtit à partir du matériau constitué par la conscience identitaire d'une communauté, mais elle implique son dépassement dans un « projet national » nécessairement rationnel et orienté vers l'avenir. Elle s'appuie sur les formes d'agir ensemble expérimentées dans le passé et vise à les remplacer par des repères identitaires explicites (un drapeau, un hymne national) auxquels tous peuvent adhérer. Telle est l'opération fondamentale du politique, en tant qu'il trouve dans la nation son cadre et son expression privilégiés, même si le politique ne se confond nullement avec le national [4]. La notion de « contrat social » dit bien la visée utopique d'instituer l'entité politique sur une base volontaire, en vue de la réalisation d'un projet de vie commune. Le politique est donc à la fois ancré dans le passé et tourné vers l'avenir : il se nourrit d'actes fondateurs plus ou moins mythifiés, tels que la Révolution française, mais il n'en risque pas moins de dépérir ou de se dénaturer sans projets positifs. La logique du projet, qui fédère les différences et relativise les unités préformées, est constitutive du politique. Si celui-ci a vocation à instituer le social, encore faut-il que la décision de vivre et d'agir ensemble ait un contenu concret suffisamment rationnel pour

3. Dominique Schnapper, *La Communauté des citoyens*, Paris, Gallimard, 1994, p. 39.

4. Il existe des « unités politiques » qui ne sont pas des nations (empires, confédérations, etc.). En fait, c'est l'Etat plus que la nation qui définit l'« unité politique moderne ». Sur tous ces points, voir *ibid.*, p. 28 *sq.*

nourrir les prises de parole qui donnent corps à l'espace public. C'est à ce niveau que la question politique rejoint celle du travail.

## 2. La nation comme espace d'échange économique

Comme l'observe Dominique Schnapper :

> « Même s'il ne faut pas opposer sommairement la démocratie antique à la démocratie moderne, la vocation guerrière et religieuse de la première à la vocation essentiellement économique de la seconde, la démocratie moderne est née d'abord de la revendication de la liberté de l'individu, agissant comme acteur économique contre la société politique, de l'effort pour garantir la liberté de l'homme privé, en réduisant la sphère d'intervention de l'État[5]. »

Historiquement, les nations modernes ont partie liée avec le marché. L'affinité est évidente entre le caractère impersonnel du lien politique et l'intégration fonctionnelle des individus assurée par l'échange marchand. La nation est une « communauté culturelle formée d'individus qui ne se connaissent pas[6] », l'anonymat y est la condition ordinaire d'un rapport social renvoyant constamment à la relation avec la puissance politique et dont la médiation omniprésente est l'argent. Partout en Occident, l'État et le marché se sont développés parallèlement, avant de s'opposer, accompagnant dans leurs registres respectifs l'affirmation de l'individu, son émancipation par rapport aux communautés d'appartenance (famille, village, ethnie, groupe religieux) et le renforcement conjoint de l'idée de nation. Définir la nation comme espace d'échange économique constitue l'autre grande

5. *Ibid.*, p. 93.
6. Jean Leca, « Nation », in *L'État du monde*, Paris, La Découverte, 1993.

idée politique de l'époque des Lumières, à la fois alternative et complémentaire de celle de contrat social, tout aussi utopique et tout aussi fondatrice. Idée que l'on associe généralement au nom d'Adam Smith, pour lequel, on aurait tort de l'oublier, la nation est le cadre évident et intangible de la philosophie sociale. Adam Smith ne cherche pas à définir ce qu'est la nation, mais seulement à montrer comment l'économie répond pratiquement à la question du vivre ensemble posée par son existence empirique. Ainsi commence la *Richesse des nations* :

> « Le travail annuel d'une nation est le fonds primitif qui fournit à sa consommation annuelle toutes les choses nécessaires et commodes à la vie ; et ces choses sont toujours ou le produit immédiat de ce travail, ou achetées des autres nations avec ce produit. Ainsi, selon que ce produit, ou ce qui est acheté avec ce produit, se trouvera être dans une proportion plus ou moins grande avec le nombre des consommateurs, la nation sera plus ou moins bien pourvue de toutes les choses nécessaires ou commodes dont elle éprouvera le besoin[7]. »

Smith se réfère à la nation, mais en fait il pense surtout aux besoins des individus qui la constituent, et il réévalue tout à partir de là, y compris la justice, la guerre, les institutions... Sur ce point comme sur d'autres, il a fait école : le discours politique moderne est dispensé de dire ce qu'est la nation. Celle-ci n'est implicitement qu'un espace protégé de la violence où chacun peut poursuivre librement des buts qui lui sont propres, c'est-à-dire, principalement, s'enrichir grâce à son travail. Il faudrait analyser en détail, ce qui dépasse le cadre de ce livre, comment cette conception de la nation domine le débat public, amenant à privilégier certains thèmes de dispute et à en éliminer d'autres. En France, le débat droite/gauche s'était structuré autour des questions de production (qui est le meilleur gestionnaire ? quel doit être le rôle de l'État dans l'économie ?), de fiscalité et de répartition, d'égalité des chances, de libertés publiques et de laïcité. Non

7. Adam Smith, *op. cit.*, p. 33.

que les hommes politiques ne s'essaient pas périodiquement à parler de la nation en termes d'identité héritée, de modèle culturel et de projet historique, mais il est rare que ces thèmes soient abordés en eux-mêmes, sans rapport avec des thèmes économiques. Les problèmes à caractère moral ou identitaire ont besoin d'être traduits en termes socio-économiques, ou de droits individuels, pour être discutés d'un point de vue politique. Il est significatif, par exemple, que les questions de moralité individuelle n'entrent pas dans le champ du politique, sauf si elles interfèrent directement avec l'intérêt du contribuable, ou encore que les questions d'éthique et de déontologie culturelle, qui doivent impérativement être traitées collectivement (bio-éthique, audiovisuel...), aient été confiées à des autorités administratives indépendantes et soustraites au débat public. Le champ du débat politique légitime tend à se réduire progressivement aux questions socio-économiques. Du coup, le terrain identitaire est abandonné à des entreprises politiques en rupture de consensus démocratique, qui ne respectent plus le tabou de la rationalité affichée des projets et de l'évitement de la violence : intégrismes, nationalismes et populismes.

La nation n'a-t-elle donc le choix qu'entre l'affirmation de sa puissance, source de violence, interne et externe, et la neutralisation de l'espace public par l'économie ? L'histoire de ce siècle semble en fournir maintes illustrations. La nation, par l'une ou l'autre voie, a besoin d'action : pas seulement vivre, mais agir ou produire ensemble. Elle se définit par une mise en mouvements, une inscription volontariste dans l'histoire. Le caractère extraverti de son affirmation identitaire la distingue d'ailleurs fondamentalement de l'ethnie. Même si cela peut paraître paradoxal, sa particularité est en expansion, tendue vers l'universel. Historiquement, c'est le produit de l'individualisme démocratique et de l'âge industriel, sous le double signe de l'émancipation et de la puissance :

> « L'universalisme construit doublement la nation : politiquement en faisant le résultat de l'"autodétermination" synonyme d'affranchissement démocratique, et scientifiquement en proposant des "théories"

> de la nation, communauté imaginée et construite pour répondre aux exigences fonctionnelles de l'âge industriel ou du développement des communications sociales à partir de différents ingrédients ethniques, religieux ou linguistiques, pour produire une "puissance" politique et pas seulement une unité culturelle[8]. »

Elle a donc incontestablement partie liée avec l'économie.

Le problème central vers lequel nous conduit toute notre réflexion est de savoir si, en tant que « communauté imaginée » se projetant dans l'avenir, elle peut se nourrir de projets rationnels qui ne soient pas uniquement des projets économiques sans être pour autant des projets guerriers. Telle est, en tout cas, la question posée par le ralentissement de la croissance et la crise de l'intégration par le travail : comment penser le bien-être et, plus généralement, les *objectifs rationnels* que doit se donner une collectivité politique autrement que sous la forme d'une croissance indéfinie de l'économie monétaire ? L'une des raisons fondamentales du dépérissement du politique, sur lequel on reviendra longuement dans la partie suivante, est la subordination de tous les projets collectifs au projet central que représente la croissance économique. Subordination de la culture, de l'éducation, mais aussi, dans une large mesure, du social lui-même, dont témoigne l'incapacité plusieurs fois soulignée dans cet ouvrage d'imaginer d'autres solutions au problème du chômage que l'accélération de la croissance.

Subordination qui peut, certes, prendre des visages très contrastés : dans la France saint-simonienne de l'après-guerre, la croissance économique était fortement revendiquée comme une finalité consciente et substantielle de l'organisation politique. Pour les libéraux vraiment conséquents, en revanche, seuls les droits et intérêts individuels sont affichés, et toute finalité collective apparente, fût-ce la croissance, ne peut être que le résultat constaté *ex poste* du libre jeu des comportements économiques. Dans les deux cas, cependant, le projet de rationalisation de l'agir

8. Jean Leca, in *Pouvoirs*, n° 57, 1991, p. 36.

ensemble, qui constitue l'essence du politique, est confisqué par l'économique, que ce soit en tant que principe régulateur ou en tant qu'objectif englobant supposé contenir l'ensemble des buts concrets que pourrait se fixer la nation. Est ainsi occultée l'opération spécifiquement politique de hiérarchisation et de coordination d'activités poursuivant une pluralité d'objectifs individuels ou collectifs distincts et éventuellement contradictoires.

La question se pose avec acuité à l'Europe. Est-elle irrémédiablement vouée à être un non-projet, un espace neutralisé dans lequel le consumérisme et l'insignifiance technocratique pourraient se donner libre cours ? Rien n'interdit, en principe, d'espérer qu'elle puisse devenir un espace d'émergence de projets collectifs, c'est-à-dire un véritable espace politique. Mais cela n'adviendra pas naturellement sous l'effet du développement des échanges, ni par la seule vertu de réformes institutionnelles : sans acteurs politiques européens, sans débat sur des projets (et pas seulement sur des mécanismes régulateurs), pas d'Europe politique. Plus fondamentalement, l'Europe n'existera qu'en explicitant ses tâches historiques : la puissance économique est certes désirable, mais pour quoi faire ? Au cours de l'histoire, les empires informes ont toujours fini par succomber sous les coups de petites nations sachant clairement ce qu'elles voulaient. La définition d'une politique de défense au service d'une politique étrangère commune, elle-même au service d'une vision cohérente de ce que pourrait être un ordre international compatible avec les idéaux de la démocratie, aurait dû logiquement constituer la prochaine étape de la construction communautaire, avant la monnaie commune.

## 3. La confusion des fins et des moyens comme vertu politique de l'argent

L'une des raisons principales de la force et de la légitimité du principe économique tient à sa neutralité. On peut toujours, sans le connaître et sans être obligé de lui prêter des opinions ou des goûts particuliers, supposer que son prochain a des intérêts économiques. De ce fait, la domination de l'économie a quelque chose à voir avec la laïcité. Celle-ci est, certes, d'abord la conséquence de la définition politique de la nation. Comme le note Dominique Schnapper : « Le principe de la laïcité est constitutif de la nation démocratique, dans la mesure où c'est le politique et non le religieux qui assure le lien social[9]. » La laïcité n'est pas antireligieuse, elle signifie l'abstention du politique sur les valeurs et les fins ultimes que chaque homme doit pouvoir se fixer librement. Mais il faut alors s'interroger sur ce qui rend pratiquement possible cette abstention : quel est le but commun qui rend fonctionnellement inutile le bien commun métaphysique ou moral ? La réponse est simple : dans les sociétés modernes, le seul « bien » vraiment commun est l'ensemble des droits fondamentaux reconnus à chaque individu, à commencer par la liberté de poursuivre des buts qui lui sont propres. C'est là une différence majeure avec la cité antique, telle qu'Aristote en fait la théorie, fondée sur une hiérarchisation des « biens » et la nécessité pour les hommes de poursuivre ensemble un bien commun supérieur à tous les autres (cf. chapitre 14). Comme le remarque Pierre Manent, la modernité politique se caractérise par la substitution des droits de l'individu au bien commun :

9. Dominique Schnapper, *op. cit.*, p. 122.

> « L'individu avec sa volonté n'apparaît pas comme tel comme thème dans *La Politique* d'Aristote. Les vrais éléments de la cité, ce sont les buts, ou les motifs de l'action des individus, c'est-à-dire les biens. Le "pluralisme" ou, si l'on veut, le "libéralisme" d'Aristote ne réside pas dans la reconnaissance des droits égaux des libres individus, mais dans l'affirmation de la présence simultanée de biens divers et inégaux dans la même cité, et dans la recommandation que participent, inégalement bien sûr, au gouvernement ou aux magistratures les groupes particulièrement attachés à ces divers biens et donc particulièrement aptes à les produire ou, du moins, à les préserver [10]. »

Mais pour que le droit de chacun de poursuivre ses propres buts suffise à définir la communauté politique, encore faut-il que ce principe génère des interactions positives entre les individus : tel est précisément le cas si les individus ont des objectifs utilitaires, dans la mesure où ils doivent coopérer pour tenter de les atteindre. On pourrait aller jusqu'à dire que l'une des fonctions majeures de l'économie est de rendre pratiquement possible la laïcité. En tant qu'il n'oblige à aucune présupposition sur les buts ultimes poursuivis par l'autre, l'échange économique constitue le fondement le plus sûr du consentement à vivre ensemble dans une société divisée sur l'interprétation métaphysique de l'existence et la hiérarchie des valeurs personnelles. La motivation la plus neutre et la plus prévisible, c'est la recherche de son propre intérêt. Dans son livre *Les Passions et les Intérêts* [11], Albert O. Hirschman a bien montré comment l'utilitarisme économique, ou plus exactement la recherche de l'intérêt individuel, a été consciemment valorisé par toute une lignée de philosophes comme un principe susceptible de fonder la paix sociale et de soustraire l'existence collective à la violence des conflits religieux et à la passion du pouvoir. Moralement suspect, l'intérêt fut progressivement légitimé comme facteur de refroidissement

10. Pierre Manent, *op. cit.* , p. 241.
11. Albert O. Hirschman, *Les Passions et les Intérêts*, Paris, Presses universitaires de France, 1989.

des passions collectives, notamment religieuses, et de pacification des rapports sociaux. Globalement, il faut reconnaître que cette entreprise pacificatrice a réussi, même si, comme Jean-Pierre Dupuy l'a fait remarquer, la violence reste bel et bien présente et menaçante au cœur des mécanismes de l'économie de marché [12].

Dans *Philosophie de l'argent*, Georg Simmel propose une autre approche du lien entre économie et laïcité. Ce que remarque Simmel, c'est tout simplement que l'argent a la capacité d'occuper la place de Dieu comme médiateur et référent du rapport entre les personnes. Cette capacité est liée au fait que l'argent est perçu comme un moyen universel, susceptible d'être mis au service de n'importe quelle finalité : « Il est le moyen absolu, qui, pour cette raison même, s'élève à la signification psychologique d'une fin absolue. » En tant que moyen-fin absolue, l'argent assure dans les sociétés modernes la fonction proprement religieuse de mise en rapport, d'unification de toutes les diversités et les contradictions du monde : « L'argent, moyen absolu et donc lieu de rencontre d'innombrables séries téléologiques, a des rapports significatifs, psychologiquement, avec l'idée de Dieu [...], expression absolument suffisante de toutes valeurs, il s'élève à une hauteur abstraite au-dessus de toute la vaste multiplicité des objets, il devient le centre où les choses les plus opposées, les plus étrangères, les plus éloignées trouvent leur point commun et entrent en contact. » A l'appui de cette thèse, le constat d'un conflit latent, ou du moins d'une concurrence, entre les religions et la régulation sociale par l'argent : « L'hostilité envers l'argent, souvent témoignée par la mentalité religieuse ou ecclésiastique, peut se rattacher à ce sentiment instinctif de l'analogie psychologique

12. Dans *Le Sacrifice et l'Envie* (*op. cit.*), Jean-Pierre Dupuy souligne le fait que certains comportements économiques sont contaminés par les attitudes irrationnelles qui sont à la source de la violence collective. Il fonde son analyse sur l'importance des mécanismes d'imitation en matière de consommation et de spéculation financière. Par ailleurs, la froideur de l'intérêt n'élimine jamais la passion qui naît de l'envie. Reste que l'économie projette les passions dans le domaine du calculable, ce qui les rend plus facilement maîtrisables.

entre la plus haute unité économique et la plus haute unité universelle, et à l'expérience du risque de concurrence entre l'intérêt pour l'argent et l'intérêt religieux[13]. »

Il n'est pas indifférent de remarquer que la résurgence de la question de la laïcité intervient dans le contexte d'une crise de l'intégration par l'économique. Tout se passe comme si l'utilitarisme économique était le seul sens global auto-institué accessible aux sociétés humaines, la seule véritable alternative à la subordination du politique au religieux. Le dépassement de cette alternative n'est pourtant pas hors de portée pour la démocratie : si l'économie ne convient plus dans le rôle du « bien commun », rien n'interdit de chercher à identifier d'autres « biens communs politiques » compatibles avec les idéaux de la démocratie moderne. On y reviendra.

## 4. Nécessité politique d'une socialisation par le travail ou l'activité

Mais l'économie, ce n'est pas seulement l'échange monétaire. Tout éducateur à qui un enfant demande de l'argent de poche sait d'instinct qu'il est dangereux de dissocier l'argent du travail. Assez spontanément, la plupart des parents font des réponses du type : « Tu auras de l'argent quand tu pourras le gagner, quand tu en connaîtras le prix. » Ce qu'ils ont en tête, c'est que l'argent pourrait donner à l'enfant le sentiment illusoire d'une liberté sans contrepartie. L'adulte sait que l'argent ne rend vraiment libre que lorsqu'on le gagne par ses propres moyens.

Par-delà cette sagesse élémentaire, il existe un motif plus subtil pour ne pas déconnecter l'échange monétaire (la consommation) du travail, qui a trait aux structures relationnelles induites par ces

13. Georg Simmel, *op. cit.*, p. 282-283.

deux formes de participation au monde économique. Comme le rappelle Simmel, le rapport au réel et aux autres hommes créé par le médium monétaire est à la fois très puissant et très réducteur. L'argent est, certes, par essence, relation. C'est même « la réalisation la plus claire de la formule de l'être universel, d'après laquelle les choses prennent sens les unes au contact des autres et doivent leur être et leur être-ainsi à la réciprocité des relations dans quoi elles baignent[14] ». La formule vaut pour les objets qui s'échangent contre de l'argent, et elle vaut également pour les hommes, que l'argent contribue à mettre en rapport. Mais cette mise en équivalence est mutilante : l'argent ne met en relation que des fragments éclatés de la réalité sociale (marchandises ou contenus existentiels) et non les personnes morales considérées dans leur intégralité. Celles-ci sont au contraire « libérées », c'est-à-dire affranchies de tout lien trop contraignant. Le principe de cette libération, longuement analysé par Simmel, c'est que l'argent nous met en interdépendance potentielle avec une multitude de personnes et affaiblit l'importance des liens de dépendance privilégiés qui nous attachent à telle personne ou tel groupe limité : par l'argent, nous pouvons disposer des services de personnes qui nous sont indifférentes et à qui nous ne devons rien d'autre. L'argent opère ainsi une intégration fonctionnelle des individus, mais il ne les « relie » pas vraiment : « Il crée certes des relations entre les humains, mais en laissant les humains en dehors de celles-ci[15]. »

Par opposition, l'intégration par le travail concerne les personnes dans leur intégralité. Il nécessite en effet des formes complexes et durables de coopération qui les engagent plus complètement en tant qu'acteurs conscients du devenir collectif. Pour reprendre l'une des thématiques de Simmel, l'argent s'inscrit de manière totalement neutre dans les « séries téléologiques » (c'est un pur « moyen », sans finalité prédéterminée), alors que

14. *Ibid.*, p. 122.
15. *Ibid.*, p. 373.

le travail inclut dans son processus sa propre dimension téléologique : on parle d'ailleurs volontiers de « sens du travail », ce qui n'est qu'une manière de dire que ses finalités sont toujours, au moins pour partie, présentes dans son contenu. Le travail crée donc entre les personnes des liens plus durables et plus riches que l'échange monétaire.

Que se passe-t-il lorsqu'on verse, sans rien exiger en contrepartie, un revenu à des personnes n'ayant jamais travaillé ? On en a une idée avec le comportement de certains jeunes adultes bénéficiaires du revenu minimum d'insertion : ils s'habituent à ce que la société leur doive un minimum de ressources et s'installent très vite dans une attitude passive et revendicatrice : le lien avec la société est d'emblée faussé, perçu comme pur rapport de dépendance. L'exemple de la « loi sur les pauvres » (la loi de Speenhamland), en vigueur en Grande-Bretagne de 1795 à 1834, est bien connu [16], notamment grâce à l'importance historique que lui attribue Karl Polanyi dans la genèse des idées libérales. Si l'on en croit Polanyi, les conséquences sociales et culturelles de cette première expérience historique d'un revenu d'existence auraient été proprement catastrophiques :

> « Speenhamland fut un instrument infaillible de la démoralisation populaire. Si une société humaine est une machine qui agit d'elle-même pour perpétuer les modèles sur lesquels elle est construite, Speenhamland fut un automate destiné à détruire les modèles susceptibles de fonder n'importe quel type de société. Cette loi ne fit pas qu'encourager les tire-au-flanc et ceux qui voulaient tirer parti de leur insuffisance prétendue, elle augmenta les séductions du paupérisme pour un homme au moment critique précisément où il s'efforçait d'échapper au sort des misérables. Une fois l'homme entré à l'asile

16. « Voici ce que disait la fameuse recommandation des magistrats : quand la miche d'un gallon de pain d'une qualité déterminée “coûtera 1 shilling, alors chaque pauvre et industrieuse personne aura pour son soutien 3 shillings par semaine, fournis soit par son travail ou celui de sa famille, soit par une allocation tirée de l'impôt pour les pauvres [*poor rates*], et pour le soutien de son épouse et de chaque membre de sa famille, 1 shilling 6 pence ; quand la miche d'un gallon coûtera 1 shilling 6 pence, alors il recevra 4 shillings par semaine, etc.” » (cité par Karl Polanyi, *op.cit.*, p. 114).

(il y entrait d'ordinaire si lui et sa famille avaient passé un certain temps à "vivre des impôts"), il était pris au piège et pouvait rarement en sortir[17]. »

Les libéraux britanniques tireront argument de cet échec pour défendre la liberté du travail et le libre jeu du marché : jamais peut-être l'idée de « valeur travail » dont a hérité la science économique naissante, qui a eu pour fonction idéologique, comme l'a bien montré Louis Dumont, d'ancrer l'autonomie sociale de l'individu sur sa capacité productive[18], n'aurait émergé sans cette expérience historique fondatrice. Pour l'essentiel, la leçon reste valable : l'argent concrétise l'autonomie sociale des personnes, mais seul le travail a vocation à la fonder. Est-il besoin de le souligner ? Cette vérité n'est d'aucun secours si la grande majorité des individus ordinaires (sans handicaps particuliers) n'a pas effectivement accès au travail dans des conditions socialement acceptables.

Le travail ne se contente pas de conférer une légitimité objective à l'autonomie de l'individu dans la sphère de l'échange monétaire, donnant ainsi un contenu concret à sa liberté formelle de citoyen, il contribue également à la qualité de sa participation effective à la vie sociale. En tant qu'expérience quotidienne faite d'interactions sociales fortement structurées, c'est un vecteur irremplaçable d'apprentissage et d'intériorisation des codes sociaux (le respect des engagements, des horaires, le sens de la propriété...). Il permet en outre de s'approprier une idée, même partielle, du bien commun (la satisfaction des clients, par exemple). Dans une société centrée sur l'économique, le déficit de socialisation par le travail porte donc atteinte au lien civil (que l'on pourrait définir comme l'ensemble des valeurs, normes et routines comportementales qui sont mises en jeu dans l'ordinaire des rapports sociaux, le savoir-vivre au sens large du terme[19]) et au lien politique (qui fait que l'on

17. *Ibid.*, p. 140.
18. Louis Dumont, *op. cit.*
19. Voir sur ce point Bernard Eme, *Le Travail, creuset du lien civil*, CRIDA-LSCI, recherche réalisée sur les régies de quartier pour le ministère de l'Équipement.

se reconnaît des droits et des devoirs vis-à-vis de la collectivité dans son ensemble et que l'on se sent concerné par les affaires publiques). On constate d'ailleurs que les difficultés d'intégration professionnelle des jeunes ont un impact sur leurs comportements politiques : ils continuent, certes, à voter en assez grand nombre, mais leurs préférences sont plus instables et ils ont une plus grande propension à choisir les partis protestataires. Et ce d'autant plus qu'ils sont en marge du monde du travail. Comme le résume Annick Percheron : « L'incivisme des jeunes a d'abord pour cause leur non-existence sociale [20]. » Rappelons pour finir que Durkheim avait fait de l'expérience de l'interdépendance le fondement de la solidarité dans les sociétés modernes [21]. La redistribution des ressources peut, certes, être fondée dans son principe par l'existence d'une dette de chacun vis-à-vis de la collectivité, mais elle n'est pratiquement acceptable qu'en tant qu'elle exprime une solidarité de fait suffisamment perceptible, un tissu de rapports humains concrets de coopération et d'acculturation réciproque, qui, dans nos sociétés, ont pour principal substrat l'échange économique. Le travail n'est donc pas seulement au cœur des mécanismes financiers de l'État-providence, il a également pour fonction d'ancrer le sentiment de solidarité dans le monde vécu.

Reste à s'interroger sur la manière dont l'évolution du travail affecte son rôle politique. Pour que le travail soit le vecteur d'interactions positives entre les individus, il faut qu'il possède des qualités, des propriétés structurelles particulières. Durkheim lui-même avait noté que la division du travail ne peut fonctionner comme principe de cohésion sociale que si elle satisfait à certaines exigences. Deux conditions, notamment, sont soulignées par Durkheim, que l'on pourrait appeler « condition de sens » et

20. Annick Percheron, *op. cit.*, p. 171. Les quelques indications qui précèdent s'appuient sur des données chiffrées citées dans cet ouvrage.

21. Rappelons que, pour Durkheim, le développement économique permet en effet le remplacement progressif de ce qu'il appelle la « solidarité mécanique » ou « solidarité par similitude », fondée sur le sentiment d'appartenance et la « conscience commune », par une « solidarité organique », fondée sur la libre coopération dans l'intérêt de chacun.

« condition d'équité ». La condition de sens requiert que le travail participe à une œuvre commune qui dépasse l'horizon individuel du travailleur : « Ce n'est donc pas une machine qui répète des mouvements dont il n'aperçoit pas la direction, mais il sait qu'ils tendent quelque part, vers un but qu'il conçoit plus ou moins distinctement. *Il sent qu'il sert à quelque chose*[22] », ou encore que ses actions « ont une fin en dehors d'elles-mêmes ». On peut supposer que cette fin, si vaguement désignée, n'est autre que le devenir historique de la société ou de l'humanité. Durkheim évoque ici l'inscription du travail dans l'histoire, seul sens immanent de la « cité des hommes[23] ». La condition d'équité, quant à elle, peut être ainsi formulée : la place de chaque individu dans la division du travail doit être perçue par lui comme correspondant à ses capacités naturelles : « En un mot, le travail ne se divise spontanément que si la société est constituée de manière à ce que *les inégalités sociales expriment exactement les inégalités naturelles.* » Durkheim ne paraît pas douter que le développement économique favorise la reconnaissance progressive du mérite individuel comme unique source de différenciation sociale. Sur ce point, son optimisme ne paraît guère fondé : les inégalités sociales ont toujours eu fâcheusement tendance à se reproduire de génération en génération, indépendamment des qualités personnelles. L'évolution de la nature du travail et l'opacité plus grande des qualifications, l'impossibilité de mettre en cohérence la difficulté des tâches et leur rémunération font que les hiérarchies sociales, qui résultent du libre jeu des forces économiques, sont moins que jamais le reflet d'un ordre « naturel ».

La condition de sens, ou plus exactement d'historicité, a quelque chose à voir avec la définition donnée par Karl Marx du travail productif : le travail dont la valeur est incorporée au capi-

22. Émile Durkheim, *La Division du travail social*, Paris, Presses universitaires de France, p. 365 et 371.

23. Nous faisons référence ici à Pierre Manent, *op. cit.*, dont l'une des thèses centrales est la caractérisation de la modernité par l'autorité de la conscience historique.

tal. Précisons ce point : l'important – pour ce qui nous concerne ici – dans cette définition, c'est qu'elle relie la signification politique du travail au fait que celui-ci s'objective dans l'*accumulation* du capital, processus historique par excellence. En un certain sens, Durkheim, lorsqu'il parle de « but » et de « direction », partage cette perspective téléologique, ce « progressisme », pourrait-on dire. Mais cette exigence d'inscription dans la durée du résultat de l'activité humaine suggère un autre rapprochement : c'est cette même « durabilité » qui, pour Hannah Arendt, permet d'opposer l'« œuvre » au simple « travail » économique (cf. *infra*). Arendt conteste la tendance des temps modernes, « de Karl Marx en particulier », à « considérer tout travail comme une œuvre »[24], au motif que le travail, même productif, ne « "produit" jamais rien que de la vie » – à savoir des biens destinés à être consommés ou détruits, dans le processus vital, contrairement aux œuvres d'art et aux objets de l'artisan. Mais on peut discuter ce point : un pont n'est-il pas ordinairement qualifié d'« ouvrage d'art » ? Quoi qu'il en soit, il est frappant de constater que trois auteurs ayant adopté des perspectives aussi divergentes concernant le travail retrouvent par des chemins différents l'importance de cette qualité du travail qu'est son inscription dans un temps qui dépasse celui de l'existence du travailleur.

Considérée sous l'angle de cet ennoblissement du travail, l'ère industrielle constitue une période exceptionnelle de l'histoire de l'humanité. Pour la première, et peut-être la dernière fois, une large proportion des membres de la société a eu accès par le travail à la « production » du monde futur. Accès refusé aussi bien au paysan qu'au domestique, tous deux voués à l'entretien de la vie, à l'« interminable répétition », « lutte quotidienne dans laquelle le corps humain est engagé pour nettoyer le monde et l'empêcher de s'écrouler »[25]. Ne sommes-nous pas entrés dans une nouvelle phase, au cours de laquelle ces multiples tâches cycliques

24. Hannah Arendt, *op.cit.*, p. 132.
25. *Ibid.*, p. 147.

d'« entretien de la vie » et de « nettoyage du monde » occuperont dans l'activité humaine une place plus importante que la participation directe et visible aux « œuvres », techniques ou autres, de l'humanité ? Si tel est le cas, si l'inscription du travail économique dans le grand récit de l'espèce humaine se fait moins évidente, son rôle social et ses vertus politiques en seront nécessairement affectés. Le sens téléologique du travail n'étant plus une donnée immanente, inscrite dans sa matérialité, il devra être retrouvé par une inscription plus explicite dans un projet collectif, dans la visée d'un bien commun qu'il appartient au politique d'identifier et de proposer à l'adhésion de tous.

C'est ce qui fait toute la valeur des innovations sociales qui s'efforcent de donner sens à des activités économiques dévalorisées en les réinscrivant dans un projet social explicite. On peut illustrer cette idée par l'exemple des « régies de quartier », entreprises associatives employant sur place les chômeurs des quartiers en difficulté à des tâches d'entretien et de réparation. Selon Bernard Eme, l'inscription territoriale (la participation à l'amélioration de la qualité de son propre lieu de vie) apporte une dimension supplémentaire à la logique habituelle de l'« insertion par l'économique » : « Les représentations par rapport à leur travail – en très grande majorité positives – des femmes salariées des régies sur les tâches d'entretien et de ménage suggèrent que, au-delà de l'apport d'"un peu d'argent", c'est la relation de *respect* créée dans l'espace de voisinage qui est vécue comme un apport essentiel du travail[26] », respect qui se traduit par le droit reconnu à celle qui effectue les tâches d'entretien d'exercer une forme d'autorité (définir « ce qui est admissible et ce qui ne l'est pas », voire conseiller, prescrire, réprimander). Tout se passe comme si le service, dans ce contexte, retrouvait sa dimension de « service rendu », ouvrant un cycle de reconnaissance et d'échange dans le champ des rapports quotidiens, sans perdre pour autant, parce qu'il est rémunéré, sa valeur proprement éco-

26. Bernard Eme, *op. cit.*, p. 64.

nomique. On aura l'occasion de revenir, au chapitre 12, sur l'intérêt d'un ancrage sociétal des services de proximité.

## 5. Les adhérences politiques de la société salariale française

Le lien entre le travail et l'individualisme démocratique est particulièrement fort en France. Plus encore que d'autres, notre pays s'est pensé comme une « société salariale », c'est-à-dire une société où la condition salariale est l'enjeu permanent d'une extension de la citoyenneté politique à la sphère des rapports de travail. De ce fait, tout ce qui touche à l'emploi revêt une importance politique centrale et implique immédiatement un recours à l'État, garant ultime d'un « droit au travail » affirmé dans la Constitution[27], et d'un « droit du travail » qui encadre strictement la liberté contractuelle. Particularisme français qui constitue à certains égards un facteur de blocage, freinant d'inévitables adaptations aux nouvelles conditions de la concurrence mondiale, mais constituant aussi un élément de résistance idéologique au libéralisme anglo-saxon. Il est banal de dénoncer à ce propos les rigidités de la société française, mais cette critique sonne creux tant qu'elle ne prend pas en compte l'enracinement de ces fonctionnements sociaux dans la culture politique française.

On pense ici d'abord à l'effet d'une *Logique de l'honneur*[28] héritée de l'Ancien Régime, qui attache l'identité des individus aux positions sociales acquises, mais il ne s'agit pas seulement

27. Dans un texte plus récent, l'exposé des motifs de la loi du 18 décembre 1963 instituant le Fonds national de l'emploi, il est affirmé qu'« une politique de progrès social doit notamment viser à prémunir les travailleurs contre l'insécurité de l'emploi ». Si les mots ont un sens, il est clairement affirmé dans ce texte que l'État protège le caractère statutaire de l'emploi contre la logique spontanée du marché du travail.

28. Cf. Philippe d'Iribarne, *La Logique de l'honneur*, *op. cit.*

d'héritage culturel. Les formes sociales prises par la division du travail, la distribution des droits et des statuts liés à l'exercice d'une activité sont toujours soumises à l'impératif de rendre la société compréhensible pour elle-même et donc gouvernable. Dans *Métamorphoses de la question sociale*, Robert Castel analyse longuement comment, jusqu'à la révolution industrielle, l'organisation du travail était étroitement dépendante du « plan de gouvernementalité » des sociétés traditionnelles [29], de la nécessité de faire entrer chaque individu dans un ordre hiérarchique fixant les droits et devoirs de chacun. D'où le caractère très réglementé de l'exercice des métiers et la séparation nette entre le travail « réglé » des membres des corporations et le travail « contraint » imposé aux indigents valides. D'une certaine manière, la modernité a prétendu substituer un « ordre productif », immanent au processus historique lui-même, à l'ordre social hérité, en valorisant la dimension utilitaire du travail. Le regard que l'on peut porter aujourd'hui sur la société salariale conduit à relativiser quelque peu cette rupture : une inscription minimale des rapports de travail dans les mécanismes de reproduction de la société demeure, à toutes les époques, une nécessité.

De fait, en France, la République a assez bien réussi à réinventer la logique statutaire de la division du travail. La contradiction entre l'égalitarisme revendiqué et la réalité des rapports sociaux a trouvé sa solution dans la promotion de l'école comme seul lieu de compétition politiquement légitime. La récurrence dans le débat public du thème de l'« égalité des chances » est là pour le prouver : tout se passe comme si la seule hiérarchie non contestable était celle qui découle du mérite individuel. C'est ce que l'on a appelé parfois l'« élitisme républicain », le système « méritocratique », dont les grandes écoles sont une illustration flamboyante, sans équivalent hors de nos frontières [30].

29. Robert Castch, *op. cit.*, p. 129.

30. L'« affaire » du contrat d'insertion professionnelle en 1993 a révélé la force de cette convention : la classe moyenne, toutes générations confondues, s'est révoltée à l'idée que de jeunes diplômés puissent être payés en dessous du

L'importance de la question salariale comme enjeu démocratique se manifeste également par le caractère politique de la régulation de la conflictualité sociale. Celle-ci s'explique en partie par les circonstances de l'industrialisation dans notre pays et par la faible capacité d'organisation collective des acteurs sociaux. Relativement tardif par rapport à d'autres pays, le développement de l'industrie a été plus qu'ailleurs directement impulsé par l'État. Le monde patronal a longtemps été constitué en majorité de petits employeurs peu enclins à s'organiser et encore moins à reconnaître l'existence d'interlocuteurs syndicaux. De son côté, le syndicalisme a toujours été faible et divisé. Qui plus est, la tradition d'action directe du mouvement ouvrier français n'a pas favorisé le développement des pratiques de délégation et de négociation. Il en est résulté une carence du dialogue social qui a conduit l'État à intervenir directement pour protéger les travailleurs les plus faibles (législation protégeant les femmes et les enfants, création de l'Inspection du travail en 1874) et, dans un second temps, à prendre l'initiative d'organiser les rapports sociaux de travail et de fixer les règles du jeu de la négociation. Sur le plan juridique, cette intervention volontariste de la puissance publique se traduit par le fait que la loi est la source essentielle du droit du travail, ainsi que par un mode d'articulation très particulier entre la loi et la négociation sociale, celle-ci s'étant vu progressivement reconnaître la vocation de produire un droit de portée générale [31].

SMIC, obligeant le gouvernement à abandonner un dispositif qui ressemblait fort à un SMIC-jeunes. On l'a vu aussi avec les manifestations qui ont entraîné l'abandon du projet de modification de la loi Falloux sur le financement des établissements scolaires privés : ce qui était en cause, au-delà de la question de la laïcité, c'était encore celle de l'équité du système éducatif.

31. Il faut mentionner le mécanisme d'extension des conventions collectives créé par Léon Blum en 1936, « phénomène singulier qui permet d'imposer à des employeurs une couverture conventionnelle qu'ils n'ont pas choisie » (Jean-Emmanuel Ray, *Droit au travail : droit vivant*, Paris, Liaisons, 1995, p. 317) et le fait qu'un accord signé par un syndicat minoritaire s'impose à l'ensemble des salariés, la jurisprudence elle-même se fondant sur le même type de principes : « En cas de conflit entre deux normes, les tribunaux feront application de la règle de l'avantage le plus favorable au salarié » (Marie-Thérèse Join-Lambert *et al.*, *Politiques sociales*, Paris, Dalloz, 1994, p. 106).

D'où un mécanisme de diffusion des acquis sociaux et des garanties du statut salarial que désigne bien l'expression d'« ordre public social ». En fin de compte, par divers biais, on a assisté au glissement progressif d'un contrat de travail de droit privé au statut salarial, condition sociale assortie de garanties débordant le cadre de la relation entre le travailleur et son employeur.

Sous l'effet de ces différents facteurs, la lutte des classes, qui n'était certes pas une spécialité française, a pris chez nous un tour particulier, apparemment radical, excluant tout compromis institutionnalisé de type social-démocrate, et cependant, malgré tout, fortement instituée en tant que pièce du jeu politique, bizarrement articulée avec les mécanismes de la démocratie représentative. Pendant les « trente glorieuses », la régulation des rapports sociaux de travail s'est souvent opérée, de fait, au niveau national et en symbiose avec le système politique. C'est sur le « perron de Matignon » que les leaders syndicaux s'adressaient à leurs troupes et, au-delà, à l'opinion, agissant ainsi délibérément comme des acteurs politiques. N'oublions pas non plus que les partis politiques de gauche revendiquaient le qualificatif de « partis ouvriers » et que les textes fondateurs du régime général de la Sécurité sociale identifient expressément ses bénéficiaires comme des « travailleurs ». Ces derniers étaient ainsi doublement représentés, politiquement et socialement, et cette dualité favorisait la transposition politique des conflits sociaux.

On a assisté depuis vingt ans à une déconnexion progressive du social et du politique. D'un certain point de vue, c'est le signe d'une pacification du débat public dont il y a tout lieu de se féliciter. Le fait que l'on ne se risque plus à mélanger la rue et les urnes est plutôt un progrès : en démocratie, on n'impose pas sa volonté au pouvoir légitimement élu avec des banderoles et des piquets de grève. La liberté et le droit font meilleur ménage avec le marché qu'avec le corporatisme et la lutte des classes. Reste qu'il faut se méfier de ce genre d'évidence : l'envers de cette pacification, c'est que la violence sociale générée par la division du travail n'est plus véritablement représentée. Or le passage de la violence anomique à sa représentation dans un conflit organisé et institutionnalisé constitue toujours un progrès. Le conflit est, certes, toujours susceptible de dégénérer en violence, mais la vitalité de la démocratie est à ce prix : l'implication massive des électeurs dans les joutes électorales pèse son poids de violence symbolique. L'un des risques majeurs du développement de l'exclusion sociale pour la démocratie est l'impossibilité de transformer la souffrance sociale en objet de conflit collectif. L'exclusion isole les uns des autres les individus qui en sont les victimes : c'est pour la société un mal relativement indolore, mais, pour cette raison, particulièrement pernicieux.

## 6. De l'exclusion sociale à l'exclusion civique

Dans la société salariale, le statut de travailleur est plus qu'un statut social : c'est presque une dimension de la citoyenneté politique. Du coup, le chômage de masse est plus qu'une série de drames individuels, la mise en défaut de tout un système de représentation de la société qui participe du système institutionnel de la démocratie.

Le chômage est très présent dans les discours politiques, mais les chômeurs, eux, sont les grands absents de la vie publique. Sur ce sujet, il n'y a rien à ajouter au constat fait en 1991 par le *Rapport sur la vie quotidienne des demandeurs d'emploi* :

> « Cette règle fondamentale de la démocratie, selon laquelle ceux qui sont directement concernés par un problème sont également le plus à même de s'exprimer à son sujet, s'applique très malaisément en matière de chômage et de vie quotidienne des demandeurs d'emploi : les chômeurs eux-mêmes s'expriment peu spontanément et ont rare-

ment la possibilité de s'exprimer. Ce sont le plus souvent les non-chômeurs qui parlent pour leur compte[32]. »

Cette situation est particulièrement choquante dans le cas du système d'assurance-chômage. Les ASSEDIC, organisme auquel sont confrontés le plus directement les chômeurs, sont en effet gérés paritairement par le patronat et les syndicats de salariés, censés représenter les demandeurs d'emploi.

La représentation collective des chômeurs pose un problème difficile : comment faire pour leur reconnaître une capacité d'expression organisée sans transformer en statut une situation qui doit conserver, en principe, un caractère transitoire ? Dans les statistiques de l'ANPE, les chômeurs restent comptabilisés dans leur catégorie professionnelle d'origine, comme pour bien marquer qu'un chômeur reste un travailleur en instance d'emploi. Les syndicats ouvriers revendiquent d'ailleurs la mission de défendre les intérêts des chômeurs, au même titre que ceux des retraités. Mais, malgré les efforts tardifs des grandes confédérations, cette fiction est peu crédible : les organisations de salariés défendent d'abord les avantages acquis de ceux qui ont un emploi, particulièrement en France, où les syndicats sont faibles et divisés et où les agents du secteur public ont un poids décisif dans les principales confédérations. Celles-ci se sont pourtant efforcées d'organiser les chômeurs en leur sein, mais ces tentatives n'ont eu qu'une portée limitée. La situation française diffère, de ce point de vue, de celle de la Grande-Bretagne, pays dans lequel l'antagonisme de classe hérité de l'ère industrielle reste un élément de structuration pour la société : « Les solidarités entre chômeurs remontent aux années 30, au moment de la grande dépression. Là plus qu'ailleurs, les syndicats sont les représentants naturels des classes salariées, qu'elles soient au travail ou non[33]. » En tout état de cause, la transposition du modèle syndical à la représen-

32. *Rapport sur la vie quotidienne des demandeurs d'emploi*, Paris, La Documentation française, 1991, p. 91.
33. A. Beuve-Méry, *Le Monde*, 28 septembre 1994.

tation des chômeurs soulève des problèmes difficiles : la logique d'une conception catégorielle de la défense des intérêts matériels des demandeurs d'emploi est de transformer progressivement ceux-ci en groupe de pression autonome, voire en « chômeurs professionnels ». Le risque est évidemment d'encourager par divers biais des phénomènes pervers d'installation dans l'inactivité, voire le parasitisme. Mais la difficulté principale provient des chômeurs eux-mêmes, dont toutes les études s'accordent à souligner le refus, aisément compréhensible, de s'identifier en tant que groupe social. Quoi qu'on en dise, la plupart d'entre eux vivent leur expérience comme un échec personnel qu'ils n'ont pas les moyens de positiver. Reste que l'on ne peut écarter la perspective d'une action collective. S'ils n'inventent, par eux-mêmes, les moyens de se faire entendre et de faire pression pacifiquement sur la société, l'illégalité et la violence finiront par apparaître à un nombre croissant d'entre eux comme une issue inévitable.

## 7. Crise de l'État-providence et crise du travail

L'État-providence est indissociable de l'expansion de la société salariale : les droits sociaux qu'il institue et organise sont en effet assis sur le travail. Si l'on excepte les prestations familiales et le revenu minimum d'insertion, les revenus de remplacement versés par le système de protection sociale sont toujours calculés sur la base des contributions versées par le travailleur lorsqu'il était en activité, et leur versement lié à des circonstances particulières qui le mettent dans l'incapacité provisoire ou définitive de travailler. Les assurances sociales et l'assurance-chômage constituent toujours la base du système. Qui plus est, dans la mesure où il est géré conjointement par les partenaires sociaux (le plus souvent, il est vrai, avec l'État comme troisième partenaire dominant), le système s'inscrit dans une logique d'institutionnalisation des rapports professionnels constitutive du compromis fordiste évoqué dans un chapitre précédent.

La crise de l'État-providence et la déstabilisation de la société salariale se renforcent mutuellement. D'une part, en effet, le chômage est l'une des causes des difficultés financières des régimes de protection sociale (la moindre augmentation du nombre de cotisants diminue les recettes). D'autre part, les changements intervenus dans les conditions de la croissance économique (développement des activités de services à faible croissance de productivité et concurrence des pays à coût de travail réduit) renforcent l'impact négatif du coût du travail – et donc des prélèvements sociaux – sur l'emploi. Cette crise financière, sur laquelle il n'est guère utile d'insister, s'est aggravée d'une crise de légitimité politique : la montée des idées libérales a conduit à une contestation radicale des principes du système, notamment en matière de santé et de retraite. Au moment où ces lignes sont écrites, jamais l'avenir du système n'a paru aussi indéterminé, entre l'attachement réel de la population à son maintien en l'état et la puissance des forces de dislocation. En toute hypothèse, le lien entre travail et solidarité paraît voué à se distendre, ne serait-ce que sous l'effet mécanique des évolutions divergentes du nombre de cotisants et du nombre d'ayants droit : le premier ne cesse de diminuer sous l'effet du chômage et des exonérations, alors que le second augmente avec la population des étudiants, des retraités, etc. Le remplacement des cotisations d'assurance-maladie par une contribution de type fiscal, qui paraît inscrit dans les faits à plus ou moins brève échéance, aurait logiquement pour conséquence l'éviction des partenaires sociaux de la gestion du système de santé. Un récent rapport du commissariat du Plan formule bien les nouvelles données du problème en remarquant qu'à l'avenir

« la protection sociale devra s'adresser plus aux individus qu'aux groupes, plus aux citoyens qu'aux travailleurs [34] ».

A l'avenir, le caractère politique de la solidarité sociale devra être plus clairement assumé [35], mais cette affirmation de principe ne résout pas tout. Il reste à déterminer ce que pourraient être les conditions de cette solidarité, c'est-à-dire, concrètement, dans quel système d'obligations réciproques elle pourrait s'intégrer. C'est l'énorme question des « contreparties » exigées des individus en échange du bénéfice de la solidarité collective, question très concrètement posée lors de la négociation des « contrats d'insertion » auxquels doivent souscrire les bénéficiaires du revenu minimum d'insertion. Dans bien des cas, la pratique du contrat d'insertion revient à indexer un droit sur un ensemble de comportements (effectuer des démarches, suivre des stages, etc.), ce qui veut dire que ce droit n'en est pas vraiment un, et que l'on n'est guère éloigné du registre traditionnel de l'assistance. On pourrait faire remarquer que le principe de la contrepartie n'a rien d'universel et que, en France même, plusieurs types de minima sociaux sont versés sans conditions (c'est le cas du minimum vieillesse ou de l'allocation de solidarité spécifique, à laquelle ont droit certains chômeurs de longue durée). Sauf condition d'âge ou de handicap, ces prestations demeurent cependant soumises à une condition d'activité : il faut avoir travaillé un nombre suffisant d'années pour en bénéficier. Or le nombre des individus valides qui ne réussissent pas à prendre pied dans le monde du travail ne cesse d'augmenter : comment, pour cette population, fonder un droit au revenu qui ne s'accompagne pas d'une mise sous tutelle ? La question est résolue de manière simple par les partisans de l'allocation universelle : il suffit, disent-ils, d'aller jusqu'au bout de la dissociation de l'économique et du social. Tout homme n'a-t-il pas en naissant un « droit à l'exis-

34. Commissariat général au Plan, *Coût du travail et emploi*, rapport du groupe présidé par Gérard Maarek, La Documentation française, 1994, p. 113.

35. C'est l'une des thèses centrales de Pierre Rosanvallon dans *La Nouvelle Question sociale, op. cit.* On y revient longuement au chapitre suivant.

tence » ? Il y aurait beaucoup à dire sur les problèmes philosophiques que soulève cette formule[36], et sur les conséquences de l'attitude qui consiste à vouloir définir les droits concrets de l'homme social à partir des droits de l'homme, que détient imprescriptiblement toute personne humaine[37]. Sans entrer dans cette discussion difficile, on fera simplement remarquer que les partisans du revenu d'existence sous-estiment l'importance de la socialisation par le travail et le risque que comporte une dissociation trop radicale du revenu et de l'activité. Quand on évoque, comme dans le rapport déjà cité, « les minima sociaux qui permettraient à chacun de pouvoir être intégré à la société[38] », on oublie que le travail représente pour chacun bien plus qu'un revenu : la forme privilégiée de son rapport au monde et de sa participation à la vie sociale. Feindre d'ignorer ce lien entre travail et citoyenneté conduit à une impasse.

La solidarité réelle ne peut résulter mécaniquement de la mise en œuvre d'un principe abstrait. C'est d'ailleurs pour cette raison que la question des droits sociaux ne peut être posée que dans le cadre de l'appartenance à une communauté politique historiquement constituée. Comme le remarque Pierre Rosanvallon, la solidarité sociale n'existe à grande échelle qu'au sein d'un « espace de redistribution acceptée », et l'existence d'un tel espace suppose une forte volonté de vivre ensemble ancrée dans une expérience historique commune. Il est significatif que l'une des pommes de discorde entre Wallons et Flamands soit l'iniquité d'un système de retraite commun aux deux régions. Dans nos sociétés tiraillées entre l'affirmation d'une conscience universa-

36. Il faut distinguer ici, en toute rigueur, les partisans du revenu d'existence et ceux qui, comme Alain Caillé, préfèrent parler de « revenu de citoyenneté », dans une perspective qui tente de relier explicitement l'instauration d'un droit au revenu et une refondation du lien politique.

37. Comme le dit Alain Badiou (*L'Éthique. Essai sur la conscience du mal*, Paris, Hatier, 1994, p. 14) : « Si on identifie l'homme à sa pure réalité de vivant, on en vient inévitablement au contraire réel de ce que ce principe semble indiquer. Car ce "vivant" est en réalité méprisable, et *on le méprisera.* »

38. *Coût du travail et Emploi*, *op. cit.*, p. 117.

liste et le repli sur le local, voire sur soi et ses proches, le sentiment de solidarité hésite, fluctue et a le plus grand mal à se concrétiser dans des actions cohérentes et durables. Suivons encore Rosanvallon : « Il ne pourra pas y avoir d'État solidariste-providence sans reconstruction d'un sens civique, entendu comme sens de l'appartenance à un monde commun. Ce n'est pas seulement la mobilisation qui manque, c'est le substrat de celle-ci, c'est-à-dire la nation [39]. » Solidarité sociale, travail et nation : trois notions qu'il paraît bien difficile de dissocier.

## 8. Espace public et hiérarchie des formes de l'agir humain : la critique arendtienne du travail

Reste que ce lien privilégié entre l'économie et l'historicité des communautés politiques, qui s'exprime par la centralité du travail, peut être suspecté et mis en cause, au nom de la primauté du politique et du culturel sur l'économique. La place qu'occupe le travail dans la dynamique des communautés politiques n'est-elle pas un obstacle à l'émergence d'une vie collective vraiment humaine, accordant toute sa place à la politique et à la culture ? C'est la question que pose Hannah Arendt dans *Condition de l'homme moderne*, en opposant la promotion du travail dans les sociétés modernes à sa relégation dans la démocratie grecque. Arendt s'insurge contre la domination du travail sur les autres formes de l'agir humain et l'envahissement de l'espace public par les questions économiques qui en est le corollaire. Activité imposée par la nécessité d'entretenir le processus vital, le travail économique n'est pas apte, de son point de vue, à représenter la spécificité, la « non-naturalité » de l'agir humain. Le travailleur, indissociable

39. Pierre Rosanvallon, *op. cit.*, p. 73.

du consommateur, n'est pas la plus haute figure de l'homme, et ce n'est pas par le travail que celui-ci assumera la grandeur de sa condition. Pour Arendt, le temps propre à l'homme n'est pas le temps de la survie biologique, mais celui de l'aventure historique. Ce qui la conduit à revaloriser ces trois modèles de manifestation de l'homme dans le monde que sont l'*œuvre*, la *parole* et l'*action*.

L'œuvre, c'est l'œuvre d'art, mais aussi l'objet durable fabriqué par l'artisan ou l'ouvrier, à partir d'un « matériau » tel que le bois, dont la solidité et la permanence dépassent celles du corps humain. La valeur de l'œuvre est liée au fait qu'elle survit à son auteur, contrairement aux productions, alimentaires ou autres, faites pour être immédiatement consommées et recyclées dans le processus vital. L'œuvre contribue ainsi à inscrire l'existence humaine dans la durée : « C'est cette durabilité qui donne aux objets du monde une relative indépendance par rapport aux hommes qui les ont produits et qui s'en servent, une "objectivité" qui les fait s'opposer, résister, au moins quelque temps, à la voracité de leurs auteurs et usagers vivants [...]. Les objets ont pour fonction de stabiliser la vie humaine[40]. » Un autre aspect de l'œuvre est qu'elle s'accompagne d'une expérience créatrice, par laquelle l'homme s'oppose violemment à la nature, accomplissant ainsi une « révolte prométhéenne » visant à « édifier un monde de main d'homme [...] après avoir détruit une partie de la nature créée par Dieu ». Expérience de la force de l'être humain, différente de l'effort épuisant du travail, source de satisfaction et de confiance en soi. A cause de son inscription dans le temps, l'objet devient porteur de sens, affirmation d'une valeur en soi échappant à toute instrumentalisation : « c'est le produit final qui organise le processus d'œuvre », par opposition à un monde strictement utilitaire où « toutes les fins seront de courte durée et se transformeront en moyens en vue de nouvelles fins ».

En deçà même de l'œuvre, il y a la parole et l'action, formes premières d'expression de la singularité humaine : « C'est par le

40. Hannah Arendt, *op. cit.*, p. 69, 75, 188, 207, 233, 250, 320.

verbe et l'acte que nous nous insérons dans le monde humain, et cette insertion est comme une seconde naissance dans laquelle nous confirmons et assumons le fait brut de notre apparition physique originelle. » Par la parole et l'action, l'homme se manifeste comme porteur de nouveauté et d'imprévisible : « Le fait que l'homme est capable d'action signifie que de sa part on peut s'attendre à de l'inattendu, qu'il est en mesure d'accomplir ce qui est infiniment improbable. » Parole et action sont étroitement apparentées en tant que « révélation » de l'identité de la personne, parce que « l'acte primordial et spécifiquement humain doit contenir la réponse à la question posée à tout nouveau venu : "Qui es-tu ?" » Par rapport au caractère éminemment humain, c'est-à-dire culturel, de l'œuvre, de la parole et de l'action, le travail est comme une déchéance, le rabattement de la dignité de l'homme sur un registre instrumental, quasi biologique, de l'existence.

L'intérêt de ces catégories inhabituelles, c'est qu'elles obligent à s'interroger sur la hiérarchie des formes de l'agir humain. Leur limite, c'est qu'elles sont surdéterminées par l'organisation sociale de la Grèce antique. La radicalité de l'opposition entre la *polis* (cité) et l'*oikos* (maison) est tellement éloignée de la problématique moderne du travail qu'elle risque de conduire à des contresens ceux qui tentent de s'appuyer sur la pensée d'Arendt dans les débats contemporains. La manière dont elle traite du travail n'a rien à voir avec une analyse socio-anthropologique réaliste : il s'agit plutôt d'un concept limite qui symbolise l'instrumentalisation de l'agir humain. La pointe de sa critique porte sur la représentation moderne des ressorts de l'existence collective : ce qu'Arendt veut dénoncer à travers la civilisation du travail, c'est la conception platement utilitariste du bien commun qui domine le débat politique. La sphère publique, celle du débat et de l'action politique, ne devrait pas, selon elle, être dominée par des préoccupations relatives à l'« entretien du processus vital », lesquelles relèvent de la famille, de la sphère privée. La question qu'elle nous aide à poser est celle des ambitions de la politique : doit-on accepter qu'elles se situent en deçà de ce qui exprime le mieux la dignité de l'homme ? « La “vie bonne” – celle du citoyen, selon Aristote – n'était pas seulement meilleure, plus libre, plus noble que la vie ordinaire, elle était d'une qualité absolument différente. Elle était “bonne” dans la mesure où, maîtrisant les besoins élémentaires, libérée du travail et de l'œuvre, dominant l'instinct de conservation propre à toute créature vivante, elle cessait d'être soumise aux processus biologiques. » Rien n'oblige à partager totalement cette conception hautaine de la vie publique. La rappeler a pour principal intérêt de permettre une vue distanciée de notre propre conception du bien commun, centrée sur la prospérité économique.

Mais la plus actuelle des considérations d'Arendt, celle en tout cas qui nous touche le plus, a trait à la précarité de la culture. Ses attaques contre la modernité sont indissociables d'une vision tragique de l'aventure humaine (rappelons qu'elle a consacré son premier grand livre au totalitarisme). Ce qu'elle reproche le plus à la civilisation du travail, c'est de reposer sur une représentation erronée de l'histoire humaine, vue comme un « processus » dont la fin est prédéterminée, analogue au processus vital de développement d'un être biologique. Une telle conception a pour effet d'occulter la « fragilité des affaires humaines », qu'elle ne cesse de souligner. Contre les fausses évidences de l'idée de progrès, Arendt nous rappelle que « l'histoire est faite d'événements, et non pas de forces, ni d'idées au cours prévisible ». Dans ces conditions, la survie d'un monde vraiment humain est toujours menacée, et c'est au politique, et à lui seul, qu'il revient d'en préserver les chances. Les « événements » auxquels elle fait référence ne sont pas extérieurs à l'homme, comme des catastrophes naturelles : ils sont d'abord le fait de l'homme lui-même et du caractère imprévisible de ses actes. Le propre de l'action humaine, en effet, c'est la tendance à « forcer toutes les limitations, à franchir toutes les bornes » : l'homme est naturellement destructeur des conditions de la vie sociale, notamment à cause de ce qu'Arendt appelle la « condition humaine de la natalité » et de l'« assaut que doivent livrer les nouvelles générations pour prendre leur place ». En conséquence, « si les barrières qui entourent la propriété privée et assurent les limites de chaque foyer, si les frontières qui rendent possible l'identité physique des peuples, si les lois qui en protègent et permettent l'existence politique ont tant d'importance pour la stabilité des affaires humaines, c'est précisément parce que les activités du domaine des affaires humaines n'engendrent pas de ces principes qui limitent et qui protègent ».

Cette perception aiguë de la précarité des communautés politiques, à laquelle les drames de cette dernière décennie du XXe siècle confèrent une saisissante actualité, fournit un point d'appui théorique à la critique de l'« esprit de la croissance » amorcée au premier chapitre. Car, comme l'exprime bien Paul Ricœur : « La connexion établie dans *Condition de l'homme moderne* entre la fragilité des affaires humaines et l'entreprise politique ne fournit pas seulement un fil conducteur pour comprendre les péripéties de la politique moderne, mais un principe normatif permettant de *juger* son éclipse et de *condamner* toutes les tentatives pour dissoudre la politique dans une activité d'ingénieur[41]. » Retour au politique, qui est la condition première d'un dépassement non technocratique de la crise du travail : réhabiliter l'œuvre, l'action et la parole, dimensions non utilitaires d'ores et déjà présentes dans le travail économique, comme manifestations spécifiques de l'être humain dans le monde.

Sans nécessairement partager l'apparent mépris philosophique d'Arendt pour le travail voué à l'entretien des processus vitaux, on peut retenir son avertissement : la grandeur relative des différents registres de l'activité humaine doit être préservée. Cela concerne à la fois la dignité propre du politique et la spécificité des contenus de tout projet politique. Traduisons : il faut penser séparément ce que l'économie politique a abusivement confondu. Le politique ne se réduit pas à la gestion et le bien commun ne se résume pas à la prospérité.

41. Paul Ricœur, Introduction à Hannah Arendt, *Condition de l'homme moderne*, *op. cit.*, p. 27.

Troisième partie

# *Le politique en charge du lien social*

« La question est de savoir si les habitudes de la citoyenneté seront suffisamment fermes pour résister aux forces centrifuges de la nouvelle économie mondiale. Y a-t-il suffisamment de loyauté envers le lieu de vie, d'obligation civique, même non embellie par l'intérêt individuel bien compris, pour faire accepter des sacrifices ? Nous sommes, après tout, des citoyens autant que des acteurs économiques. Quel est le degré de fermeté du lien social et politique quand le lien économique s'effiloche ? » Robert Reich[1].

« Ne faut-il pas contourner l'économique pour reconstituer le lien au politique, précisément entre les exclus et les inclus ? » Paul Ricœur[2].

Pour quiconque a pris la mesure des dégâts sociaux du chômage, il est difficile de contester que l'objectif prioritaire des politiques économiques et sociales doit être d'augmenter le volume de l'emploi. La nature des changements analysés dans la partie précédente interdit pourtant d'en rester à une approche instrumentale du problème. Une politique ne se définit pas seulement par des objectifs immédiats, mais aussi par l'affichage d'une perspective. Et c'est bien là que le bât blesse : si l'on pense que l'ancienne « société salariale » a vécu – tout au moins en tant qu'enjeu central, lieu d'émergence et de mise à l'épreuve du progrès social –, quel horizon collectif cherche-t-on à dessiner ?

1. Robert Reich, *op. cit.*, p. 288.
2. Paul Ricœur, interview, *La Croix*, 23-24 octobre 1994.

Beaucoup a déjà été fait et beaucoup, sans doute, peut encore l'être pour tenter de réduire le nombre des demandeurs d'emploi, mais, quel que soit le résultat de ces efforts, la question politique posée par l'involution du système social du travail ne sera pas pour autant résolue.

Risquons l'hypothèse qu'à la dévalorisation du travail doit correspondre une réévaluation du politique. La subordination croissante de celui-ci à l'économique était en effet justifiée par la conviction que la croissance de la production générait l'ensemble des biens et fonctionnements sociaux susceptibles d'être reconnus comme des finalités par la totalité de la collectivité. Dès lors que le développement économique ne renforce plus mécaniquement la cohésion sociale, on ne peut plus raisonner ainsi. La crise de l'intégration sociale par le travail oblige à s'interroger sur la capacité du politique à instituer le lien social. Il s'agit de savoir si les communautés politiques peuvent trouver en elles-mêmes, par d'autres moyens que l'échange économique mais en synergie avec celui-ci, les fondements de la vie commune de leurs citoyens. Vaste question, à laquelle on n'apportera que des ébauches de réponse dans les pages qui suivent.

# 11
# Les finalités sociales de la démocratie

## 1. La solidarité sociale au cœur du politique

La démocratie est malade du chômage : c'est presque un lieu commun. Avant d'examiner quels pourraient être les objectifs et les instruments d'une politique de l'emploi plus adaptée à la situation, il n'est pas inutile de prendre du recul et de se demander pourquoi, au juste, le politique est à ce point concerné par le fait que les gens ne trouvent pas de travail. La réponse se trouve largement contenue dans les développements du précédent chapitre, mais il faut y revenir sous l'angle des politiques sociales et, d'abord, s'interroger sur le statut du « social » dans la démocratie. Posée en négatif, la question serait : peut-on imaginer, dans le contexte de la culture moderne, un ordre politique stable qui ne soit pas « social », c'est-à-dire qui ne se fixe pas comme objectifs prioritaires le bien-être général, la protection des plus faibles et la diffusion du sentiment d'équité ? De fait, la conception moderne de la démocratie inclut une dimension sociale. Comme le rappelle Hannah Arendt, le sens moderne des mots « social » et « société » n'a pas d'équivalent dans l'Antiquité. La notion de social brouille l'antique distinction entre le domaine privé et le domaine public ; désormais, les conditions de vie de chacun – la santé, le logement et les moyens d'existence – sont au cœur de l'action des gouvernements : « Nous imaginons les peuples, les collectivités politiques, comme des familles dont les affaires quotidiennes relèvent de la sollicitude d'une gigantesque administration ménagère [1] », observation cinglante, mais qui débouche sur quoi ? Pour notre part, nous assumons sans hésitation cette dimension « humanitaire » de la modernité. A la différence des anciens Grecs, nous sommes marqués de manière indélébile par l'esprit du christianisme, revisité par la philosophie des Lumières. Quelles que soient ses options religieuses ou philosophiques, l'homme occidental contemporain demeure peu ou prou sous l'emprise d'une norme éthique qui rend illégitimes non seulement l'exclusion et la domination par la violence, mais aussi la simple acceptation cynique de la souffrance des autres. Pour reprendre à notre compte la problématique de René Girard, il n'est plus possible après le Christ de croire à la légitimité d'un ordre social qui repose sur le sacrifice (pris ici au sens de sacrifice des droits et des intérêts) d'une partie de nos semblables. On se place ici, bien entendu, au niveau des valeurs de base qui sont censées fonder les jugements communs, et non à celui des comportements réels. L'esclavagisme a existé dans le monde chrétien, mais il y a été de longue date un motif de scandale et de contradiction. Il a parfois fait l'objet de justifications pratiques, mais n'a jamais été théorisé comme une réalité naturelle, à la manière d'Aristote : « Celui qui, par nature, ne s'appartient pas à lui-même tout en étant un homme, mais est la chose d'un autre, celui-là est esclave par nature [2]. » En prenant sur ce point le contre-pied de Hannah Arendt, il nous semble que c'est précisément de *l'interdit moderne de l'esclavage qu'il faut partir pour penser politiquement le social et la place du travail*. De là découle en effet l'obligation d'inclure les conditions de la division du travail et de la redistribution des ressources parmi les questions qui doivent être débattues dans l'espace public.

Quand on se tourne vers l'histoire des idées, les choses ne sont,

1. Hannah Arendt, *op. cit.*, p. 66.
2. Aristote, *op. cit.*, p. 37.

certes, pas si simples. La place du social dans l'action politique a toujours été un objet majeur de controverse idéologique. Dans la pure tradition libérale, la sollicitude vis-à-vis du prochain est une affaire strictement privée, et l'instance politique a pour principale et à la limite unique fonction de garantir l'exercice des libertés fondamentales (libertés d'expression, de culte, d'association, etc.), de protéger la propriété et la sécurité physique des personnes. C'est de l'échange marchand et de lui seul que dépend la cohésion sociale. Dans cette perspective, l'action de l'État devrait être réduite à ses fonctions « régaliennes » : défense, police, justice. Cette dernière n'ayant rien à voir avec la « justice sociale », expression que l'un des plus importants théoriciens contemporains du libéralisme, Friedrich von Hayek, considère comme dénuée de sens. Sur ce point, on est d'ailleurs presque tenté de lui donner raison : qualifier une société de « juste » semble relever d'un jugement de valeur arbitraire, sauf si l'on définit la justice comme la ressource qui permet de fonder un ordre social accepté, ne reposant pas sur la domination violente de l'homme sur l'homme. Et c'est bien là l'essentiel : le social est profondément lié à l'illégitimité de la violence instituée. Une autre manière de faire apparaître la faiblesse de la position libérale est de la confronter à la question militaire : à supposer que la grande affaire du politique, même démocratique, soit la sécurité collective (ou la puissance, au sens que l'on définira plus loin) et non le bien-être des gens, les sacrifices qu'impose la guerre ne peuvent aller sans contrepartie. L'ampleur de la mobilisation des peuples européens au cours des grandes guerres du XX$^{e}$ siècle a joué un rôle fondamental dans la création des systèmes de protection sociale. Le « consentement à mourir » et la « redistribution acceptée » (Rosanvallon) au sein de l'espace national vont nécessairement de pair. De ce point de vue, il y a du vrai dans la thèse qui fait des politiques sociales des moyens au service de la puissance[3].

3. Thèse développée par François Fourquet et Numa Murard, *Valeur des services collectifs sociaux*, Bayonne, Association de recherche économique et sociale Ikerka, 1992.

Qu'en est-il, à ce propos, de la « guerre économique » ? Comment se fait-il que l'on en tire argument pour justifier la remise en cause de l'État social ? Peut-être faut-il analyser ce retournement à la lumière des formes de mobilisation requises par la compétition économique, elles-mêmes liées à l'évolution des techniques. Certains historiens ont mis en rapport l'émergence de la nation moderne et l'évolution de l'armement. Le perfectionnement des armes à feu individuelles aurait, au cours du XIXe siècle, conféré à chaque soldat une importance égale dans la bataille, mettant fin à l'ancienne hiérarchie entre la cavalerie et l'infanterie[4]. C'est pour que chaque individu se sente personnellement mobilisé en vue de la puissance collective que la nation aurait été conduite à se penser comme une communauté de citoyens dotés des mêmes droits. Une vue pessimiste de l'évolution actuelle consisterait à dire, dans la ligne des analyses de notre chapitre 6, que la guerre entre les nations est redevenue une affaire d'élites. Il y aurait cependant quelque illusion à s'engager cyniquement dans la voie que suggère cette réflexion, et ce pour plusieurs raisons. La première est que, même si les formes prises par le développement économique font davantage ressortir l'hétérogénéité des compétences individuelles, la « performance globale » de l'économie repose malgré tout sur la compétence et la mobilisation personnelle d'un très grand nombre de travailleurs. La seconde est que les coûts économiques indirects de la décohésion sociale, particulièrement difficiles à apprécier, pourraient bien se révéler considérables à moyen terme.

L'ambiguïté demeure cependant : la guerre économique oppose encore des nations, mais, dans le même temps, elle travaille à leur dissociation. Au bout du compte, on ne sait pas très bien quel est le sens du combat, où sont les bannières et les lignes de front[5]. Pour être clair, le discours sur l'intensification de la

4. William MacNeill, *Polyethnicity and National Unity in World History*, University of Toronto Press, 1978, p. 47 *sq.*

5. Dans l'introduction à *L'Économie mondialisée* (*op. cit.*), Robert Reich évoque par exemple une controverse sur « l'influence du nationalisme dans les déci-

concurrence, si fondé soit-il, peut être légitimement soupçonné de servir de justification commode au renforcement des inégalités. Dans ces conditions, on comprend mieux les hésitations et contradictions qui caractérisent le discours social des élites économiques françaises : leur rhétorique guerrière n'embraye pas sur une stratégie sociale cohérente, et les messages adressés à la population, toujours péremptoires, en sont passablement brouillés. C'est peut-être l'une des raisons du « mauvais état actuel des relations entre les experts et la population » qu'évoque Pierre Rosanvallon[6]. Personne ne peut, certes, se désintéresser de la compétitivité de notre économie, mais la guerre, même économique, n'est jamais une fin en soi : elle a toujours une double visée, interne et externe. Du côté des buts de guerre, la vision d'une paix souhaitable ; de l'autre, une perspective cohérente de renforcement de l'ordre social interne. En ce qui concerne la prétendue guerre économique, l'une et l'autre font défaut.

## 2. La spécificité du lien social

Le point de vue libéral a ceci de vrai que la solidarité sociale n'est pas un principe purement politique. Le lien social définit un ensemble de droits et d'obligations dont la nature est intermédiaire entre ceux qui résultent des liens privés et ceux que définit la citoyenneté politique. L'individu concerné par le social est un individu particularisé, nécessairement déjà inscrit dans un réseau d'allégeances et de solidarités qui se superposent au lien civique.

Dans les sociétés de l'Ancien Régime, fondées sur des

sions courantes des firmes mondiales » : la guerre économique oppose-t-elle encore les nations ? La question reste ouverte.

6. *Libération*, 16 mars 1995.

« ordres », la solidarité était en quelque sorte incluse dans le principe hiérarchique. Le corps social constituait d'emblée un tout organisé, une pyramide de solidarités (famille, paroisse, seigneurie...). La stabilité de cet ordre reposait sur un équilibre des droits et devoirs de chaque classe : les devoirs des classes dirigeantes vis-à-vis des pauvres étaient constitutifs de leur condition. Comme le montre Tocqueville dans *L'Ancien Régime et la Révolution*, c'est précisément parce que cet équilibre a été rompu, la noblesse ayant été dépossédée par le pouvoir royal de ses fonctions d'administration de la société, que la Révolution a éclaté en France : « A mesure que la noblesse cesse de faire ces choses, le poids de ses privilèges paraît plus lourd [7]. » En 1789, le peuple français a rejeté d'autant plus radicalement le monde ancien que celui-ci, dans les faits, avait déjà perdu de sa cohérence. Comme le montre également Tocqueville, c'est dans les régions où l'ordre était le plus affaibli que la Révolution a été la plus virulente. Ce n'est pas un hasard si la solidarité entre les différentes couches de la société, autour de la noblesse et de l'Église catholique, était particulièrement forte en Vendée.

Le lien politique institué par la nation ne peut pas se substituer totalement à cet ensemble de rapports organiques. Celle-ci doit donc faire face à une contradiction : sa visée est d'émanciper l'individu, mais elle a besoin qu'il demeure enserré dans un réseau de relations et d'affiliations qui ne participent pas de sa logique égalitaire et universaliste. L'existence concrète de la société repose sur des solidarités que le politique doit feindre d'ignorer. La vision républicaine de la société serait ainsi, selon Philippe Genestier et Jean-Louis Laville, dominée par une dualité entre « socialité légitime » et « socialité récusée » : « La socialité légitime est celle qui relie des statuts et des rôles, liés aux institutions, dont relèvent en particulier les sphères du marché et de l'État, alors que la socialité récusée est constituée des relations familiales ou affinitaires, ethniques ou associatives se développant dans l'espace concret de

7. Alexis de Tocqueville, *L'Ancien Régime et la Révolution*, Paris, Flammarion, 1988, p. 95.

l'intersubjectivité où les personnes entrent en interaction directe, entretiennent des rapports de face-à-face [8]. »

On pourrait objecter que la famille a de longue date fait l'objet d'interventions protectrices, mais l'observation demeure pour l'essentiel pertinente. La volonté sinon de combattre, du moins de limiter l'emprise des formes de socialité ne relevant pas de l'ordre civique explique pourquoi le social institutionnel a été articulé aux solidarités constituées dans le monde du travail : le travail possède en effet la double propriété d'établir entre les personnes des liens concrets tout en se situant dans la sphère du marché ou de l'État, seuls registres d'action compatibles avec la définition que la nation moderne se donne d'elle-même. Confronté à l'approfondissement de la crise sociale, le politique pourra cependant de moins en moins ignorer que des groupes d'appartenance constitués sur des bases non politiques (héritages de systèmes économiques communautaires, solidarités éthniques, géographiques ou religieuses...) ont joué, et jouent encore, un rôle décisif dans les processus de socialisation et dans les mécanismes d'adaptation à la crise de l'emploi.

## 3. L'État-providence et l'institutionnalisation de la solidarité

Historiquement, la constitution du « social » comme registre spécifique de l'action collective n'a pas été simple. L'étude historique des origines de l'État-providence a fait l'objet de nombreux travaux, dont on résume ici quelques résultats [9]. Une idée

8. Philippe Genestier et Jean-Louis Laville, « Intégration et socialisation. Au-delà du modèle républicain », *Le Débat*, novembre-décembre 1994.

9. Voir, par exemple : Jacques Donzelot, *L'Invention du social. Essai sur le déclin des passions politiques*, Paris, Fayard, 1984 ; Robert Castel, *op. cit.* ; et Pierre Rosanvallon, *op. cit.*

générale s'en dégage : contrairement à ce que véhicule une certaine vulgate républicaine, la transition entre la Révolution française et l'État social contemporain a nécessité d'importantes innovations conceptuelles, voire de véritables ruptures idéologiques.

Les révolutionnaires français avaient, certes, des préoccupations « sociales ». Un député, Barère, avait même imaginé un système de protection sociale généralisée préfigurant ceux qui commenceront à être effectivement mis en place à partir de la fin du siècle suivant. Pourtant, la logique dominante de leur action fut autre : affirmer la primauté de l'État et sa puissance comme garant de la liberté individuelle contre les structures sociales intermédiaires (les ordres et les corporations). L'une des intentions les plus constantes de la Révolution a été de dénier toute légitimité aux formes non politiques de représentation et de médiation : « La souveraineté est une, indivisible, inaliénable et imprescriptible ; aucune section du peuple ni aucun individu ne peut s'en attribuer l'exercice. » Le pouvoir politique est pensé comme une transposition du modèle de l'individu libre : la souveraineté de l'État est à la fois le garant et la métaphore de la liberté individuelle. Et ce n'étaient pas là que principes abstraits : les révolutionnaires ont effectivement voulu supprimer toutes les formes intermédiaires de l'existence sociale, telles que les corps, les congrégations et les corporations… Avec notamment la célèbre loi Le Chapelier, qui supprima le droit d'association dans le domaine économique, et dont les effets ne seraient annulés qu'en 1901 : « L'anéantissement de toutes espèces de corporations des citoyens […] est une des bases de la Constitution française. » Le principe politique se doublait ici d'une volonté socio-économique : celle de donner libre cours à l'entreprise privée et aux rapports marchands. Ce libéralisme était d'ailleurs justifié par des préoccupations philanthropiques, comme en témoignent les travaux du Comité pour l'extinction de la mendicité de l'Assemblée constituante : tout reposait sur la conviction que la liberté du travail suffirait à résoudre le problème de l'indigence des hommes valides[10]. La Révolution fut bien, dans ce sens, une révolution « bourgeoise ». Sa doctrine sociale présupposait, pour chaque individu, la possibilité de subvenir à ses besoins par ses propres moyens, c'est-à-dire par la vente de son travail. Adam Smith n'était pas loin.

Quand Tocqueville s'interroge sur l'œuvre de la Révolution française, par-delà les intentions de ses acteurs, il ne fait aucun doute pour lui qu'elle a été, d'abord, d'« accroître la puissance et les droits de l'autorité publique » au détriment de l'autonomie et de la cohésion de la société. Ce qui lui apparaît comme l'héritage durable de 1789, avec le recul du temps, est une fantastique opération de concentration de la puissance, payée par la destruction systématique de tous les pouvoirs secondaires « éparpillés dans le corps social », ordres, classes, professions, familles. Et cette méthode a été d'une telle efficacité qu'elle a été partout imitée, y compris par les princes : « On les a vus au besoin soulever le pauvre contre le riche, le roturier contre le noble, le paysan contre son seigneur[11]. » En bref, la Révolution française a été un moment d'affirmation du politique comme puissance plus que comme instrument de cohésion. De fait, la Première République laissera sans début de solution la question majeure qu'affronteront avec succès les républicains du XIXᵉ siècle : comment donner un contenu aux idéaux d'égalité sociale et de fraternité sans restreindre la liberté individuelle ? Et, surtout, comment reconnaître, sans rompre avec les principes républicains, que les individus ont des devoirs les uns vis-à-vis des autres, et, donc, que la société est constituée d'un ensemble de liens, de rapports de dépendance qui échappent au principe politique ?

L'idée moderne de nation impliquait pourtant celle de solidarité, même si elle ne suggérait aucune solution quant à ses formes concrètes. Deux problèmes brûlants se sont posés, qui n'ont pas

10. Sur ce point, voir Robert Castel, *op. cit.*, p. 182 *sq.*
11. Alexis de Tocqueville, *op. cit.*, p. 67 et 79.

trouvé de réponses directes dans les techniques proprement politiques de la représentation : celui du conflit de classes, lorsque les rapports de travail mettent face à face deux sous-groupes de la société, et celui de l'indigence. Que se passe-t-il, en effet, lorsque l'individu n'est plus en mesure d'assurer sa propre survie, d'assumer de manière totalement autonome sa condition de citoyen et de producteur ? Il a bien fallu fonder politiquement un principe de solidarité compatible avec l'idéologie républicaine. La solidarité, dans son sens premier, désigne une obligation (dans le droit romain, l'obligation des créanciers et des débiteurs d'agir *in solidum*, c'est-à-dire les uns pour le compte des autres). Transposé dans le champ social, il s'agit donc d'abord du devoir moral de répondre les uns des autres en cas de difficulté. Pour Pierre Leroux, disciple de Saint-Simon, qui introduit le terme « solidarité » dans la théorie sociale, il s'agit bien de laïciser la charité : « J'ai voulu remplacer la charité du christianisme par la solidarité humaine [12]. » La formulation de ce principe en termes politiques ne sera pas chose simple dans le contexte français.

Selon Jacques Donzelot [13], c'est à l'occasion de la révolution de 1848 qu'est apparue crûment la difficulté pour les républicains de traiter la question sociale. Les émeutes populaires (les journées de Juin), conséquence de l'incapacité du nouveau pouvoir à donner un contenu réel au « droit au travail » reconnu par l'Assemblée constituante, marquent la rupture entre les ouvriers et les bourgeois républicains. Vers la fin du XIXᵉ siècle, un faisceau d'élaborations juridiques et idéologiques permit de concilier les principes républicains et les nécessités de la solidarité. Parmi celles-ci, le « solidarisme » du radical-socialiste Léon Bourgeois interprète la solidarité comme la reconnaissance par chaque sociétaire d'une dette vis-à-vis des générations passées, dette qui fonde ses devoirs à l'égard de la société prise comme un tout : « Il existe

12. Cité par Marc Pénin, *Histoire de l'office du travail*, Paris, Syros, 1993, p. 82.
13. Jacques Donzelot, *op. cit.*

ainsi, en deçà des contrats "libres" que passent entre eux les individus, un *"quasi-contrat social"* qui précède tous les contrats particuliers et qui leur fait obligation de s'acquitter de cette dette sociale pour bénéficier de la faculté de contracter librement [14]. »

Pour survivre, la démocratie « bourgeoise » qui émerge au XIXe siècle a dû se transformer en démocratie salariale. Cette transformation n'a pas été facile, et son échec aurait pu mettre en jeu la survie du capitalisme et de la démocratie. Bien entendu, comme se plaisent à le souligner les auteurs libéraux, l'élévation du niveau de vie des salariés est d'abord le résultat de la croissance économique et de l'approfondissement de la division du travail. Mais on ne saurait oublier que la société industrielle naissante a longtemps vécu sous la menace de la violence ouvrière, et que cette menace n'a été conjurée qu'au prix d'une « invention » politique originale. L'histoire de cette invention est riche d'enseignements sur la complexité des rapports entre le politique et le social dans les démocraties modernes. L'effort d'innovation intellectuelle et institutionnelle réalisé par les penseurs et hommes politiques républicains à la fin du XIXe siècle reste à tous égards exemplaire. La situation actuelle n'est pas sans analogie avec celle qu'ils ont dû affronter : nous sommes, nous aussi, confrontés à une « question sociale » dont le traitement nécessite une reformulation intellectuellement coûteuse des principes politiques qui fondent la République.

## 4. L'État-providence face au défi de la crise des mécanismes de socialisation

Parmi les questions qui devront être prises en compte dans cette reformulation, la moindre n'est pas le dérèglement des

14. *Ibid.*, p. 110.

mécanismes de base de la socialisation. L'exclusion sociale n'est pas seulement le problème des exclus mais, plus gravement, le symptôme d'un mal qui affecte le lien social lui-même. C'est, désormais, l'appartenance des individus à un monde commun qui est en jeu. L'affaiblissement du pouvoir intégrateur des structures de base de la société, du fait de l'atomisation du monde du travail, de la crise de la famille et des institutions religieuses [15], concerne tout le monde, même ceux qui se croient bien intégrés à la société. Les problèmes de pauvreté, d'emploi, de formation, etc., sont profondément imbriqués avec les trajectoires psycho-affectives et culturelles des individus et avec leur environnement relationnel et économique. Dans chacun de ces registres se trouve posée la question de l'identité : de quelles ressources dispose l'individu pour construire une image positive de lui-même et élaborer avec son environnement social un système de relations stables et bénéfiques ? Le seul modèle dont il dispose n'est-il pas désormais celui de la compétition économique ? L'aspiration générale à l'autonomie recouvre une défiance de l'individu vis-à-vis de la société, qui est aussi le constat d'un manque. Seuls les mieux armés s'en tirent à leur profit.

Tributaires d'une conception administrative, instrumentale et sectorielle de l'action publique, les politiques sociales n'y peuvent pas grand-chose. Même lorsqu'on essaie de décloisonner les interventions de l'État (en coordonnant les interventions en matière d'emploi, de formation, de logement, à l'exemple de ce qui est tenté par la « politique de la ville »), ce n'est jamais le lien social en tant que tel qui en est l'objet. Généralement impuissantes à faire sortir de la pauvreté, les mesures ciblées sur les plus démunis (RMI, aide sociale...) améliorent cependant leur situation matérielle, leur permettent de faire valoir des droits et

15. Robert Castel, par exemple, souligne le renforcement mutuel des effets du chômage et de la « transformation de la structure familiale allant dans le sens de son appauvrissement en tant que vecteur fondamental d'insertion relationnelle » (Robert Castel, « La désaffiliation », *in* Jacques Donzelot (éd.), *Face à l'exclusion*, Paris, Esprit, 1991, p. 157).

de rester en rapport avec les institutions et réduisent ainsi leur isolement [16]. Mais elles n'ont nullement pour vocation de s'attaquer de front aux causes de précarisation et de désocialisation. Quant aux grands mécanismes assurantiels et redistributifs de l'État social, ils ont souvent pour effet pervers d'affaiblir les solidarités familiales et, ainsi, de fragiliser l'irremplaçable espace de la socialisation primaire. La finalité des assurances sociales est en effet de permettre aux individus d'affronter par eux-mêmes les aléas de l'existence (maladie, vieillesse), sans être obligés de se mettre sous la dépendance de leur entourage. La protection dont chacun bénéficie accroît son autonomie, avec les effets que l'on sait sur la condition féminine, mais aussi sur le relâchement des solidarités naturelles entre les générations. Affaiblissement des liens de proximité qui n'est guère contrebalancé par le renforcement d'autres formes de médiation entre l'État et l'individu. La rhétorique assurantielle confère à la protection sociale un caractère fondamentalement individualiste : ceux qui en bénéficient font valoir leurs « droits » individuels vis-à-vis de la collectivité nationale. Son enracinement historique dans les solidarités sociales vécues tend à être occulté, et le rôle des corps intermédiaires (les syndicats gestionnaires des caisses de la Sécurité sociale) à devenir une pure abstraction.

Mais cette logique émancipatrice n'a de sens que si l'individu reste suffisamment socialisé par la famille, les liens de voisinage, l'expérience précoce du travail, etc. Jusqu'à une date récente, d'ailleurs, le problème était plutôt de l'arracher à ce monde communautaire pour en faire un citoyen et un ouvrier, pour le

16. « Les politiques sociales empêchent un isolement absolu [...] et assurent tout d'abord la délivrance de ressources monétaires [...] et non monétaires, mais ne parviennent pas à faire sortir de la pauvreté [...]. Cette impuissance tient d'abord à la somme des dysfonctionnements qui affectent chaque politique, elle tient aussi à la difficulté de construire, d'une politique à l'autre, de réelles synergies, elle tient enfin à l'incapacité de ces politiques sociales à répondre à une question qui ne leur est pas toujours posée [...] : leur capacité à faire sortir les bénéficiaires de la pauvreté... » (CREDOC, *Évaluation des politiques de lutte contre la grande pauvreté*, janvier 1995, p. 389).

faire participer à la société de masse. (Est-il besoin de souligner ici le rôle de l'école laïque et du service militaire ?) Depuis une vingtaine d'années, la situation a radicalement changé. Dès lors que les effets conjugués de la crise de l'intégration par le travail, de la crise de la famille et de l'exacerbation de l'individualisme produisent un relâchement de la texture intime du social, il est permis de se demander si la fécondité politique et culturelle de cette dialectique entre l'intégration de masse et les espaces de socialisation primaire n'est pas épuisée et si les politiques sociales ne devront pas, à l'avenir, s'appuyer délibérément sur les sociabilités communautaires plutôt que d'œuvrer, consciemment ou non, à leur dissolution. Ce retournement irait certes à l'encontre de tendances culturelles qui semblent aujourd'hui irrésistibles et qui nous conduisent, sous couvert du respect du droit et de la valorisation des différences, à un individualisme toujours plus radical :

> « Dans une conception post-moderne, une société n'est plus formée d'hommes unis par des valeurs partagées (que celles-ci relèvent de traditions particulières ou de la raison universelle). Elle est fondée sur le respect des différences, l'ajustement mutuel, la "communication" entre un ensemble d'individus qui restent maîtres de leurs valeurs, la seule valeur commune résidant dans la non-ingérence dans les libres choix d'autrui. "Il est interdit d'interdire." La socialisation cesse alors d'être l'intégration dans un corps pour devenir apprentissage du pur respect d'autrui dans sa différence[17]... »

On ne sauvera pas la solidarité collective sans un changement de cap et sans une réactivation des ressorts communautaires du lien social, ne serait-ce qu'en raison de la nécessité pratique de réincorporer plus explicitement la dimension du don dans les mécanismes redistributifs. La technique assurantielle a pour effet (pour but ?) de rendre opaque le bilan financier des transferts et de laisser croire à chacun qu'il cotise dans son propre intérêt. Avec le chômage des jeunes et le vieillissement de la population, des questions explosives et insolubles touchant à l'équité des

17. Philippe d'Iribarne, « Difficile socialisation », art. cit., p. 182.

transferts finiront un jour ou l'autre par être posées, et cette opacité pourra plus difficilement être maintenue. On va vers une crise de la notion d'assurance sociale qui, comme le remarque Rosanvallon, ne pourra être surmontée sans une réaffirmation du caractère fondamentalement politique de la solidarité (« revivifier le socle civique sur lequel s'enracine la reconnaissance d'une dette sociale mutuelle[18] »). Mais, en cette matière, le politique serait bien inspiré de ne pas ignorer les ressources du lien communautaire. On peut prendre l'exemple de la solidarité entre les générations : ne demande-t-elle pas à être comprise comme le prolongement au niveau de l'ensemble de la société des solidarités naturelles existant au sein de la famille ? Concrètement, cela signifie que l'État social devra s'attacher à conforter les structures susceptibles de la relayer (familles, associations, solidarités locales, etc.) et à encourager systématiquement les coopérations, voire les « hybridations » entre les services sociaux et les initiatives privées (à l'exemple des crèches parentales). On rejoint ici Paul Thibaud lorsqu'il appelle de ses vœux un « nouveau rapport de l'État à la diversité sociale » :

> « Celle-ci a été longtemps combattue au nom de l'égalité, de la justice impartiale, de la laïcité [...] l'idéal immanent de la République étant que l'action sociale et éducative, parce qu'elle est une implication de la citoyenneté, soit l'affaire de l'État et de lui seul. L'exemple de l'enseignement montre que cet exclusivisme est dépassé, que les valeurs collectives de certains groupes peuvent légitimement être mobilisées pour le but commun pourvu qu'elles soient compatibles avec le corpus démocratique (liberté de conscience, égalité de traitement des personnes)[19]. »

A l'avenir, la solidarité sera plus communautaire ou ne sera pas, mais elle devra également conserver sa dimension civique.

18. Pierre Rosanvallon, *op. cit.*, p. 70.
19. Nous nous appuierons à plusieurs reprises par la suite sur des notes non publiées rédigées par Paul Thibaud pour le club Clisthène, aimablement communiquées par l'auteur.

L'enjeu est rien de moins que trouver un nouvel équilibre entre l'émancipation de l'individu par le droit et les politiques sociales et la préservation de la société comme entité cohérente. Comme le rappelle Louis Dumont, l'expansion des valeurs de la modernité n'a rien d'un processus continu et irrésistible. Le principe individualiste, certes, ne cesse de s'affirmer, mais il n'élimine jamais les principes opposés, sans lesquels aucune société ne pourrait rester cohérente. L'histoire des idées et des institutions peut s'interpréter comme une suite de compromis entre le projet émancipateur de la modernité et de puissantes réalités sociales préexistantes :

> « La configuration individualiste que nous avons isolée comme caractéristique de la modernité a tout au long de son existence été combinée à des notions, valeurs, institutions plus ou moins contraires. Loin que ce soit là un legs du passé, le fait est durable [...]. Plus qu'un principe suffisant de vie sociale, l'individualisme est un ferment de transformation extrêmement puissant qui ne peut manquer dans l'avenir de s'associer à son contraire, sans doute de plus en plus étroitement [20]. »

20. Louis Dumont, *Homo aequalis*, t. II : *L'Idéologie allemande*, 1991, p. 30.

12

# Éléments pour une politique de l'emploi et du travail

## 1. Les limites de l'insertion

Beaucoup a déjà été tenté pour combattre le chômage, que ce soit par des mesures visant à augmenter la croissance économique ou par des mesures plus spécifiques (formation professionnelle des demandeurs d'emploi, allégement du coût du travail, aides aux industries en reconversion, aides aux créateurs d'entreprise, contrats emploi-solidarité, aides aux activités d'insertion par l'économique, incitations à l'aménagement-réduction du temps de travail et au temps partiel, etc.)[1]. En 1994, 2,4 millions de personnes ont bénéficié de ces diverses actions. Sans les dizaines de milliards de francs dépensées chaque année pour les financer, les chômeurs recensés seraient encore plus nombreux (nettement plus de 4 millions). Cet effet global n'est d'ailleurs pas le seul critère d'efficacité de la politique de l'emploi : celle-ci a d'abord pour but de redonner une chance aux personnes les plus vulné-

1. Ces lignes ont été écrites avant la présentation du plan emploi de juin 1995. Comme l'ont relevé la plupart des observateurs, celui-ci s'inscrit dans la continuité des politiques menées depuis une douzaine d'années. Tout au plus peut-on noter qu'il privilégie plus nettement les leviers économiques (relance de la consommation, aide aux petites entreprises, baisse du coût du travail peu qualifié...).

rables (jeunes sans formation, chômeurs de longue durée) afin d'éviter leur exclusion définitive du marché du travail et, secondairement, d'éviter les drames sociaux dans les régions et secteurs sinistrés (sidérurgie, chantiers navals, charbonnages...). Sur ces deux plans, il y a tout lieu de considérer que certains résultats ont été obtenus [2].

Il n'en demeure pas moins que les mesures d'insertion professionnelle, qui constituent le cœur de cette politique, ne sont parvenues que marginalement à s'opposer aux conséquences de la sélectivité accrue du marché du travail, et qu'elles ne sont pas dénuées d'effets pervers : leur logique conduit inévitablement à classer les chômeurs en fonction de leurs handicaps socio-professionnels. Or, comme le montre Mireille Elbaum [3], cette catégorisation n'est pas sans inconvénient pour les intéressés :

> « Sans nier l'existence *a priori* de mécanismes de sélection puissants sur le marché du travail, on peut alors penser que la désignation officielle de "publics" à aider, à partir de critères d'origine administrative ou statistique, contribue à conforter l'idée, auprès des employeurs, ou même du service public de l'emploi, qu'il existe des caractéristiques objectives d'inemployabilité, légitimant cette sélection quelle que soit l'évolution de l'emploi. »

Mais le plus grave est peut-être que l'insertion renforce et légitime la tendance à l'éclatement des statuts de travail : entre les stagiaires, les bénéficiaires d'un emploi aidé, les diverses catégories de « précaires » et ceux qui ont la chance d'avoir un emploi stable, les inégalités ne sont pas seulement économiques mais statutaires. Les uns et les autres n'appartiennent plus au même monde du travail et, en particulier, ne relèvent plus d'un cadre

2. On peut se reporter sur ce point à de nombreuses études d'évaluation des dispositifs d'emploi, réalisées notamment par le ministère du Travail et de l'Emploi (DARES) ou le Centre d'études pour l'emploi, ou encore à une évaluation des politiques de localisation des activités dans les zones de conversion réalisée en 1994 à la demande du Conseil économique et social.

3. Mireille Elbaum, « Pour une autre politique de traitement du chômage », *Esprit*, août-septembre 1994, p. 31.

juridique homogène. L'exemple le plus net à cet égard est celui des contrats emploi-solidarité. On comptait 430 000 CES à la fin de 1994, fournissant une main-d'œuvre à bon marché aux services publics et au secteur associatif. Il y a quelques années, les syndicats de la fonction publique avaient obtenu la suppression de la catégorie inférieure de la grille de la fonction publique (la catégorie D). Le rapprochement de ces deux faits parle de lui-même : à travers les CES s'opère une répartition inique des rôles et avantages sociaux entre les fonctionnaires en poste et ceux qui n'auront jamais la chance de réussir un concours administratif (tout simplement parce qu'ils sont arrivés trop tard sur le marché du travail [4]). Cette disparité des conditions sociales (pour des qualifications réelles et des tâches souvent comparables) se justifierait à la rigueur si les activités intermédiaires jouaient réellement leur rôle de sas vers l'emploi ordinaire, mais c'est loin d'être le cas, et l'on peut se demander si l'insertion n'est pas en train de devenir pour beaucoup une situation durable au lieu d'être une étape dans un parcours professionnel.

## 2. Les dangers d'une subordination de toutes les politiques publiques à l'impératif de création d'emplois

Parmi ceux qui n'ont pas renoncé à l'idée qu'une bonne politique économique pourrait sinon mettre fin au chômage, du moins le combattre efficacement, beaucoup ont en vue l'« autre politique » macro-économique inspirée des principes keynésiens, tournant plus ou moins le dos à la politique du franc fort suivie depuis 1983. On a indiqué au chapitre 3 les doutes qu'inspirent ces idées,

4. Dans le secteur hospitalier public, par exemple, les CES sont utilisés de manière systématique pour éviter l'embauche de personnel permanent.

du moins quant à la possibilité de les mettre en pratique dans le contexte européen actuel. La question posée par le niveau des taux d'intérêt est, certes, d'une grande importance. L'ampleur des redistributions occultes opérées par le biais de la politique monétaire au profit des épargnants et des détenteurs de capitaux pose en outre un grave problème d'équité sociale. Traiter par la fiscalité ce problème de justice redistributive paraît plus facile que de s'en prendre de front au monétarisme et à la toute-puissance des marchés financiers. Dire cela ne signifie évidemment pas que l'on se résigne à l'impuissance des États en matière de politique macro-économique : il est vraisemblable qu'une meilleure coordination internationale permettrait d'atteindre des taux de croissance plus élevés et, surtout, plus réguliers.

Reste qu'il n'est pas aussi évident que cela de subordonner la politique économique à l'impératif de créer davantage d'emplois. La gestion de l'économie doit prendre en compte d'autres contraintes et d'autres objectifs : mieux répondre aux besoins réels des gens, utiliser plus efficacement les ressources naturelles et les compétences, développer prioritairement certaines activités stratégiques du point de vue de la compétition économique mondiale, préserver l'environnement, etc. Minorer l'importance de ces objectifs au profit d'un seul, l'emploi, tentation inévitable dans la période actuelle, c'est brouiller les logiques de l'action publique et rendre encore plus incertain son résultat.

On peut citer au moins un cas où la volonté de soutenir l'activité des entreprises a conduit à des choix biaisés et manifestement nocifs du point de vue de la société : celui du logement. Les difficultés que rencontrent actuellement les ménages à bas revenu pour se loger proviennent, au moins pour une part, du fait que la politique du logement a été conçue autant comme une politique de croissance économique que comme une politique sociale. Le fait d'avoir privilégié la construction de logements neufs au détriment de la réhabilitation de l'habitat ancien vétuste explique le désajustement structurel entre le type de logements mis sur le marché et les capacités financières d'une frange importante de la population. Au train où vont les choses, et malgré l'augmentation rapide des dépenses publiques d'aide au logement, on ne voit pas comment cet écart pourrait être résorbé. Techniquement, le nœud de la contradiction entre les objectifs économiques et les objectifs sociaux réside dans le fait que l'on ne sait pas construire un logement neuf répondant aux normes actuelles pour un coût suffisamment bas. Mais d'où viennent ces normes ? Elles se sont imposées dans le climat socio-économique des « trente glorieuses » au nom d'une politique de qualité *a priori* parfaitement honorable, mais dont on peut maintenant penser avec le recul du temps qu'elle correspondait aux impératifs économiques de la période d'expansion : développer l'industrie du bâtiment et, faisant d'une pierre deux coups, permettre aux ménages d'acquérir d'autres biens durables (électroménager, automobile). Fonctionnelle aux beaux jours du système fordiste, cette confusion des objectifs économiques et des objectifs sociaux est devenue gravement contre-performante. Le résultat en est bien connu des travailleurs sociaux : une grande partie des personnes à très faibles ressources ne bénéficient pas des aides publiques parce que leur logement ne correspond pas aux normes[5]. Si l'on fait du logement des plus pauvres un objectif prioritaire, et sauf à accepter un accroissement massif de la dépense publique, il est urgent de changer complètement de stratégie, d'en rabattre, raisonnablement, sur les exigences de surface et de confort et de faire porter l'effort financier sur la réhabilitation des logements anciens vétustes, l'innovation technique permettant de construire à moindre coût, voire d'aider les gens à faire des travaux chez eux. Soit, pour suivre Alain Lipietz, d'ouvrir « le vaste chantier théorique et pratique du "bricolage" (physique et institutionnel) d'un parc social de fait, à partir de l'auto-construction, de l'amélioration de l'habitat ancien ou dégradé, de l'aménagement de

5. « L'exiguïté et le manque de confort de certains logements, en particulier en garni, expliquent en partie le taux particulièrement faible d'aides accordées aux personnes logeant dans ce type d'habitat » (CREDOC, *Politiques sociales. L'épreuve de la pauvreté*, rapport d'étude, 1995, p. 287).

squats et lofts, de la politique des quartiers sensibles, etc.[6]. » Ce qui présuppose d'autonomiser la politique du logement social par rapport à la politique sectorielle du bâtiment[7].

La même remarque vaut pour la politique éducative : l'interrogation sur l'adéquation du système éducatif aux besoins de l'économie est légitime, mais elle ne doit pas aller jusqu'à une subordination complète. On l'a souligné à plusieurs reprises, c'est en approfondissant ses propres objectifs de transmission du savoir et d'éducation de la personnalité que l'école remplira le mieux son rôle.

## 3. Les objectifs d'une politique du travail

Face à la crise du travail, il est tentant de prendre une posture radicale. Tirant argument de l'ampleur et de l'irréversibilité des changements dont on a dressé le tableau, certains n'hésitent pas à prédire, pour s'en réjouir, la fin de la société salariale. Formule séduisante qui laisse entrevoir la possibilité de transformer le drame du chômage en utopie positive. Mais c'est aller un peu

6. Cf. Alain Lipietz, « Repenser le logement social dans la "société en sablier" », *Séminaire Plan Construction-Act. La régulation du logement, 1993-1994*, CEPREMAP.

7. Ce point de vue est exprimé dans un document émanant du commissariat général au Plan : Henri Guillaume (éd.), *Faire gagner la France*, Paris, Hachette, 1985. Selon ce texte, les objectifs de la politique du logement sont de deux ordres : « Un objectif social : aider à se loger dans des conditions sans cesse améliorées les ménages à ressources modestes ; un objectif économique : soutenir l'industrie du bâtiment qui joue un rôle considérable dans l'économie, contribuant à une croissance qui respecte les grands équilibres » (p. 380). Et, plus loin : « La recherche d'une plus grande efficacité des mécanismes de financement du logement devrait inciter progressivement à dissocier plus nettement l'objectif économique et l'objectif social : en utilisant davantage le parc de logements existants déjà amorti et moins cher (et dont une partie de plus en plus grande est de bonne qualité) pour mieux remplir les objectifs sociaux » (p. 381). Cette orientation a-t-elle été mise en œuvre ?

vite en besogne. Qu'il faille chercher à donner un contenu social et culturel positif à la libération vis-à-vis du travail productif qu'autorise le progrès technique, voilà qui ne devrait pas être contesté. Mais l'énoncé du problème n'est pas sa solution. Il n'y a pas aujourd'hui d'alternative globale à la société salariale. Non seulement le travail en tant qu'activité concrète validée par le regard des autres semble plus que jamais nécessaire à la régulation du psychisme individuel, mais l'emploi salarié demeurera certainement l'un des éléments de base de toute société moderne. Le lien entre travail et revenu est, certes, devenu plus lâche, mais cela ne signifie pas qu'il puisse être radicalement tranché (on renvoie sur ce point au chapitre 10). Dans une société dominée par l'argent, il est nécessaire que le travail conserve sa place, au cœur des processus d'émancipation individuelle, d'intégration et de partage du pouvoir social. Et le fait qu'il faille toujours moins de travail pour fabriquer un pantalon ou une voiture n'y change pas grand-chose.

L'effort que l'on a fait pour dépasser l'approche économiciste du problème de l'emploi ne débouche malheureusement pas sur une utopie radieuse du type « société du loisir », et le moment vient nécessairement de s'avancer, prudemment, sur la voie austère d'une réforme sans rupture radicale, avec des propositions concrètes dont les ambitions immédiates paraîtront bien modestes. Quelles pourraient être, en cohérence avec les analyses qui précèdent, les grandes orientations d'une politique réaliste de l'emploi et du travail ? Avant d'en venir aux instruments, on commencera par énoncer aussi distinctement que possible les différentes finalités de cette politique. Elles peuvent être regroupées en trois items : permettre au plus grand nombre d'accéder à l'emploi, réorganiser le cadre socio-juridique du travail pour restaurer son homogénéité, favoriser la recherche d'équilibre et de synergie entre le travail économique rémunéré et les autres formes de participation à la vie sociale.

*a) Permettre au plus grand nombre d'accéder à l'emploi.* Afficher un tel objectif signifie clairement que l'on écarte l'option

« revenu d'existence », avec des nuances toutefois, comme on le verra plus loin. Ce que l'on entend par « accès à l'emploi », c'est l'opportunité offerte à chacun, quelles que soient ses compétences, d'exister par lui-même, matériellement et socialement, grâce à son effort personnel, et de se constituer par ce moyen une créance sur la société[8]. Pour être clair, la collectivité doit fournir à chacun la possibilité effective de travailler (ou d'exercer une fonction socialement utile et rémunérée) pendant une période suffisamment longue de son existence. Il est en outre souhaitable que la socialisation professionnelle intervienne assez tôt dans le cycle de vie, ce qui implique que les critères d'âge et de parcours personnel soient pris en compte (comme ils le sont d'ailleurs actuellement) dans le dosage des efforts faits pour faciliter l'accès à l'emploi.

*b) Restaurer l'unité socio-juridique du monde du travail.* Comme le souligne Robert Castel, la société salariale avait deux caractéristiques essentielles. La première est que les conditions sociales, certes inégales, avaient tendance à s'inscrire progressivement dans un *continuum* de positions entre lesquelles des interactions et des mobilités étaient possibles. La seconde est que l'exercice du travail s'accompagnait de droits et de garanties de fait qui conféraient à tout emploi la dimension d'un statut social. Ces deux conditions étaient assurées par l'existence d'un cadre juridique unifié structurant les rapports sociaux de travail au sein d'un « ordre public social ». Sans prétendre restaurer à l'identique les avantages et sécurités de fait qui caractérisaient le contrat de travail à durée indéterminée au début des années 70, il faut se donner les moyens de préserver l'acquis politique de la société salariale grâce à un cadre juridique unifié qui redéfinisse les contraintes et avantages, les souplesses et garanties normalement liés à l'exercice d'un travail. Ce qui veut dire, pour être clair,

8. Quand on parle de se constituer une créance sur la société, il ne s'agit évidemment pas d'équivalence économique entre ce que l'individu apporte à la collectivité (par ses cotisations sociales ou autres) et ce que la collectivité lui doit. L'économie n'est ici que le support d'une relation d'ordre politique.

qu'il faut réduire les disparités statutaires entre les différents secteurs, emploi public, domaine marchand, activités indépendantes, travailleurs en formation ou en insertion.

*c) Favoriser la recherche d'équilibre et de synergie entre le travail et les autres formes de participation à la vie sociale.* L'économie monétaire assurant moins bien sa fonction intégratrice, il est plus que jamais nécessaire de protéger les espaces de socialisation qui échappent à son emprise : famille, associations, activités culturelles, religieuses, sportives, engagement politique, etc. Confronté à un monde professionnel insécurisant et moins créateur que par le passé de solidarités collectives, l'individu a besoin d'une vie sociale épanouissante et créatrice d'identité en dehors du travail. Qui plus est, du point de vue de l'efficacité productive elle-même, il est important de prendre en compte les multiples interactions entre l'économie, la culture, la formation et les loisirs que l'on a analysées au chapitre 8. L'organisation du travail sur le plan collectif doit s'inscrire dans une perspective d'« écologie sociale », c'est-à-dire d'intégration harmonieuse de l'économie dans une vision globale des fonctionnements sociaux.

## 4. Activation des dépenses de protection sociale et marchés du travail transitionnels

Poursuivre dans la voie de la déréglementation et, notamment, supprimer le salaire minimum constitue pour de nombreux économistes le seul moyen de réduire le chômage à croissance économique donnée. La logique de cette « solution » est simple et ne nécessite pas de grandes explications : c'est celle qu'ont tenté de mettre en œuvre Mme Thatcher et Ronald Reagan. On a évoqué ses résultats au chapitre 3 : moins d'exclus du travail mais plus de pauvres, une meilleure intégration économique mais une cohésion sociale dégradée. Un bilan qui, au total, n'est pas meilleur que le nôtre, pourtant si décrié. A cette solution « standard », d'une efficacité douteuse mais dont la robuste logique imprègne l'esprit des élites mondiales, la solution de rechange n'est pas évidente. Pour favoriser l'emploi des travailleurs peu qualifiés sans diminuer leur salaire, il est envisageable de détaxer ou de subventionner les faibles rémunérations. C'est un sujet qui a donné lieu à de nombreux travaux et réflexions depuis une dizaine d'années. On n'en dira pas grand-chose ici, sinon pour signaler l'étroitesse des marges de manœuvre et l'incertitude qui pèse sur l'ampleur des effets à en attendre. Les redéploiements de charges seront nécessairement limités par la situation actuelle des finances publiques et par la difficulté politique d'augmenter sensiblement les ressources fiscales. Beaucoup a d'ailleurs déjà été fait pour réduire le coût global du travail faiblement rémunéré sans remettre en cause le SMIC (déplafonnement de l'assiette des cotisations sociales, exonérations diverses, etc.), avec des résultats indéniables mais qui ne sont pas à la hauteur du problème. Il est probable que l'on va continuer année après année à prendre des mesures en ce sens mais il ne faut pas en attendre de miracle.

Nous pensons avoir montré dans les deux premières parties que le caractère structurel du chômage dans les économies modernes s'explique avant tout par la difficulté du « déversement », par les obstacles de tous ordres qui s'opposent à la recomposition du monde du travail. Si l'on adopte un instant les catégories utilisées par les économistes pour caractériser le chômage en fonction de ses causes – chômage « classique » (dû à un coût du travail trop élevé), keynésien (dû à l'insuffisance de la demande) ou frictionnel (dû au fait que les travailleurs ne changent pas instantanément d'emploi et de qualification) –, c'est plutôt cette dernière catégorie qu'il faut prendre en compte pour réfléchir à l'adaptation de notre modèle social, encore que la notion de friction ne convienne guère pour désigner une inadéquation qualitative, massive et structurelle entre l'offre économique de travail et le rôle social qu'il est censé jouer. Même si la croissance était plus forte et que le droit du travail volait en éclats, il y a fort à parier que cet ajustement entre les contraintes économiques et les fonctionnements sociaux demeurerait difficile à réaliser. Tout le monde cherche un emploi mais personne n'est prêt à travailler dans des conditions qui ne correspondent pas aux standards de confort, d'autonomie et de convivialité démocratique véhiculés par la culture contemporaine. Quiconque a connu des chômeurs en difficulté a pu se rendre compte que la perspective de gagner sa vie ne suffit pas toujours à faire accepter une tâche jugée pénible et peu valorisante[9]. Dire que la protection sociale ne favorise pas le retour au travail dans des conditions socialement dégradées, c'est énoncer une sorte d'évidence, mais cela ne fournit pas la solution. L'expression de « désincitation au travail », qui suggère que certains chômeurs ne travaillent pas parce qu'ils peuvent se contenter de ce qu'ils ont pour vivre, décrit mal les comportements en cause : dans la plupart des cas, ce n'est pas le désir de travailler qui fait défaut, mais la confiance en soi et/ou la simple capacité psychique d'assumer un rôle et une identité professionnels dans les conditions proposées par la société. On est souvent tenté de parler de conduite d'échec, presque de suicide social, mais, à y regarder de près, ces comportements n'ont rien que de très « normal ». Nous n'avons pas encore suffisamment pris conscience du fait que, dans le contexte matériel et culturel qui est le nôtre, ce type de blocage identitaire pouvait être, souvent, beaucoup plus fort que l'injonction abstraite de travailler. L'attachement instinctif à un statut social et la conviction que la collectivité nous doit en toutes circonstances un minimum d'assistance et de commodités sont en effet profon-

9. Comme le dit un chômeur en difficulté interrogé par un sociologue : « Ce n'est plus seulement la question d'argent qui est importante dans le fait de trouver du travail, c'est la façon dont le patron vous considère. Un type dira : "Je ne veux pas aller travailler là parce que le patron ne me dit jamais bonjour." Pour des personnes pour qui ça ne va plus de soi, eh bien, on se rend compte que c'est d'autres valeurs qui petit à petit s'installent pour elles et plus seulement l'argent, mais celles de la dignité, être reconnu en tant qu'humain dans une entreprise » (Centre d'étude des besoins sociaux, *Rapport d'étude pour l'évaluation de la politique de lutte contre la pauvreté*, janvier 1995, p. 32).

dément inscrits dans les mentalités, par-delà toute rationalité consciente : prétendre rétablir le travail en tant que pure nécessité vitale n'a tout simplement pas de sens pour nos contemporains. D'une certaine manière, cette dévaluation du travail est inhérente à la situation d'abondance matérielle que nous connaissons : l'exhibition de la richesse rend peu crédible l'idée qu'il faut impérativement travailler pour y avoir accès. Quand on tombe dans la grande pauvreté, ce qui finit malgré tout par arriver, c'est souvent bien tard : on est alors trop éloigné du monde du travail pour avoir une chance d'y reprendre pied.

Ces considérations veulent souligner que le fonctionnement du marché du travail est tributaire de l'idée que chacun se fait de ses droits et obligations à l'égard de la société. En un certain sens, le rapport social qui s'établit dans le travail n'est jamais purement bilatéral : il est inscrit dans un ensemble de normes, de représentations de ce qu'il est possible et « juste » d'exiger de chacun. Dès lors que le fonctionnement de l'économie ne permet plus le « bouclage » spontané de ce système d'échange, il revient à la collectivité d'en redéfinir politiquement, c'est-à-dire artificiellement, les règles. On a suffisamment marqué pourquoi il fallait refuser l'idée d'un revenu d'existence versé sans contrepartie : Pierre Rosanvallon pose bien le problème en observant que « le pacte social est aussi en son essence originaire un pacte d'insertion sociale [10] », autre manière de dire que sont toujours définies simultanément les créances de l'individu sur la société et les modalités par lesquelles il est censé participer à sa production. Historiquement, on peut d'ailleurs vérifier que la question sociale a été dominée par l'alternative entre la liberté totale du travail (on mise tout sur sa qualité de ressource économique librement mise en œuvre par l'individu) et une forme ou l'autre d'obligation de travailler, ou, si l'on veut, d'assistance par le travail. Il a fallu une conjonction exceptionnellement favorable de facteurs pour que l'on puisse oublier ce dilemme et concilier sous le sceau

10. Pierre Rosanvallon, *op. cit.*, p. 133.

de l'efficacité économique le principe général de la liberté du travail et un niveau élevé de garanties collectives. Concluons : si l'on refuse l'hypothèse libérale et que le chômage de masse persiste, on évitera difficilement de poser la question du lien entre travail et protection sociale en termes d'obligation d'effectuer certaines tâches au service de la collectivité.

Cette conception directive de la solidarité n'a d'ailleurs rien de très nouveau. Il y a déjà longtemps que les Suédois la mettent en pratique avec un certain succès : « Dès qu'il touche des indemnités, le chômeur ne peut en principe refuser un travail offert par l'Agence pour l'emploi, pour peu que le job corresponde "peu ou prou à ses qualifications", qu'il soit situé à une distance "raisonnable" de son domicile et que la rémunération proposée ne soit pas inférieure de 10 % à ses allocations [11]. » En France, les avantages liés au statut de chômeur sont assortis de l'obligation de rechercher activement un emploi, mais il s'agit là d'une obligation de nature administrative dont l'intérêt et la portée pratique sont loin d'être évidents. Pour avoir un sens, l'injonction de travailler supposerait l'organisation à grande échelle d'une offre publique d'activité. La multiplication des contrats emploi-solidarité montre peut-être que l'on se dirige insensiblement dans cette direction. L'idée d'une « activation » des dépenses passives d'indemnisation est en effet de plus en plus souvent évoquée. C'est également une évolution de ce type que préconise Pierre Rosanvallon, bien qu'il reconnaisse la difficulté pour le service public de l'emploi d'organiser concrètement une offre d'emploi public et de gérer l'injonction de travailler dans des conditions juridiquement et socialement acceptables. Pour y parvenir, d'importantes réformes institutionnelles seraient nécessaires : « transférer une partie des allocations sociales (chômage de très longue durée, RMI) vers des *agences sociales* autonomes qui fonctionneraient comme des prestataires de services collectifs ou

11. *Le Nouvel Observateur*, 16-22 février 1995, p. 60.

sociaux et rémunéreraient le travail des chômeurs effectuant ces tâches [12]. »

Outre les difficultés que l'on vient de mentionner, ce schéma soulève deux objections :

– il enferme les chômeurs dans une situation de dépendance qui les coupe du reste des travailleurs, et en particulier de ceux qui bénéficient de tous les avantages de la société salariale ancienne manière (cf. ce que l'on a dit plus haut à propos des CES) ;

– il semble impliquer (tel, du moins, qu'il est formulé) une gestion bureaucratisée et ne laisse pas suffisamment de place à l'initiative des individus et de la société civile dans l'organisation des activités.

Dépasser ces deux limitations ne semble pourtant pas impossible : rien n'interdit de donner à l'idée d'activation des dépenses d'indemnisation un contenu plus ambitieux. Pour préciser ce point, on prendra appui sur une hypothèse prospective récemment développée par un chercheur allemand autour du concept de « marchés du travail transitionnels », expression qui ne désigne pas un dispositif institutionnel précis mais la mise en œuvre conjointe de quelques principes régulateurs :

> « Les marchés du travail transitionnels sont caractérisés par quatre principes :
> – d'un point de vue *organisationnel*, les marchés du travail transitionnels sont constitués d'une combinaison d'emploi rémunéré et d'activités socialement utiles non valorisées par le marché (par exemple la formation, les soins aux personnes dépendantes, l'éducation des enfants, les activités culturelles bénévoles et la participation aux activités politiques) ;
> – du point de vue du *revenu*, les marchés du travail transitionnels sont une combinaison de salaires et de transferts [...] (par exemple, la combinaison d'un salaire réduit versé pour un travail à temps réduit et d'une indemnisation partielle) ;
> – d'un point de vue de *politique sociale*, les marchés du travail transitionnels sont caractérisés par l'ouverture du droit d'opter pour un emploi transitionnel sous des conditions fixées par la loi, ou négociées

12. Pierre Rosanvallon, *op. cit.*, p. 192.

par les partenaires sociaux ou au sein de l'entreprise entre le *management* et les employés (dans le cas du travail à temps partiel pour s'occuper d'enfants en bas âge) ;
– d'un point de vue *fiscal*, les marchés du travail transitionnels financent l'emploi ou d'autres activités utiles à la société (ou une collectivité plus large) avec des fonds qui, sinon, financeraient l'indemnisation du chômage (par exemple, les dépenses d'assurance-chômage seraient redéployées pour financer de nouveaux emplois dans des domaines d'importance structurelle comme l'environnement et les services sociaux).
Je distingue cinq types de marchés du travail transitionnels : les transitions entre le travail à temps réduit et le travail à temps plein ou entre le travail et la formation continue (1) ; les transitions entre le chômage et l'emploi (2) ; les transitions entre la formation initiale et l'emploi (3) ; les transitions entre le travail domestique privé et l'emploi (4) ; et les transitions entre l'emploi et la retraite (5)[13]. »

En schématisant à l'extrême, il s'agit de réunifier toutes les situations intermédiaires entre le travail, la formation et l'inactivité, ainsi que d'autres situations atypiques telles que les activités à temps réduit complétées par des revenus de transfert. Actuellement traitées comme une série de cas particuliers, elles seraient réintégrées dans la norme centrale du droit du travail et de la protection sociale.

Dire que l'on a tout résolu en formulant ce genre d'idées serait manifestement très excessif. Tout n'y est d'ailleurs pas nouveau : la formation en alternance, les activités réduites pour les chômeurs, les congés sabbatiques, le congé individuel de formation, le temps réduit indemnisé de longue durée, le temps partiel et les préretraites progressives existent déjà. Des projets tels que le « capital-temps » sont évoqués depuis longtemps[14]. Des mesures sociales relevant autant de la politique familiale que de la poli-

13. Günther Schmid, « Le plein emploi est-il encore possible ? Les marchés du travail transitionnels comme nouvelle stratégie de la politique du marché du travail », *Travail et Emploi*, Paris, ministère du Travail, à paraître.

14. Günther Schmid indique par exemple : « A Berlin, les professeurs ont le droit à une année sabbatique tous les sept ans s'ils renoncent à un septième de leur salaire » (*ibid.*).

tique de l'emploi, comme le congé parental d'éducation peuvent également être rapprochées de cet ensemble. La nouveauté réside dans la *mise en relation de différentes solutions partielles autour d'un concept unificateur*. Cette clarification peut contribuer à donner une visibilité et une impulsion nouvelles à des pratiques encore trop marginales. L'intérêt serait également de revaloriser les « activités intermédiaires » du type contrats emploi-solidarité ou associations intermédiaires en rompant avec l'image désastreuse du « traitement social du chômage ». Leur développement reposerait plus souvent sur l'initiative des individus, dans le cadre d'un rapport réellement contractuel avec la collectivité. Loin d'être l'apanage des travailleurs en difficulté, le passage par de telles situations transitoires deviendrait la norme commune, un ingrédient normal du cycle d'existence. La volonté d'homogénéiser les droits sociaux des travailleurs « normaux » et ceux des actifs en transition rejoint l'idée parfois évoquée d'un « statut de l'actif[15] » garantissant la continuité d'un socle juridique et d'un ensemble de protections tout au long de l'existence, par-delà la succession d'emplois différents, de périodes de formation, d'inactivité volontaire ou de chômage. On reviendra plus loin en détail sur l'une des questions cruciales posées par ce type de perspective : la maîtrise de la complexité sociale.

Günther Schmid insiste sur un autre point : une organisation plus rationnelle des transitions pourrait favoriser une « croissance économique qualitative » fondée sur l'accroissement des biens et services réellement utiles dans des domaines tels que la santé et l'éducation, les infrastructures publiques, la protection de la

15. Ce concept est évoqué dans le rapport (à paraître) du groupe de prospective du commissariat général au Plan, *Le Travail et l'Emploi à l'horizon 2015*. Pour préciser les choses, la solution juridique concrète reposerait sur un élargissement de la notion de contrat de travail, dans trois directions : *a)* élargissement de l'espace temporel du contrat (intégration dans un même cadre de périodes consacrées à diverses activités, travail, formation, etc.) ; *b)* élargissement du système d'acteurs contractants (les différents acteurs publics et privés impliqués dans les activités concernées) ; *c)* élargissement de l'objet (diversification des obligations qu'assument les acteurs dans le cadre du contrat).

nature et de l'environnement. Il s'agit moins, en un sens, d'éliminer le chômage de mobilité que de tenter d'augmenter sa productivité sociale, en même temps que celle des autres situations intermédiaires, tout en évitant qu'il débouche sur des processus de ségrégation et d'exclusion.

Pour donner un contenu concret à ce schéma, on peut prendre l'exemple de la préretraite progressive [16]. L'intérêt économique et social de cette formule saute aux yeux : d'un côté, en effet, on assiste à un allongement de la durée de la vie et à une crise financière des régimes de retraite, de l'autre à une inadéquation croissante du modèle traditionnel de la carrière professionnelle [17], caractérisé par une progression constante des revenus et une diminution des possibilités de mobilité à partir de 50 voire 45 ans. La généralisation d'un nouveau modèle de vie active avec une zone de transition éventuellement longue (pourquoi pas de 50 à 65 ans ?) paraît représenter la seule solution viable, tant du point de vue social que du point de vue financier. Afin de donner plus d'ampleur à la formule, il faudrait en élargir le champ et accepter que le préretraité partiel puisse exercer une activité économique hors de son entreprise d'origine (un « détachement de fin de carrière », une activité d'utilité sociale ou, pourquoi pas, un travail indépendant). A quoi on pourrait ajouter, bien que cela pose davantage de problèmes, certaines formes d'autoproduction collective telles que la réparation et l'entretien de l'habitat (en pensant notamment aux régies de quartier, qui pourraient ainsi bénéficier d'un apport de travailleurs qualifiés) et les jardins familiaux.

Il convient de noter que cet ensemble de dispositions (statut de l'actif et marchés du travail transitionnels) rejoint certaines des préoccupations des partisans de l'allocation universelle.

16. Pour une réflexion plus approfondie sur cette question, on peut se reporter à Xavier Gaullier, « La société flexible », *in* Bernard Eme et Jean-Louis Laville (éd.), *Cohésion sociale et Emploi*, Paris, Desclée de Brouwer, 1994.

17. *Le Monde* (29 mars 1995) fait état de la multiplication des départs en préretraite à partir de cinquante ans dans les grandes entreprises et souligne à quel point ces départs précoces paraissent « difficilement compatibles avec l'allongement de l'espérance de vie ».

Quand Jean-Marc Ferry, par exemple, propose de considérer celle-ci « non pas simplement comme une prestation sociale, mais surtout comme un investissement économique, pour l'essor d'un *secteur quaternaire* [18] ». Dans notre scénario, il s'agit également d'élargir la possibilité donnée aux individus d'exercer, selon leur choix, une gamme plus large d'activités socialement utiles. La différence, qui reste fondamentale, entre les deux perspectives est que l'on se refuse (pour des raisons qui découlent clairement des développements des précédents chapitres) à supprimer toute contrainte dans les rapports entre l'individu et la collectivité et à faire d'un revenu monétaire, même faible, un droit inconditionnel.

## 5. Quel partage ?

Si l'on veut donner au plus grand nombre accès au monde du travail dans des conditions socialement acceptables, la question du partage de l'emploi ne peut être éludée. Reste à savoir ce que l'on entend par « partage ».

La terminologie la plus fréquente dans le débat public est celle de « partage du travail », ce qui, dans l'esprit de beaucoup, signifie purement et simplement réduction du temps de travail. L'idée que l'on va résoudre le problème du chômage en réduisant le temps de travail a l'avantage de la simplicité, mais, à y regarder de près, elle ne correspond pas à la réalité des problèmes : si l'objectif que l'on se fixe est bien d'augmenter le nombre d'emplois, mieux vaut être clair et parler de « partage de l'emploi », quitte à montrer que cela produira des bénéfices secondaires en matière de durée du travail. Quel est l'enjeu de ce débat sémantique ? Simplement ceci : le problème n'est pas tant

18. Jean-Marc Ferry, *L'Allocation universelle*, Paris, Éd. du Cerf, 1995, p. 104.

de se partager l'activité, comme on se partagerait une denrée devenue rare, que de répartir plus équitablement les rôles et avantages (droits, revenus, opportunités sociales) qui lui sont liés [19]. D'ailleurs, en pratique, qui ne voit que le partage du travail bute sur celui des revenus et des statuts sociaux ?

Prenons le problème par un autre bout : à quelles conditions une réduction générale de la durée du travail pourrait-elle créer des emplois ? Dans un article solidement argumenté, Pierre Boisard a bien montré la difficulté d'apporter une réponse simple à cette question [20]. Le passage d'une réduction des horaires à la décision d'embaucher de nouveaux salariés suppose résolus de nombreux problèmes : disponibilité effective des qualifications nécessaires, réorganisation du travail tenant compte de la durée d'utilisation des équipements, etc. Les partisans de la réduction du temps de travail raisonnent trop souvent comme si le travail réel était à l'image de la grandeur abstraite dont traite la science économique : « homogène, fluide, fractionnable en autant de portions que l'on souhaite », ce qui est très loin d'être le cas. Il semble acquis qu'une réduction faible de la durée hebdomadaire du type de la semaine de trente-sept heures, avec ou sans compensation salariale partielle, se traduirait surtout par des gains de productivité, compte tenu des sureffectifs et du potentiel de réorganisation qui existent dans la plupart des entreprises. Des mesures plus vigoureuses, du type de la semaine de quatre jours, auraient sans doute davantage d'effets mais leur mise en œuvre à grande échelle se heurterait à des problèmes considérables.

Ces obstacles ne condamnent certainement pas l'idée de partage, mais ils sont suffisamment sérieux pour invalider tous les raisonnements mécanistes débouchant sur de frustes calculs de coin de table. En réalité, si l'on fait la part des effets d'annonce,

19. Les partisans éclairés du partage du travail n'ignorent évidemment pas ce point, pas plus que les difficultés que nous évoquerons par la suite. Voir par exemple Jacques Rigaudiat, *Réduire le temps de travail*, Paris, Syros, 1994.

20. Pierre Boisard, « Partage du travail. Les pièges d'une idée simple », *Esprit*, août-septembre 1994.

le partage de l'emploi ne peut être que le résultat d'une pluralité de démarches complexes obéissant à des logiques socio-économiques diversifiées. Toute mesure générale devra se monnayer en négociations sociales décentralisées. Or, si rien ne change par ailleurs dans l'organisation du système social, il y a peu de chances pour que celles-ci débouchent sur un partage de l'emploi équitable et de grande ampleur, du moins en France[21]. C'est en tout cas le sentiment que l'on retire d'une analyse des accords négociés en 1993 et 1994 dans quelques entreprises confrontées à une baisse de leur activité. Il en ressort que, dans la majorité des cas, c'est une logique défensive d'adaptation à une crise conjoncturelle qui a dominé. En fait de partage, c'est le partage de la masse salariale entre des salariés menacés de chômage qui a été au cœur de la négociation : « La réduction des salaires apparaît comme la clause essentielle de ces accords, la diminution du temps de travail n'en est que la compensation[22]. »

Pour des raisons pratiques évidentes, on est obligé de s'en remettre aux partenaires sociaux, mais, compte tenu du rapport de forces dans les entreprises, il y a grand risque de voir l'aménagement du temps de travail accompagner et peut-être même aggraver les processus de fragmentation du monde du travail. Ce qui aboutirait, au mieux, à un partage du sous-emploi entre les

21. En matière de temps de travail, on cite souvent les Allemands en exemple. L'impact, en termes d'emploi, des accords passés depuis 1983 se chiffrerait à 400 000 emplois nets. Il ne faudrait cependant pas oublier que leur exemplarité en ce domaine est totalement indissociable de leur système de relations sociales. Selon Jean-Claude Barbier, « deux traits allemands décisifs sont *les formes de la négociation collective et la participation des salariés à la gestion des entreprises* ». A la différence de la situation française, le temps de travail relève entièrement de la compétence des partenaires sociaux, ce qui fait que la norme de durée hebdomadaire, parce qu'elle est négociée, « colle » davantage à la réalité que la norme légale française. Mais le plus décisif est peut-être la compétence des partenaires d'un dialogue social qui porte sur les contenus précis de l'organisation du travail, ce qui rend possibles des compromis très élaborés garantissant à la fois l'amélioration de la compétitivité et la défense de l'emploi (Jean-Claude Barbier, « Allemagne : le temps de travail un an après l'accord Volkswagen », *Lettre du Centre d'études de l'emploi*, mars 1995).

22. Pierre Boisard, art. cit., p. 48.

travailleurs les moins qualifiés ou les plus vulnérables, assorti d'un accroissement de la flexibilité imposée des horaires (modulation des horaires hebdomadaires sur l'année, développement du travail de nuit, etc.), la réduction du temps de travail n'étant qu'une conséquence parfois mineure. Compte tenu de la réversibilité des aménagements d'horaires, on pourrait aller jusqu'à dire que ce que l'on désigne comme partage du travail n'est souvent pas très éloigné du chômage partiel (lequel, précisément, a atteint des niveaux records en 1993). D'ailleurs, le temps réduit indemnisé de longue durée, dispositif de lutte contre le chômage institué dans la loi quinquennale pour l'emploi de décembre 1993, assure une continuité presque totale entre les deux concepts. Sans pour autant sous-estimer leurs mérites, il faut reconnaître que les accords de partage de l'emploi négociés dans les entreprises se situent dans une perspective fort différente de celle qu'évoque ordinairement l'idée de partage du travail. Comme le fait remarquer Daniel Mothé, on est davantage dans le registre du « partage du sacrifice » que dans celui du « partage du bonheur »[23].

Ajoutons une dernière considération critique : présenter le partage de l'emploi sous l'angle de la réduction du temps de travail, c'est prêter le flanc à l'accusation facile de « malthusianisme », de manque de confiance dans les capacités de développement de la société. De fait, si l'on se base sur l'ampleur des besoins mal satisfaits (à commencer par le logement), le travail ne manque pas. En déplaçant la question du partage sur le terrain des formes sociales du travail et de ses contreparties, on retourne l'argument : certes, l'homme ne manque pas de « tâches » à effectuer (intellectuelles, sociales, environnementales...), mais ces « tâches » sont de nature très différente, et elles n'ont pas toutes vocation à être transformées en « emplois » répondant aux normes du système social actuel. D'où cette affirmation, aux antipodes de tout ce que la notion de partage du travail véhicule d'hédonisme petit-bourgeois : *c'est précisément pour que soient mieux effectuées*

23. Daniel Mothé, art. cit.

*toutes les tâches sociales qui doivent l'être qu'il faut partager l'emploi.*

Pour faire avancer le débat, il faudrait également cesser de se polariser sur la durée hebdomadaire du travail et reconnaître que le partage de l'emploi se développe actuellement sous d'autres formes, dont la plus importante quantitativement est le travail à temps partiel (14,7 % de l'emploi en 1994). Voir dans cette évolution l'un des rares vrais progrès sociaux de ces dernières années ne paraît pas exagéré, tant elle paraît correspondre au souhait d'une majorité de femmes[24]. Il est vraisemblable qu'une marge importante de progression existe encore pour cette formule, dont l'impact sur l'emploi est loin d'être négligeable. Reste que le temps partiel n'est pas toujours un temps choisi : les avantages financiers qui s'attachent désormais, pour les entreprises, à cette forme d'emploi provoquent un développement rapide du travail à temps réduit sur l'initiative de l'employeur (en 1994, 37 % des actifs à temps partiel souhaitaient travailler davantage, au lieu de 29 % en 1991). Cette donnée illustre les interférences complexes entre la réduction du temps de travail et les différentes formes d'inégalité devant l'emploi : ne pas tenir compte du fait qu'une même situation peut être choisie ou imposée risque de conduire à de graves erreurs de perspective.

D'une manière plus générale, l'aménagement des horaires de travail ne doit pas être considéré uniquement comme un instrument au service du partage de l'emploi. L'organisation du temps conditionne également l'évolution des modes d'existence et le développement de la vie sociale : on pourrait parler à ce propos d'une « écologie des temps sociaux ». La réduction du temps consacré aux activités productives n'aura pas le même impact

24. Valérie Le Corre et Pierre Marioni, « L'opinion des Français début 1994 face aux différentes formes possibles de réduction du temps de travail », *Premières Synthèses*, DARES, ministère du Travail, février 1995. L'un des résultats de l'enquête servant de base à cette étude est que les Français croient davantage au temps partiel (55%) qu'à une réduction généralisée du temps de travail (42%) pour réduire le chômage.

social selon que le temps ainsi libéré sera consacré à la consommation, aux loisirs, à l'autoproduction ou à des engagements militants. Le degré d'individualisation et de désynchronisation des emplois du temps constitue à cet égard une variable dont l'importance est trop souvent mal comprise : le risque existe bel et bien d'une excessive déstructuration des rythmes collectifs qui pourrait nuire à la vie familiale et, plus largement, à la vitalité de l'ensemble des espaces de socialisation qui échappent (plus ou moins) à l'emprise de l'économie monétaire (clubs sportifs, associations, partis politiques, Églises...). Les débats autour du travail dominical ont ici une valeur paradigmatique. On ne peut, sous prétexte de favoriser certaines formes d'aménagement du temps de travail supposées créatrices d'emploi, ignorer ce type d'enjeux.

En fin de compte, il ne fait guère de doute que le partage de l'emploi doit constituer l'un des principaux ingrédients d'une stratégie de lutte contre le chômage. Ce que l'on veut suggérer à travers ces quelques remarques critiques est qu'il est dangereux et illusoire de séparer la question des horaires de l'ensemble de la question sociale du travail. Le partage ne peut se concevoir sans une vaste remise en ordre de la condition salariale, aboutissant à une « réassurance » des travailleurs les plus menacés de précarisation et d'exclusion, et il ne prendra tout son sens que dans le cadre d'une revalorisation de l'échange social non monétaire. La concurrence sauvage pour l'accès à l'emploi et la peur du lendemain ne prédisposent guère à jouir des bienfaits de la société du temps libéré.

## 6. Actualité de l'économie solidaire

Si l'on admet que les politiques sociales doivent se concevoir aujourd'hui plus explicitement comme des politiques du lien social, l'objectif d'accès à l'emploi ne dispense pas de se préoccuper de la « qualité sociale » du travail, en termes de formation, d'autonomie, de responsabilités, etc. Dans bien des cas, celle-ci est directement instrumentalisable par l'entreprise comme un facteur de performance (cf. *infra*). Dans les services publics, cependant, le travail est directement porteur de valeurs civiques, voire communautaires : son utilité pour la collectivité se manifeste en dehors de la médiation de l'argent. Dans ces conditions, sa qualité a une autre signification, plus directement liée à la consolidation du tissu social et à la vitalité de la démocratie. La qualité du rapport aux usagers et la prise en compte de leurs attentes constituent à cet égard un enjeu central. La mobilisation des fonctionnaires en vue d'une efficacité sociale renouvelée devrait constituer de toute évidence l'un des principaux objectifs de toute réforme de l'État. Il n'est pas très difficile d'imaginer ce que cela pourrait vouloir dire dans des domaines où l'usager n'est pas un administré sans être tout à fait un client, tels que les transports, l'éducation ou la santé. Dans toutes les activités qui impliquent un équilibre complexe entre l'intérêt public et la prise en compte d'attentes différenciées, ni le marché ni la gestion bureaucratisée ne peuvent donner totalement satisfaction. Il s'agit d'inventer de nouveaux modèles d'organisation et d'action qui, d'une manière ou d'une autre, articulent régulations économiques et évaluations politiques ou sociétales[25]. En terme d'emploi, l'enjeu n'est rien de moins que de légitimer le développement de l'emploi public comme réponse aux besoins de la population en améliorant à la fois son image et son efficacité réelle.

Mais ce dépassement de l'alternative marché/bureaucratie est aussi l'affaire des associations, et notamment de celles qui interviennent dans le vaste domaine des « services de proximité » (services sociaux aux personnes, loisirs, culture, transports collectifs,

25. Mentionnons à ce propos l'importance d'une réflexion sur les indicateurs de qualité dans les services publics. De tels outils peuvent être des instruments de dialogue avec les usagers, de mobilisation des personnels et d'aide à l'arbitrage politique. Voir le rapport rédigé sur ce sujet par le Conseil scientifique de l'évaluation.

autoproduction du logement, etc.). L'importance croissante des secteurs en question et la capacité d'initiative sociale qui s'y déploie remettent à l'ordre du jour l'utopie d'un « tiers secteur » économique ne relevant ni du modèle de l'entreprise ni de celui du service public. Le soutien public à ce secteur devrait être considéré comme une option préférentielle dans la double perspective de développer une offre de services originale et une offre d'activités s'intégrant bien dans la perspective des « marchés du travail transitionnels ».

Des expériences significatives d'économie communautaire se développent depuis une vingtaine d'années en Europe, en Amérique du Nord et au Chili, dans des contextes socio-culturels très diversifiés. Créées au sein des milieux populaires pour faire face à la double crise de la société salariale et de l'État-providence, elles participent de la même visée de réinscription du travail dans un projet communautaire. Jean-Louis Laville définit précisément la notion d'économie solidaire par les caractères distinctifs suivants [26] :

– La « construction conjointe de l'offre et de la demande au sein d'espaces publics de proximité » : les entreprises solidaires naissent d'un projet collectif à visée implicitement politique, reposant sur la prise en compte des besoins spécifiques d'une population autant que de la volonté de créer de l'activité pour les personnes sans emploi. La dimension politique de ces projets suscite la création de « micro-espaces publics », espaces locaux de débat et de négociation ou peut être posée la question du sens de l'action collective. Cette dimension politique, Laville y insiste, permet à l'économie solidaire de contribuer à la revitalisation du lien politique et d'échapper à la régression communautariste.

– L'« hybridation des logiques et des ressources » : l'économie solidaire participe de trois économies différentes : l'économie marchande (la vente de biens et services sur un marché), l'éco-

26. Jean-Louis Laville (éd.), *L'Économie solidaire*, Paris, Desclée de Brouwer, 1994, p. 87.

nomie non marchande (le recours aux aides publiques) et l'économie non monétaire (la mobilisation du bénévolat, l'importance du partenariat, de l'entraide et des échanges informels).

C'est évidemment dans cette « hybridation » que réside l'originalité et la portée novatrice de l'économie solidaire. Dans l'idéal, on a là un modèle particulièrement satisfaisant de « réencastrement » de l'économie dans la vie sociale, permettant simultanément : *a)* une relativisation de l'échange monétaire au profit de formes d'échange basées sur le don et le contre-don (l'« impulsion réciprocitaire ») ; *b)* une réponse adaptée aux besoins de populations vulnérables (habitants des quartiers en déshérence, enfants, personnes âgées...) ; *c)* le tout permettant le développement de l'emploi salarié. L'un des aspects cruciaux de cette délicate alchimie sociale est la coexistence au sein de mêmes structures de logiques militantes et de logiques professionnelles, la synergie entre le salariat et le bénévolat : « Le travail bénévole ne se substitue pas au travail salarié. Il peut au contraire multiplier les opportunités d'emploi en abaissant le prix de revient des services et en facilitant le lien durable avec les usagers et les autres partenaires locaux. » Si l'on s'en tient aux chiffres, ces initiatives ne pèsent pas lourd face à la crise de l'emploi. Elles ont cependant le mérite d'exister et de montrer que la crise du salariat ouvre de nouveaux champs à l'innovation sociale.

Parmi les expériences recensées par Laville, l'une des plus significatives est celle des *community development corporations* aux États-Unis. Le triomphe de l'idéologie libérale au cours des années 80 ne doit pas faire oublier l'existence dans ce pays d'un puissant mouvement communautaire, dont les CDC sont l'émanation directe :

> « Il s'agit d'initiatives locales de développement cherchant à concilier tout à la fois des objectifs économiques et des objectifs sociaux. Ces initiatives de résidents des quartiers pauvres, soutenues la plupart du temps par des professionnels de l'organisation communautaire financés par les églises locales, donnent lieu à la mise sur pied d'organismes stimulateurs de la relance, plaques tournantes, en quelque sorte,

d'une activité structurante aux plans économique et social dans les milieux concernés. Disposant à la fois de fonds de fonctionnement et de fonds d'investissement, ces CDC sont engagées dans une gamme variée d'activités : l'achat, la rénovation et la gestion de l'habitat local ; le maintien et le développement d'entreprises locales, généralement des micro-entreprises, dont un certain nombre sont de type coopératif ou associatif ; l'achat, la rénovation et la gestion d'espaces commerciaux ; la mise sur pied de services de proximité, particulièrement dans le secteur de la santé et des services sociaux [27]. »

Encore peu nombreuses à l'échelle du pays, les CDC se développent régulièrement depuis les années 60 et seraient actuellement 2 000, employant plusieurs dizaines de milliers de permanents et prenant en charge chaque année plus de 25 000 nouveaux logements.

## 7. L'importance cruciale de la capacité de contractualisation et de régulation mutuelle des acteurs sociaux

Loin d'être une affaire d'expérimentateurs sociaux isolés, le développement de pratiques innovantes du type économie solidaire repose crucialement sur la capacité de changement des acteurs institutionnels. Les associations ne peuvent agir à grande échelle sur l'articulation de l'économique et du social sans un appui déterminé et compétent des pouvoirs publics, mais celui-ci ne va pas de soi, tant il suppose de rompre avec une culture de la méfiance et du contrôle au profit d'une culture de la responsabilité sociale, du partenariat et de l'évaluation. La même remarque vaut pour la conception innovante des marchés du travail transitionnels que l'on a exposée plus haut : sa mise en œuvre

27. Louis Favreau, in *ibid.*, p. 107.

supposerait de la part des acteurs concernés une importante capacité d'invention institutionnelle, une rupture avec les logiques d'action apprises au cours de la période d'expansion dont, à première vue, ils ne paraissent guère capables. Pour diversifier les logiques d'action et instaurer de nouvelles formes de coopération entre individus, entreprises et organismes publics, le principal outil semble être un recours plus large à la technique du contrat. Le contrat d'insertion institué dans le cadre du RMI n'est certes pas une panacée, mais c'est pourtant bien dans cette direction qu'il faut aller si l'on veut élargir le droit d'initiative des individus provisoirement ou durablement en transition. *Dès lors que les automatismes de la règle bureaucratique et du marché se révèlent inadaptés à la complexité des parcours individuels, à la prise en compte d'une vision élargie de l'utilité collective et à une conception ambitieuse des droits sociaux, il n'est d'autre solution que de miser sur la capacité d'engagement réciproque des acteurs.* Cette extension du contrat comme mode de régulation des rapports sociaux devrait concerner aussi bien les contrats collectifs (conventions sociales) que les contrats individuels (contrats de travail, contrats d'insertion). Il ne faut pas se cacher la difficulté d'intégrer cette culture du contrat à la tradition socio-politique française : on y reviendra au chapitre suivant.

Un contrat suppose des partenaires suffisamment forts pour s'engager dans la durée. Or, comme on l'a déjà indiqué dans un précédent développement, l'évolution économique a plutôt tendance à déstabiliser les acteurs sociaux institués. La situation de faiblesse et de division des syndicats de salariés est bien connue : ils n'en demeurent pas moins des pièces incontournables du jeu social. On imagine mal comment faire évoluer le système des droits et obligations en matière de travail et de protection sociale sans leur implication active dans des négociations longues et complexes. Pour qu'ils redeviennent des interlocuteurs crédibles, l'une des conditions est qu'ils s'efforcent d'identifier plus lucidement les intérêts dont ils sont réellement porteurs : ceux des salariés encore bien intégrés dans l'ancienne société salariale ou ceux de l'ensemble des actifs, y compris les chômeurs et les précaires ? La mise en œuvre des réformes évoquées obligerait à sortir de cette ambiguïté. Faute d'un dialogue social efficace au niveau national ou au niveau des branches professionnelles, la négociation tend à se déporter vers l'entreprise. Celle-ci semble bien être, en effet, le seul lieu adéquat pour discuter de manière pertinente de l'organisation du travail et des rémunérations. Reste que cette fragmentation du dialogue social ne peut qu'aggraver l'éclatement du monde du travail. Et ce d'autant plus que l'entreprise est moins que jamais en situation de s'assumer en tant qu'institution participant à la production des droits sociaux. Comment, par exemple, exiger d'une entreprise qu'elle accorde des garanties de carrière à un salarié en congé sabbatique, si elle-même n'est pas sûre d'exister un an plus tard ? La diminution de la taille des sociétés, l'exacerbation de la concurrence et la volatilité du tissu productif rendent bien problématique l'émergence d'une nouvelle régulation socio-économique à partir d'une gestion décentralisée des rapports professionnels.

Il est vain de chercher à reconstruire un système cohérent de régulation des rapports sociaux de travail sans tenir compte de manière réaliste des objectifs et des marges de liberté des différents acteurs, sans se demander où commence et finit leur rôle. La complexité des interactions entre les activités économiques et leur environnement écologique et social est souvent interprétée comme l'appel à un élargissement des responsabilités des entreprises. L'ancien partage des tâches – à l'entreprise la création de richesse, à l'État l'encadrement juridique et la redistribution – ne fonctionnerait plus, et le secteur productif devrait accepter un certain devoir de prévention et de réparation dans les domaines social et environnemental. En réalité, l'« internalisation » des retombées de leur activité est souvent conforme à l'intérêt bien compris des entreprises[28]. Tout le problème est de savoir si les

28. « Entre l'abandon de toute responsabilité sociale et un paternalisme désormais inadapté, les entreprises doivent réinventer un nouveau rôle dans la Cité. Elles ont à trouver un partenariat différent avec les autres acteurs : institutions et citoyens. Certaines d'entre elles ont déjà défriché cette voie : action sur

initiatives qu'elles prennent spontanément, éclatées et souvent velléitaires, peuvent déboucher sur de nouvelles règles du jeu transparentes et opposables. A-t-on suffisamment pris garde au fait que l'affichage de bonnes intentions peut déboucher sur la confusion des genres ? Il n'est pas douteux que la question de la citoyenneté de l'entreprise se pose aujourd'hui en des termes nouveaux, mais il paraît bien difficile de donner une définition à la fois générale et précise des devoirs qui en découlent. Dans l'économie post-industrielle, l'entreprise semble plus que jamais contrainte de se recentrer sur la lutte pour la conquête des marchés : elle n'a même plus, la plupart du temps, cette garantie de pérennité que lui conférait la maîtrise d'un « métier », la détention d'équipements coûteux et de savoir-faire rares. Dans ces conditions, quelle est sa capacité d'engagement vis-à-vis de ses salariés ? Les déboires de la « gestion prévisionnelle des emplois », bien analysés par Alain Lebaube, illustrent parfaitement toute la difficulté d'une « modernisation sociale négociée » :

> « L'encre à peine sèche alors que les partenaires sociaux avaient cru s'engager dans une politique de long terme, des entreprises durent revenir sur des promesses implicites de stabilité des effectifs ou sur des assurances, elles aussi sous-entendues, d'évolution contrôlée, valables pour tous. Elles devaient réduire leurs effectifs et présenter des plans sociaux tout en affirmant, sans être vraiment crues, que la gestion prévisionnelle n'était pas forcément contradictoire avec l'obligation de s'adapter aux contraintes conjoncturelles[29]. »

On n'irait pourtant pas jusqu'à dire, comme Dominique Méda, que « la réalisation d'une communauté de travail ne fait pas partie

---

l'environnement, lutte contre l'exclusion, mais aussi action humanitaire, mécénat. Ce sont des actions qui engagent certes les directions, mais qui peuvent aussi être les vecteurs d'une nouvelle cohésion sociale pour des salariés tentés de prendre de la distance avec leur entreprise » (« L'entreprise et la Cité. Inventer une nouvelle règle du jeu », *La Lettre mensuelle d'Entreprise et Personnel*, avril 1995).

29. Alain Lebaube, *op. cit.*, p. 135.

des objectifs de l'entreprise et n'appartient pas à son concept[30] ». L'entreprise a des obligations morales vis-à-vis des personnes dont elle utilise le travail et les capacités, lesquelles forment peu ou prou communauté. Mais ces responsabilités sont difficilement opposables aux impératifs de la concurrence, et la gestion des ressources humaines s'intègre nécessairement dans une stratégie managériale : si l'on veut mobiliser les compétences, on ne peut traiter n'importe comment les personnes. Chaque entreprise résout l'équation à sa manière, bonne ou mauvaise, en fonction de ses contraintes, de sa culture et de son style de *management.* Au sein d'une même entreprise, tous les salariés ne sont d'ailleurs pas nécessairement logés à la même enseigne. Les spécialistes du *management* social qui s'interrogent lucidement sur l'évolution de leur mission sont obligés d'en convenir : nous sommes entrés dans l'ère de la « gestion des ressources humaines à plusieurs vitesses », fondée sur la catégorisation des travailleurs non selon une hiérarchie organique, mais en fonction de la rareté de leurs compétences ou de leur degré d'intégration au cœur de l'activité productive : « Il y a “salariés” et “salariés”. Il y a ceux que l'entreprise veut vraiment fidéliser. Il y a ceux qu'aux yeux des dirigeants il est bon de garder pour la bonne marche d'une des entités de l'entreprise. Il y a ceux dont on peut se séparer sans nullement hypothéquer une part, même minime, de la performance de l'entreprise[31]. » Dans ces conditions, on ne peut espérer rebâtir le système social par généralisation d'un « bon » modèle d'entreprise. Et la politique du travail ne peut se contenter d'encourager la modernisation du *management* : c'est encore à l'État, principalement à travers le droit et la redistribution, qu'il incombe de définir le cadre d'articulation de l'activité économique et des objectifs sociaux de la collectivité. C'est à lui également qu'il revient de stabiliser, autant que faire se peut, l'envi-

30. Dominique Méda, *op. cit.*
31. Bernard Galambaud, *Une nouvelle configuration humaine de l'entreprise. Le social désemparé*, Paris, ESF, 1994, p. 121.

ronnement économique et juridique dans lequel évoluent les entreprises afin de leur permettre d'assumer au mieux les responsabilités sociales qui leur reviennent en propre et que nul ne peut assumer à leur place : gérer l'emploi en essayant de ne pas trop aggraver les mécanismes générateurs d'exclusion, participer à un effort volontariste d'intégration professionnelle des jeunes, mettre en œuvre une organisation du travail qui respecte l'équilibre personnel des salariés, etc. Mais l'instance politique démocratique a une tâche encore plus générale, qui est de s'assurer de l'existence d'un cadre institutionnel et de conditions sociales concrètes permettant l'exercice effectif des droits et devoirs de l'individu à l'égard de la société. Fonction d'autant plus décisive que, dans les conditions de l'économie contemporaine, ce n'est pas de son rapport à l'entreprise que le salarié peut attendre la garantie d'une position sociale assurée tout au long de sa vie active. Tout l'intérêt d'une idée du genre « statut de l'actif » est précisément de pallier les effets de cette défaillance en renforçant le rôle de la collectivité comme troisième partenaire du contrat de travail. Ces observations, disparates et non limitatives, veulent souligner l'urgence d'un investissement, d'abord d'ordre intellectuel, en vue d'une reconfiguration des modèles et systèmes d'action en matière sociale. Le diagnostic suivant pourrait servir de point de départ :

> « L'essentiel est de noter que le modèle régulatoire ne peut plus faire comme si *un seul* modèle de production orientait tendanciellement la totalité de la vie économique et sociale. Le modèle de régulation ne peut plus être substantiel, c'est-à-dire se fonder sur une représentation *a priori* de ce que doivent être une coordination et une coopération socio-économique optimales. Il ne peut donc être question de substituer un modèle substantiel (par exemple, le toyotisme) à l'autre (le fordisme). Nous devons accepter de vivre dans une pluralité de modèles. Cela engendre bien sûr un accroissement dramatique de complexité sociale et donc d'incertitude [32]. »

32. J. De Munk, J. Lenoble et M. Molitor, *Pour une procéduralisation de la politique sociale*, rapport pour la Commission des Communautés européennes, Louvain, université de Louvain, 1995, p. 19.

Il s'agit bien, en effet, de concevoir les systèmes de négociation sociale comme de « nouveaux mécanismes de gestion de l'incertitude ».

On ne peut qu'en rester ici à une liste préliminaire de questions, ou plutôt d'objets qui, nécessairement, seraient au cœur de cette réflexion :

– La *représentation sociale* : qui représente qui ? Quels sont les niveaux pertinents d'agrégation des situations particulières ? Comment favoriser l'organisation de conflits collectifs qui expriment fidèlement et utilement les tensions sociales réelles ? La question de la représentation concerne également les systèmes d'action stables qui se constituent et qui peuvent être des sujets collectifs de l'action (partenariats, sous-traitance...).

– Les *normes* : sur quoi doivent-elles porter (par exemple en matière d'organisation du temps de travail) ? Quelles sont celles qui relèvent de la négociation et celles qui relèvent d'un « ordre public social » ?

– La *responsabilité* et l'*imputabilité* : qui est responsable de quoi ? Et comment se donne-t-on les moyens que chacun puisse rendre des comptes de son action ? Comme l'exprime bien Thierry Priestley : « Il importe de retrouver en premier lieu un cadre d'organisation de la responsabilité sociale qui autorise son imputation à ceux qui ont effectivement le pouvoir de l'exercer, et son exercice là où elle peut être exercée pleinement [33]. »

– La *formalisation de nouveaux objets de négociation et de contractualisation* (par exemple la notion d'« activité utile à la société » ou encore les formes de rétribution non monétaire de l'activité : possibilités de formation, liberté dans l'organisation du temps).

– Les *techniques de coopération et de régulation des fonction-*

33. Thierry Priestley, note préparatoire au rapport du plan mentionné plus haut. L'ensemble de cette section doit beaucoup à des échanges avec l'auteur de cette note.

*nement collectifs*, notamment les outils de travail intellectuel en groupe et d'évaluation participative.

En fin de compte, vu la complexité des problèmes à maîtriser, il est possible que l'on ne puisse aboutir à des solutions institutionnelles bien cadrées et qu'il faille se résoudre à un détour supplémentaire : dans cette optique, l'effort de formalisation porterait non plus sur les objets, mais sur la manière de les construire dans une situation donnée. C'est ce que De Munk, Lenoble et Molitor évoquent sous la notion de « rationalité procédurale » : « Une rationalité procédurale sera définie comme un discours critique qui permet qu'une communication vraiment ouverte, tant sur le plan cognitif que sur le plan normatif, soit à même de déconstruire les fausses dogmatisations des acteurs et de construire le litige qui les oppose comme un objet particulier à l'intersection de différents univers de sens pertinents (économique, culturel, social)[34]. » En d'autres termes, il s'agit de s'entendre sur un corpus de valeurs et de principes méthodologiques qui permettront de bâtir, dans chaque situation particulière, un système de régulation pertinent (en matière de droits sociaux, de reconnaissance de la qualification, d'organisation du travail, etc.).

De telles considérations peuvent paraître éloignées des enjeux immédiats du social. Pourtant, à bien y réfléchir, on ne fera pas l'économie de tels investissements. L'appel à la responsabilité et à la mobilisation des acteurs sociaux pour l'emploi risque de rester sans effet tant que l'on n'aura pas redéfini le cadre dans lequel celles-ci doivent s'exercer. Et c'est au politique qu'il revient de prendre l'initiative en la matière. Pour ce qui le concerne plus directement, cela veut dire formuler des valeurs et des principes adaptés à la situation, veiller à la cohérence du droit et favoriser l'émergence de nouveaux modèles de l'agir ensemble (en commençant par donner l'exemple de ce qu'est un partenaire fiable dans le cadre d'une relation contractuelle).

34. J. De Munck, J. Lenoble et M. Molitor, *op. cit.*

13

# Réévaluer le politique

## I. Représentation, droit et responsabilité

La dévaluation du travail appelle une réévaluation du politique comme capacité d'organisation de la société et d'expression des valeurs partagées par ses membres. On pourrait résumer les chapitres précédents de ce livre en disant que l'économie ne fournit plus à la société une « rationalité substantielle », c'est-à-dire un ensemble cohérent de représentations susceptibles d'orienter et de réguler l'agir ensemble. Mais cette défaillance affaiblit également un esprit public excessivement polarisé par les enjeux socio-économiques. Funeste cercle vicieux dont on ne sortira qu'en réactivant les ressorts autonomes de l'action politique.

### 1. Le triomphe fragile de l'idée démocratique

La situation de la démocratie est paradoxale. A la Bourse des idées, jamais elle n'est montée si haut. Les années 80 ont été profondément marquées par la critique du totalitarisme et la défense des droits de l'homme. Tout ce qui semble s'attaquer de front au consensus démocratique, et plus particulièrement aux libertés individuelles, est l'objet de réprobation. Le temps n'est plus où le premier marxiste venu pouvait se permettre d'opposer la démocratie bourgeoise et la démocratie réelle. Et pourtant, dans le même temps, des signes inquiétants se multiplient : tendance à l'augmentation de l'abstention, versatilité croissante des électeurs, montée de leaders populistes. A y regarder de près, si la démocratie se porte bien, c'est avant tout comme principe négatif : il est interdit d'attenter à la liberté individuelle et aux intérêts particuliers.

En tant que principe positif, affirmation d'une volonté commune, le politique a plutôt tendance à dépérir. Premier symptôme, l'esprit militant s'affaiblit : les jeunes sont peu nombreux dans les partis politiques, dans les organisations syndicales et les associations. Il est peu de grandes organisations où la relève militante soit réellement assurée. La vie associative se porte apparemment plutôt bien, mais une étude plus fine du champ d'intervention de ces regroupements et de leur durée de vie ne permet pas d'infirmer le sentiment général d'un déficit de mobilisation collective. Les nombreuses associations qui naissent et meurent chaque année concernent davantage les champs d'intérêt tels que les loisirs, le sport, l'environnement, voire l'humanitaire, mais moins souvent la vie de la cité dans son ensemble. Les associations sont, globalement, moins « politiques ». Le militantisme traditionnel dans les grandes organisations d'obédience politique, religieuse ou syndicale est en baisse. La participation syndicale, par exemple, a régressé de 15 à 10% des actifs entre le début des années 80 et 90 [1].

Pour une part, ces symptômes de démobilisation relèvent d'une dynamique sociétale et culturelle de longue portée. Difficile de ne pas se reconnaître dans la « société fragmentée » décrite par Charles Taylor, qui se caractérise par « l'inaptitude de plus en plus grande des gens à former un projet commun et à le mettre à exécution » [2]. Cette fragmentation du social, qui renvoie à ce qu'Yves Barel avait analysé comme une « aspiration générale à l'autonomie », survient lorsque les individus « en viennent à se concevoir

1. Jean-Luc Volatier, « Associations : loisirs en hausse, militantisme en baisse », in *L'État de la France 1992*, *op. cit.*, p. 112.

2. Charles Taylor, *Le Malaise de la modernité*, Paris, Éd. du Cerf, 1994, p. 118 et 123.

eux-mêmes de façon de plus en plus atomiste, autrement dit, de moins en moins liés à leurs concitoyens par des projets et allégeances communes »[3]. On peut discuter sur le point de savoir si ce processus de déliaison s'accompagne ou non d'une revitalisation d'espaces micro-sociaux ou de réseaux reposant sur de nouvelles affinités ou solidarités (à l'exemple de la mobilisation associative autour du problème du Sida), mais il ne fait guère de doutes qu'il frappe de plein fouet la capacité de mobilisation du politique, dans la mesure où, comme le dit encore Charles Taylor, les membres de la société « éprouvent de plus en plus de mal à s'identifier à leur collectivité politique en tant que communauté[4] ». D'où, notamment, une crise de la représentation politique, dont les nombreux symptômes sautent aux yeux. L'antiparlementarisme systématique ne fait, certes, plus vraiment recette, mais les hommes politiques sont quotidiennement tournés en dérision. On continue à voter en masse, mais le bulletin que l'on met dans l'urne vise plus souvent à sanctionner qu'à légitimer : les citoyens ont du mal à accorder durablement leur confiance à ceux qu'ils élisent pour agir en leur nom. Cette crise de la représentation se double d'une crise de la médiation institutionnelle frappant de plein fouet les organisations politiques, syndicales, religieuses, qui avaient pour fonction d'encadrer la population, d'agréger la demande sociale, de permettre la formulation de projets alternatifs et d'expressions concurrentes du bien commun. Pour en rester au registre politique, les symptômes abondent : érosion des grands partis de gouvernement, instabilité des majorités, fluidité de l'électorat, augmentation des votes protestataires. Affaibli par les dérives internes à la sphère politique (corruption, soumission excessive aux médias...), le principe de représentation l'est surtout par l'opportunisme d'un électeur qui se comporte de plus en plus en consommateur perplexe et perpétuellement insatisfait.

Quelle que soit la prégnance de ce contexte culturel, il y a cepen-

3. Yves Barel, *La Société du vide*, Paris, Éd. du Seuil, 1984, p. 7.
4. Charles Taylor, *op. cit.*

dant place pour une analyse spécifiquement politique de cette crise de la représentation. Et ce notamment parce que le principe de délégation du pouvoir a toujours été un objet de controverses et que sa relégitimation se joue aussi sur le terrain de la philosophie politique. Les critiques de Rousseau contre le système représentatif sont célèbres :

> « La souveraineté ne peut être représentée, par la même raison qu'elle ne peut être aliénée ; elle consiste essentiellement dans la volonté générale, et la volonté ne se représente point : elle est la même ou elle est autre ; il n'y a point de milieu. Les députés du peuple ne sont donc ni ne peuvent être ses représentants, ils ne sont que ses commissaires ; ils ne peuvent rien conclure définitivement. Toute loi que le peuple en personne n'a pas ratifiée est nulle ; ce n'est pas une loi. Le peuple anglais pense être libre, il se trompe fort, il ne l'est que durant l'élection des membres du Parlement ; sitôt qu'ils sont élus, il est esclave, il n'est rien[5]. »

La rhétorique a vieilli, mais des arguments voisins sont mobilisés chaque fois que l'on oppose au principe représentatif d'autres formes de démocratie : recours systématique au référendum, démocratie directe, autogestion. Il s'agit moins, bien entendu, de supprimer tout mécanisme de délégation que d'en restreindre au maximum la portée, comme si c'était un mal nécessaire. Pourtant nous devrions savoir aujourd'hui que Rousseau faisait fausse route : sa conception immédiate et inconditionnelle de la souveraineté est dangereuse. Sa seule excuse est qu'il n'avait pas l'expérience de ce qu'est une masse d'individus livrée à la folie d'un démagogue. La vertu première, de nature foncièrement éthique, du principe de représentation, c'est qu'elle repose sur la délégation, le transfert de pouvoir et, finalement, la *confiance raisonnée* accordée à la parole du représentant. Qu'on y réfléchisse : il n'y a pas d'agir collectif qui ne repose sur la confiance dans la parole donnée. Mais, symétriquement, l'existence de cette confiance repose sur la capacité des acteurs à prendre des engagements et à les tenir.

5. Jean-Jacques Rousseau, *Du contrat social*, Paris, Flammarion, 1966, p. 123.

La délégation de pouvoir dont bénéficient les représentants devrait avoir pour contrepartie l'obligation de rendre sérieusement des comptes sur leur action. Il convient donc de mettre en rapport la crise du principe représentatif et le déficit d'imputabilité des systèmes d'action publique.

## 2. Conflits sociaux et représentation

La crise de la représentation politique signifie également, dans un autre sens, la difficulté croissante pour la société de se rendre visible à elle-même en tant qu'espace politique, c'est-à-dire de produire une image nette de ses contradictions. Nous ne manquons certes pas de controverses en tout genre, mais elles ne s'organisent plus suivant des lignes de front bien marquées, susceptibles d'être transposées en clivages politiques. Or les mécanismes de concentration du pouvoir, qu'ils passent par l'élection ou la domination violente, sont presque toujours liés à des processus de simplification et de hiérarchisation des contradictions sociales et à leur transformation en conflits. La fonction de représentation est donc intimement liée à la positivité du conflit, en tant que début d'organisation et de maîtrise de la violence, telle que l'analyse Georg Simmel :

> « Dans les faits, ce sont les causes du conflit, la haine, l'envie, la misère et la convoitise, qui sont véritablement l'élément de dislocation. Une fois qu'un conflit a éclaté pour l'une de ces raisons, il est en fait un mouvement de protection contre le dualisme qui sépare, et une voie qui mènera à une sorte d'unité, quelle qu'elle soit, même si elle passe par la destruction de l'une des parties – un peu comme les symptômes les plus violents de la maladie, qui bien souvent représentent justement l'effort de l'organisme pour se délivrer de ses troubles et de ses maux [6]. »

6. Georg Simmel, *Le Conflit*, Paris, Circé, 1992, p. 20.

Dans cette citation, Simmel semble considérer que le conflit est fait pour être dépassé, mais comme il le montre ailleurs, certaines formes de conflit, telles que la concurrence dans une économie de marché, ont un caractère permanent et structurel et font partie des structures de la société. La démocratie pourrait d'ailleurs se définir par le fait qu'elle institue explicitement le conflit comme une donnée constitutive de son fonctionnement : le lien social entre les personnes et les groupes n'y est pas l'expression d'un ordre préétabli, mais le cadre nécessaire à la régulation pacifique d'un tissu serré d'interactions pratiques et symboliques.

Les mécanismes de la démocratie représentative ne sont pourtant pas suffisants pour intégrer le conflit à la vie de la cité : hormis les périodes de campagne électorale, la domination de la majorité sur la minorité et la rigidité des frontières entre les camps ne laissent guère de place à la négociation. C'est peut-être ce qui explique l'importance politique des conflits du travail, que l'on a déjà soulignée au chapitre 10. Le terrain social a constitué une alternative et un complément à l'espace de la représentation politique, plus adapté à l'expression d'une conflictualité ouverte et continue ne mettant pas trop en danger l'ordre civil. L'importance des conflits du travail dans la vie quotidienne des gens, leur capacité à recevoir une interprétation idéologique en référence à des visions antagoniques du bien commun ont constitué un atout paradoxal pour la démocratie. Les passions sociales ont en effet favorisé l'encadrement idéologique de la population par les partis, et par voie de conséquence la légitimation du principe représentatif et la structuration du débat public. On a d'ailleurs pu constater de manière spectaculaire au cours de la campagne présidentielle de 1995 que le découplage des conflits sociaux et du débat électoral allait de pair avec un brouillage des repères politiques traditionnels, une sorte d'anomie idéologique.

Ces quelques observations s'articulent directement avec les analyses du précédent chapitre : la crise de la représentation des intérêts collectifs dans la sphère du travail et l'affaiblissement du principe représentatif dans le champ politique sont des phénomènes étroitement liés. L'immobilisme de la société française, qui subit les changements économiques au lieu d'en négocier les conditions, impuissance à la fois politique et sociale, est la conséquence de cette crise, la rançon de la faiblesse des syndicats et de leur incapacité à encadrer le nouveau monde du travail. Et cette faiblesse de la médiation se répercute dans l'ensemble du champ social, au-delà de la sphère du travail, notamment dans l'incapacité collective de réformer un système de protection sociale dont tout le monde s'accorde à reconnaître la vétusté. Comme le note Marcel Gauchet : « L'arbitrage et le compromis sont possibles entre des groupes sociaux constitués alors qu'ils sont très difficiles à trouver à l'échelle d'une masse d'individus [7]. » La faible capacité de représentation et de négociation des acteurs sociaux français n'était pas trop grave lorsque la croissance économique était forte. Il était alors assez facile de « faire comme si » la lutte de tous contre tous obéissait aux règles d'un combat collectif organisé. Paul Thibaud souligne bien la perversité de ce mode de régulation sociale : « L'égalitarisme de principe était un champ de bataille qu'il fallait calmer à la fois par un système de garanties étendu et par une multitude de compromis partiels dont le total donnait une somme de rétributions en partie illusoires (inflation monétaire mais aussi inflation de certains diplômes). Aujourd'hui ce système de gestion de la conflictualité est devenu intolérable (coûteux, anarchique). » Et de conclure que la crise de l'État redistributeur impose de « rationaliser les relations intra-sociétales », c'est-à-dire d'augmenter la cohérence et la transparence de la représentation des intérêts sociaux (ne plus faire semblant de croire, par exemple, que les fonctionnaires et les travailleurs précaires sont forcément dans le même camp).

Reste que la question de la représentation ne se limite pas au seul registre socio-économique. L'un des enjeux de la réévaluation du politique est précisément de faire émerger comme objets de

7. Marcel Gauchet, *Face à l'exclusion*, Paris, Esprit, 1991, p. 171.

débat dans l'espace public et de négociation organisée d'autres conflits légitimes, dans des domaines tels que la santé, l'écologie, la culture, etc. La tâche ne sera cependant pas facile, dans la mesure où le flou que l'on a diagnostiqué dans la sphère du travail règne également dans d'autres secteurs de la vie sociale : la configuration des contradictions au sein de la société ne cesse de se brouiller, devenant bien difficile à traduire en termes opératoires. Jean Leca en fait le tableau suivant :

> « Les clivages sociaux sont constitués par la juxtaposition non cohérente de divisions structurelles (classes, affiliation religieuse ou idéologique, identification partisane) et transversales (communautés culturelles, "minorités" – femmes, jeunes, etc., groupes écologiques, groupes "à risque" ou au contraire mobilisés contre les risques sécuritaires, sociaux ou technologiques), ce qui produit des "scènes locales" non ordonnables autour d'une "scène centrale" où se hiérarchiseraient les conflits et les intérêts [8]. »

L'indétermination quant à l'imputation des responsabilités et l'identification des ressources et objets soumis au débat public peut être analysée comme la conséquence inévitable de la complexité des sociétés modernes. Outre la déstabilisation des structures du monde du travail, le brouillage des repères territoriaux de l'action collective constitue l'autre grand défi que doit affronter la démocratie. Entre les collectivités locales, l'État, l'Union européenne et les diverses instances de coopération internationale, l'incertitude règne sur le niveau auquel les problèmes doivent être posés, sur l'identification de l'autorité qui devrait éventuellement rendre des comptes de son action à propos de telle ou telle question mal résolue. Un nombre croissant de politiques publiques sont l'objet de décisions conjointes d'une pluralité d'acteurs politiques autonomes (c'est souvent le cas des politiques sociales) ; ce que l'on gagne, parfois, en rationalité – grâce à la prise en compte d'un plus grand nombre de points de vue –, on le perd en imputabilité.

8. Jean Leca, « Gouvernement et gouvernance à l'aube du XXI^e^ siècle », *Témoins*, n° 1, 1993.

Comment intéresser le citoyen au fonctionnement de la démocratie lorsque régnent une telle opacité, une telle difficulté d'identifier les véritables auteurs d'une décision ? Sur un autre plan, la confusion gagne également la définition des registres d'action qui caractérisent et permettent de distinguer la sphère publique, la sphère économique et la sphère privée. Dans des domaines tels que la sécurité, l'éducation, la santé et le logement, la complexification des attentes et des comportements rend plus floues les frontières séparant les demandes adressées au marché et celles adressées à l'État : à la limite, plus personne ne sait définir ce qu'est un « bien public » et un « bien privé ». Si l'on prend l'exemple de l'éducation, on réaffirmera le sacro-saint principe de l'égalité des chances, tout en exigeant dans le même mouvement, en pratique, le droit de mener pour ses enfants des stratégies « optimisées » mettant à profit la privatisation partielle du système. Contradictions individuelles difficilement évitables, mais qui ne sont plus guère problématisées dans le débat public. D'où un sentiment de flottement généralisé, des fluctuations rapides entre des pulsions solidaristes (une majorité de Français seraient prêts à reconnaître un « droit à la santé » ou un « droit au logement » pour tous) et des replis individualistes (le délire sécuritaire, la baisse des impôts, la retraite par capitalisation) qui confèrent au débat public une grande incohérence.

### 3. Démocratie d'opinion, opacité sociale et gouvernabilité

Les médias ont, en principe, pour fonction d'accroître la quantité et la qualité de l'information disponible, et donc de rendre la société plus visible à elle-même. Dans la réalité, c'est souvent le contraire qui se produit, parce que toute médiatisation s'accompagne d'une réduction brutale de la complexité sociale et de la production de représentations trop instables pour structurer le sens commun[9]. Qui plus est, la démocratie médiatique fragilise toutes les instances de médiation et de représentation. Le miroir que l'on tend à l'opinion révèle crûment la faible emprise du discours des groupes, réseaux et institutions qui prétendent encadrer politiquement la population et lui fournir des repères idéologiques. Mais cette « transparence » ne rend pas la société plus compréhensible et maîtrisable par les individus. La solitude du citoyen dans l'isoloir, avec des convictions qui n'engagent que lui, n'a d'égal que son sentiment d'impuissance. Sans doute est-ce là pour une part une dérive inhérente à la démocratie. Tocqueville déjà notait que celle-ci entraîne un nivellement de la valeur accordée aux différentes opinions, au risque de ruiner toute forme d'autorité :

> « Quant à l'action que peut avoir l'intelligence d'un homme sur celle d'un autre citoyen, elle est nécessairement fort restreinte dans un pays où les citoyens, devenus à peu près pareils, se voient tous de fort près et, n'apercevant dans aucun d'entre eux les signes de la grandeur et d'une supériorité incontestables, sont sans cesse ramenés vers leur propre raison, comme vers la source la plus visible et la plus proche de la vérité[10]. »

Les partis traditionnels, s'ils gardent un rôle non négligeable dans la désignation des candidats et dans l'établissement des rapports de forces électoraux, ont largement perdu leur fonction d'organisation du débat démocratique. Le militant s'efface derrière la figure du « supporter », qui soutient un champion. Or le militantisme authentique, ancré dans un patrimoine d'idées et de valeurs,

9. Comme le note Olivier Mongin : « Alors qu'on nous serine quotidiennement que la démocratie d'opinion éclaire la société comme jamais auparavant et possède les vertus qui font défaut à la démocratie de parti, il est aisé de constater l'inverse : on parle de démocratie d'opinion au moment où les clivages socio-économiques habituels n'offrent plus une grille de lecture suffisamment claire de la société : on s'offre sur un plateau l'image d'une société transparente (renvoyant à la démocratie directe) alors que c'est l'opacité qui l'emporte » (« Quand règne l'opacité », *Esprit*, mars-avril 1995, p. 67).

10. Alexis de Tocqueville, *De la démocratie en Amérique*, Paris, Garnier-Flammarion, 1984, t. II, p. 10.

est un élément important de la vie démocratique : sans régulation par la sociabilité militante, la politique risque de devenir une affaire d'« entrepreneurs politiques » dans laquelle la proportion de cyniques sera forcément plus élevée.

C'est peut-être dans le domaine judiciaire que les conséquences néfastes de la médiatisation apparaissent avec la plus grande évidence : viol du secret de l'instruction, confusion entre le travail d'investigation des journalistes et celui des juges, et, finalement, relativisation de la légitimité de la justice et mise en cause de son équité. Comme le note Antoine Garapon, « l'égalité des armes n'existe pas dans les médias qui offrent une prime à celui qui raconte la meilleure histoire et qui la dit le mieux [11] ». A l'origine de ces dérives se trouve une grave confusion sur la notion de transparence, laquelle ne consiste pas à « tout dire », ou plutôt « tout montrer », mais à s'assurer du respect des règles définies en commun : « La transparence dans une démocratie, ce n'est pas celle des hommes mais celle des procédures ». En fin de compte, ce diagnostic alarmant porté sur la justice s'appliquerait aussi bien au discours politique, menacé par la confusion entre crédibilité du discours et gages d'authenticité personnelle de son auteur : « Cette confusion regrettable et dangereuse sur la transparence démocratique finit par aboutir à une sorte de privatisation de la parole publique [12]. » Dans ce domaine comme dans d'autres, le règne de la communication est celui de l'immédiateté : chacun veut tout savoir, tout de suite, et juger sans attendre. L'exigence se fait jour d'une décision prise en direct, sous le regard du public. Or l'action sérieuse suppose l'autonomie du décideur, et la liberté de déplaire temporairement s'il le juge utile. L'évaluation des actions publiques ne saurait se limiter à celle qu'imposent les médias. Pour éviter la paralysie complète, il n'est pas étonnant que l'on cherche à soustraire les décisions vraiment sérieuses au regard du public en

11. Antoine Garapon, « Justice et médias : une alchimie douteuse », *Esprit*, mars-avril 1995, p. 19.
12. *Ibid.*

autonomisant certains mécanismes de décision (la création du Comité de politique monétaire est un bon exemple de ce mécanisme, la gestion de la monnaie étant une chose trop sérieuse pour être l'objet de controverses publiques sous le feu des médias). Le règne de la communication et la prolifération des comités indépendants, phénomènes liés, ont pour logique commune de vider de son contenu le principe de représentation.

En dépit des apparences, le règne de l'opinion n'améliore pas la capacité de la société à gérer ses conflits. L'affaire du CIP (contrat d'insertion professionnelle), en 1993, illustre bien l'impossibilité de faire dialoguer utilement différentes rationalités lorsque les médiations socio-politiques ne fonctionnent plus. On a vu s'affronter sans aucune possibilité de dialogue et de médiation des technocrates convaincus à tort ou à raison que la création d'un SMIC réduit pour les moins de 25 ans était la bonne solution pour réduire le chômage des jeunes et une jeunesse (soutenue par l'opinion), massivement attachée à la valeur des diplômes. On connaît la suite : des manifestations anti-CIP de grande ampleur, une consultation directe des jeunes au moyen d'un questionnaire, sur la base duquel une commission de sages élabora cinquante-sept propositions pour la plupart de portée mineure, inadaptées ou inapplicables, dont l'oubli prévisible ne fera qu'accroître la dérision des intéressés. Moralité fort bien tirée par François Dubet :

> « La démocratie ne peut être que représentative. Elle suppose que les demandes sociales soient formées et relayées par des organisations capables de négocier et de former l'opinion publique. Sans doute la France est-elle aujourd'hui particulièrement faible en ce domaine, mais l'adresse directe à l'opinion, pour l'entendre de manière brute ou pour la sécuriser, engendre des conséquences dont on voit déjà qu'elles sont totalement opposées aux buts visés. La “communication” ne peut se substituer à la représentation défaillante qu'il faut d'abord reconstruire [13]. »

13. *Libération*, 12 octobre 1994.

## 4. Force et limites du droit

L'actualité politico-judiciaire française du début des années 90 a parfois été analysée en termes de conflit entre le pouvoir judiciaire et la classe politique. Par-delà des « affaires » dont les causes sont à chercher autant dans l'évolution des mœurs économiques que dans les dérives du monde politique, le question mérite d'être posée sur un plan plus général : le retour du droit, qu'attestent de nombreux autres indices, a-t-il partie liée avec le déclin du politique ? On n'a pas l'intention ici d'évoquer l'ensemble des aspects de ce vaste débat. En tout état de cause, il n'y a guère de sens à opposer frontalement droit et représentation, et nous avons bien insisté, pour notre part, sur l'importance d'une réflexion de nature juridique pour reconstruire un système de régulation cohérent du monde du travail. Reste que l'on a parfois tendance à surestimer l'autonomie du droit et la possibilité de s'appuyer sur lui pour contourner la crise sociale.

Sont visés ici, à titre principal, certains des défenseurs du « revenu d'existence [14] ». Le droit inconditionnel au revenu est souvent présenté comme la mise en pratique des théories contemporaines de la justice sociale. Pour contrecarrer le développement des inégalités et de la pauvreté dans les pays industrialisés, et même à l'échelle du monde, il serait possible d'emprunter une voie essentiellement rationnelle, en s'appuyant sur la capacité d'auto-affirmation des principes juridiques. Le « rationalisme constructiviste [15] » de John Rawls est l'exemple le plus connu de ce type de démarche, d'origine principalement anglo-saxonne : pour Rawls,

14. Nous ne revenons pas ici sur les critiques formulées à l'encontre de cette idée dans d'autres sections de ce livre.

15. Expression de Joël Roman, *in* Pierre Bouretz, *La Force du droit*, Paris, Esprit, 1991, p. 95.

il est possible de définir des « principes de justice » auxquels tout individu devrait adhérer s'il est rationnel, et dont le respect permettrait la distribution « équitable » au sein de la société des biens matériels et des libertés.

Fortement tributaires dans leur style d'argumentation de la tradition utilitariste anglo-saxonne, ces doctrines sociales ont tendance à se centrer sur la question de la redistribution des biens (lesquels incluent, le cas échéant, un certain nombre de « droits », politiques ou autres), en présupposant implicitement que l'individu peut être socialisé indépendamment du processus de production de ceux-ci [16]. Or la question de la justice, et donc des droits sociaux, ne peut être dissociée de celle de la socialisation : comment l'être humain devient-il, pratiquement, membre d'une communauté humaine ? Le rationalisme constructiviste présuppose que les hommes peuvent être réellement considérés par leurs semblables comme des sujets de droit indépendamment des modalités de leur participation effective à la vie d'une communauté historique et, d'autre part, que le droit peut être instituant indépendamment de son ancrage dans la vie politique. Cependant, comme le remarque Joël Roman, en tant que mécanisme objectif, le droit ne peut pas être dissocié de l'existence d'une communauté politique : « Nos droits sont garantis par les institutions et par tout un droit politique. Il existe des mécanismes de recours, contre les empiétements dont on pourrait être victime dans notre propre communauté politique, mais d'une autre façon c'est bien aussi parce que nous appartenons à cette communauté-là que nous pouvons y avoir recours [17]. » L'affirmation de droits individuels renvoie donc, fût-ce de manière implicite, à l'existence d'une communauté politique. Dans ces conditions, la question du travail, non pas en tant que

16. Voir Philippe Van Parijs, *Qu'est-ce qu'une société juste ? Introduction à la pratique de la philosophie politique*, Paris, Éd. du Seuil, 1991 ; Joëlle Affichard et Jean-Baptiste de Foucauld (éd.), *Justice sociale et Inégalités*, Paris, Esprit, 1991.

17. *Ibid.*

ressource productive mais en tant que médiation concrète du lien social, ne peut être éludée (cf. chapitre 10).

Le retour du droit est, redisons-le, un ingrédient nécessaire de la réactivation du politique. Sur le plan intellectuel, c'est d'ailleurs le signe d'une maturation, dans le prolongement logique de la critique du totalitarisme. La culture politique française intègre dans ses références théoriques la reconnaissance d'une tension latente entre le principe « républicain » de souveraineté du peuple et l'existence d'un « État de droit », c'est-à-dire d'un État où la protection des individus par le droit l'emporte sur la légitimité de la volonté générale [18]. Opposition longtemps occultée par l'héritage idéologique de la Révolution française, puis par le marxisme. Tout le problème est de savoir dans quelle mesure la référence accrue au droit, ou plus exactement à des « principes de justice », pourrait permettre de refonder la solidarité collective et servir de point d'appui face à l'aggravation des tensions entre efficacité et équité. Peut-on suivre Jean-Baptiste de Foucauld lorsqu'il affirme : « Nous avons besoin de nous référer à des principes de justice pour la conduite de nos politiques économiques et sociales, pour régler nos politiques de transferts sociaux, de répartition au sein des entreprises et pour mettre en œuvre nos politiques sociales décentralisées [19] » ? Le risque est dans l'illusion d'une auto-institution du droit social, d'une occultation de sa nécessaire articulation avec les contraintes économiques, d'une part, et, d'autre part, les rapports de forces entre groupes organisés. On peut craindre que cette revalorisation symbolique du droit ne serve de prétexte pour s'accommoder du déclin du principe de représentation.

18. Pierre Bouretz résume ainsi l'état d'esprit qui préside à cette redécouverte du droit : « Qu'il s'agisse pour nous d'opposer un ultime sursaut en guise de quête du sens contre le désenchantement du monde ou de mûrir une sagesse renouvelée par la critique de quelques illusions, nous serions prêts à prendre le droit au sérieux. Comme jamais sans doute dans les étapes précédentes d'une modernité successivement fascinée par la nature, la science et l'histoire » (*op. cit.*, p. 18).

19. Jean-Baptiste de Foucauld, *in* Joëlle Affichard et id. (éd.), *op. cit.*

Élargissons le débat : faut-il se réjouir du recours de plus en plus systématique à la justice pour régler les contentieux de toute nature qui surviennent dans la vie sociale ? Si le fait que le droit soit pris au sérieux dans la culture politique française constitue un progrès, la juridicisation excessive des rapports entre les individus et les institutions publiques peut inquiéter : elle pourrait bien manifester la métamorphose du citoyen en plaignant, voire en victime, dégradation qui révélerait l'ampleur d'un déficit de contenu positif, de projet, dans son adhésion à la démocratie, celle-ci n'étant plus là que pour garantir son droit à profiter de ses bonheurs privés. Mais à cette tâche le droit risque même de ne pas suffire. L'« affaire » du sang contaminé peut servir ici d'illustration. Comme plusieurs recherches l'ont bien établi, il y a en fait deux « affaires » distinctes : celle des décisions prises en 1985 par les responsables de la transfusion sanguine (qui a eu les conséquences que l'on sait pour les hémophiles), objet d'une action judiciaire, et une autre « affaire », qui ne peut, par nature, être portée devant la justice, celle des pratiques du corps médical en matière de collecte auprès des personnes « à risque ». Or la seconde « affaire » a eu, quantitativement, des conséquences de plus grande ampleur que la première. Qui plus est : cette seconde « affaire » pose directement la question de l'effectivité de la règle dans la société française. En ne procédant pas au dépistage clinique des donneurs « à risque », les médecins ont ignoré une circulaire de la direction générale de la Santé (celle du 20 juin 1983)[20]. Double moralité de cette triste « affaire » : *a)* le traitement par la justice des dysfonctionnements de la société s'inscrit dans d'étroites limites, et il ne peut se substituer à une action de nature politique sur les systèmes d'action collective ; *b)* le développement du recours au droit pourrait très bien masquer son

20. Rappelons que c'est dans ce dysfonctionnement que résiderait la cause essentielle du fait que le nombre de transfusés infectés par le virus du sida est très nettement supérieur en France que dans les autres pays d'Europe. Voir Aquino Morelle, « Affaire du sang. Le grand silence médical », *Esprit*, octobre 1993, ou Michel Setbon, *Pouvoirs contre sida*, Paris, Éd. du Seuil, 1993.

ineffectivité croissante. Ces deux points suffisent à souligner que le droit n'a rien à espérer du déclin du politique. La liberté individuelle serait bien fragile si les États de droit n'étaient pas aussi des démocraties vivantes.

## 5. Pour une culture de l'imputabilité

En négatif, le tableau que l'on vient de dresser définit l'une des tâches du politique : instituer le conflit, inventer des cohérences entre les conflits de valeurs et les conflits d'intérêts, susciter des débats et des projets qui transforment les peurs en énergie positive, les victimes en acteurs, la violence en parole et en action rationnellement organisée.

La culture politique française ne souffre-t-elle pas de handicaps spécifiques qui lui rendent cette tâche particulièrement difficile ? On abordera cette question à partir de la notion de responsabilité. La relégitimation de la représentation et l'extension de la capacité contractuelle des acteurs politiques et sociaux supposent le développement d'une culture de la responsabilité, entendue comme compétence d'une personne « responsable », c'est-à-dire à qui on peut faire confiance. Or le type de responsabilité qui est privilégié dans le discours politique, surtout à gauche, est la responsabilité abstraite, universelle, de l'individu vis-à-vis de l'ensemble de la collectivité. Comme on peut le lire dans un texte sur la rénovation de la démocratie récemment rédigé par un collectif de militants de gauche : « Non seulement la responsabilité du mandataire vis-à-vis de ses mandants importe, mais aussi, et surtout, la responsabilité du citoyen vis-à-vis de la collectivité dont il est membre[21]. » Ces deux formes de responsabilité sont, certes, importantes, mais évoquer la seconde ne doit pas servir de pré-

21. Projet de charte de la citoyenneté, 21, boulevard de Grenelle, 75015 Paris.

texte à négliger la première. D'autant plus qu'il s'agit là d'une tentation permanente de la culture française.

Le terme « responsabilité » peut être entendu dans plusieurs sens : en France, il est fréquemment compris comme synonyme de « pouvoir » ou de « position sociale ». Or sa signification première devrait être liée à la notion de réponse : caractéristique ou qualité de celui qui répond de ses actes. La langue anglaise utilise fréquemment pour cela un mot qui permet d'éviter toute confusion entre responsabilité et pouvoir d'exercer une contrainte sur autrui : *accountability*. Dans un texte rédigé pour le rapport annuel du Conseil scientifique de l'évaluation, on avait ainsi opposé les conceptions britannique et française de la responsabilité, dans le contexte de la modernisation de l'État :

> « La notion de responsabilité, qui joue un grand rôle dans l'un et l'autre pays, n'y revêt pas exactement la même signification :
> – Les britanniques mettent l'accent sur la notion d'imputabilité (*accountability*), qui signifie "capacité à rendre des comptes", et qui renvoie aux obligations précises du responsable administratif vis-à-vis de sa hiérarchie, et à la responsabilité de l'administration vis-à-vis du pouvoir politique et du Parlement. C'est avant tout une responsabilité individuelle liée à une position hiérarchique.
> – Par opposition, la notion de responsabilité développée dans la circulaire de 1989 renvoie davantage à la mobilisation et à la participation de l'ensemble des fonctionnaires. De plus, il s'agit davantage d'une responsabilité diffuse à l'égard de la société que d'une responsabilité vis-à-vis de la hiérarchie liée à l'exercice d'une tâche précise : "C'est [...] en créant les conditions juridiques et matérielles d'une prise de responsabilités effective par le plus grand nombre d'entre eux, en matière de décision comme d'exécution, que l'on pourra mieux répondre aux aspirations des fonctionnaires et mieux satisfaire les usagers" (circulaire du 22 février 1989). Les fonctionnaires sont considérés comme des acteurs à part entière de l'évolution que doit connaître l'État pour mieux répondre aux besoins de la société[22] ».

A l'obligation de rendre des comptes précis nous préférons

22. Conseil scientifique de l'évaluation, *L'Évaluation en développement*, Paris, La Documentation française, 1993, p. 73.

référer nos actes à des valeurs et devoirs plus généraux, rejoignant ainsi la vieille notion d'« honneur », qui, comme le définit Montesquieu, est « moins ce que l'on doit aux autres que ce que l'on doit à soi-même[23] ». Formule admirable qui dit l'essentiel : notre propension à penser le social, y compris les formes d'organisation les plus hiérarchisées, à partir de l'individu, de ses droits et de ses devoirs, également imprescriptibles et universels. La fameuse phrase de Louis XIV : « L'État, c'est moi » s'inscrit en un certain sens dans cette culture. Le citoyen français ordinaire se conduit souvent comme un Louis XIV au petit pied : n'aimant pas rendre des comptes, se sentant personnellement responsable et porteur des valeurs sociales les plus universelles, et, surtout, n'acceptant d'être gouverné que « par plus grand que soi[24] ».

Cette conception de la responsabilité n'est pas sans lien avec la conception française de la loi, conçue comme un idéal régulateur plus que comme une règle précise à suivre impérativement, telle que l'analyse Antoine Garapon : « La loi s'assimile en France à quelque chose de transcendant alors que dans l'univers de la *common law* le droit s'apparente plutôt à une règle du jeu. La règle, comme dans tous les pays latins, est moins censée reproduire la régularité des comportements qu'exprimer un devoir-être idéal, ce qui explique que les systèmes juridiques latins courent toujours le risque d'ineffectivité[25]. » On pourrait poursuivre la comparaison entre les deux univers culturels en montrant que les politiques publiques sont conçues chez nous comme l'affichage d'intentions générales, comme la mise en situation d'acteurs institutionnels face à des problèmes sociaux identifiés comme devant être pris en charge (l'exemple type est la « loi d'orientation »), par opposition à la vision *programmatique* de l'action publique qui domine dans le monde anglo-saxon. Pour schématiser, on pourrait dire que l'action est struc-

23. Cité par Philippe d'Iribarne, *La Logique de l'honneur*, *op. cit.*, p. 59.
24. *Ibid.*, p. 83.
25. Antoine Garapon, art. cit., p. 36.

turée d'un côté par le couple acteurs-problèmes et de l'autre par le couple objectifs-moyens.

Philippe d'Iribarne a bien montré tout ce que la prise en compte de cette spécificité culturelle pouvait apporter à la compréhension du marché du travail : l'intériorisation par chacun de la nécessité de « tenir son rang » rend particulièrement douloureux le déclassement professionnel, vécu plus qu'ailleurs comme une atteinte à l'identité personnelle. Longtemps, le système méritocratique a bien rempli sa fonction : les Français pouvaient avoir l'impression d'être gouvernés par plus grand ou du moins par plus instruit qu'eux. L'aura des élites du savoir était d'ailleurs au moins autant entretenue par ceux qui en étaient éloignés que par leurs membres. La distance entre les différents échelons des hiérarchies professionnelles, l'omniprésence de l'État comme médiateur des rapports sociaux ont longtemps garanti une certaine solidité à la société française. Comme l'a bien exprimé Jean-Baptiste de Foucauld, ce mode de fonctionnement exprime un consensus social profond :

> « Combien de Français, chefs d'entreprise ou non, acceptent vraiment la concurrence, avec ce qu'elle implique de frottement entre les individus, d'instabilité des situations, de remise en cause des rentes ? Notre goût pour les statuts dans la fonction publique, dans les entreprises nationales, mais aussi par extension dans le secteur public et corporatif, est à l'évidence un moyen de préserver l'autonomie et la promotion de soi tout en limitant les marges de jeu de l'autre : tout le monde peut avoir ainsi l'impression d'y trouver son compte [26]. »

Le problème est que l'évolution économique, intensification de la concurrence et tertiarisation, oblige les entreprises à davantage tenir compte de ce que Foucauld appelle l'« altérité économique », c'est-à-dire les besoins des autres, tels qu'ils s'expriment par le marché. Ces réflexions, qui rejoignent ce que l'on a dit par ailleurs sur la force du « compromis civique-industriel »

26. Jean-Baptiste de Foucauld, *La Fin du social-colbertisme*, Paris, Belfond, 1988, p. 38.

dans notre pays, éclairent les raisons qui font de la croissance forte une nécessité politique et notre affinité pour un développement économique tiré par les grands projets industriels : « La prouesse technique est un moyen à la fois de s'affirmer et de s'imposer au marché sans trop avoir à l'écouter. » Lorsqu'elle est suffisamment forte pour garantir des débouchés aux innovations techniques, la croissance évite de s'interroger sur ce mode de fonctionnement collectif.

Il est clair que l'invention de nouvelles manières d'agir ensemble implique à tout le moins un regard critique sur cet héritage culturel. Celui-ci, en effet, ne facilite ni la réévaluation du principe de représentation, ni l'accroissement de la capacité des acteurs à négocier des contrats et à les respecter. En posant le problème en ces termes, il doit être clair que l'on s'inscrit en faux contre la tendance à critiquer le fonctionnement de la démocratie française en se plaçant implicitement du point de vue d'un idéal de transparence ou de démocratie directe. Dans le texte collectif cité plus haut, on peut lire une charge contre les « systèmes de décision où la volonté de la majorité devient la loi de tous », base même du principe représentatif : « Ce sont des mécanismes de délégation à des organisations collectives, qui supposent une incapacité de l'individu à disposer de la formation et de l'information nécessaires à la maîtrise de son engagement dans la collectivité [...]. Aujourd'hui plus capable qu'hier, désireux d'autonomie de jugement, l'individu ne se satisfait plus de cette délégation. » Il est vrai que la représentation fonctionne mal, que les élus ignorent leurs engagements et que les électeurs et les militants politiques ont bien souvent des motifs sérieux de s'estimer trahis. Mais céder à la tentation de restreindre la portée des mécanismes de délégation du pouvoir, soumettre celle-ci à une exigence permanente et brouillonne de transparence ne ferait que générer un surcroît d'opacité.

Il n'est que de voir comment le pouvoir se protège du débat lorsqu'il l'estime nécessaire : par la complexité et l'illisibilité (la méthode suivie pour faire l'Europe est à cet égard hautement symptomatique). Ou par un usage antidémocratique de la contrainte économique, comme le remarque Paul Thibaud : « Une des perversités de la gouvernance en France est d'avoir utilisé la rhétorique de la contrainte avec le maximum de brutalité, employant le mot dans son acception la plus sommaire, celle qui interdit toute discussion, usant du vertuisme masochiste pour humilier le citoyen devant l'expert, et, en conséquence, d'avoir bloqué l'imagination politique (anticipation et intériorisation). Ceci explique la sorte d'adaptation disciplinaire que nous connaissons, maussade, démoralisée, défaitiste, à la nouvelle donne internationale, et donc l'absence de réforme en profondeur dans des domaines essentiels. » Il ne faut pas s'étonner, dans ces conditions, que les gouvernements aient bien du mal à agir en profondeur, à faire du neuf, à prendre de nouvelles initiatives. D'où une *crise de la gouvernance*, qui se manifeste par la difficulté croissante de prendre des décisions courageuses dès qu'elles mettent explicitement en cause des intérêts constitués.

14

# Réévaluer le politique

## II. Identités collectives, puissance et biens communs politiques

S'il est bien dans sa fonction d'incarner la volonté rationnelle qu'une société est capable de faire émerger de son propre fonctionnement, le politique ne peut pas se permettre pour autant d'ignorer l'épaisseur propre du social, l'opacité de ses enracinements historiques, pas plus que l'indétermination et les contingences dans lesquelles s'inscrit toute action humaine. Dépasser l'échec de la modernisation politique et culturelle par l'économique suppose de ne plus chercher à ruser avec cette part d'ombre. Il faut au contraire étendre le champ de la délibération politique à l'élucidation et l'apprivoisement du conflit entre les idéaux de la modernité et leur envers : l'identitaire, la violence, le chaos... C'est en problématisant l'ensemble des conditions réelles du vivre et de l'agir ensemble que l'on pourra tenter d'identifier des « biens communs politiques » dont la reconnaissance comme objets de référence dans l'espace public pourrait se substituer au règne sans partage et sans issue de la raison économique.

## 1. Échec de l'intégration par l'économique et retour du refoulé identitaire

L'un des aspects les plus déroutants de l'évolution du monde contemporain est l'explosion des nationalismes, la recrudescence des guerres civiles, le déchaînement des passions identitaires les plus invraisemblables, au cœur même des sociétés les plus développées. Et ce au moment même où les élites techno-économiques travaillent, délibérément ou non, au dépassement de l'État-nation, en organisant son désaisissement au profit du marché ou d'instances de régulation supra-nationales. On assiste ainsi à un double mouvement de *globalisation* et de *fragmentation* dont on ne sait pas bien s'il va vers un ordre plus complexe ou vers le chaos. D'un côté les satellites de télécommunication, bientôt les « autoroutes de l'information », la constitution de blocs commerciaux à l'intérieur desquels biens et services pourront circuler sans entrave, la suppression matérielle des frontières au sein de l'« espace Schengen ». De l'autre, le déchaînement d'impressionnantes forces de dislocation : Flamands contre Wallons, Catalans contre Espagnols, Italiens du Nord contre Italiens du Sud, sans oublier des réalités plus dramatiques : Hutus contre Tutsis, Serbes contre Bosniaques, etc.

La dénonciation des nationalismes et des intégrismes religieux, à laquelle certains intellectuels semblent vouloir limiter leurs efforts, ne suffira pas à les faire reculer. Comme toujours, il faut commencer par comprendre. La question que l'on est en droit de se poser est de savoir s'il n'y a pas un lien entre les deux ordres de phénomènes apparemment contradictoires que l'on vient d'évoquer : les États nationaux ne sont-ils pas menacés d'éclatement parce qu'ils ont perdu une partie de leur statut d'espaces politiques souverains, de territoires au sein desquels peut se développer une capacité d'agir ensemble et s'exprimer politiquement le désir d'un destin collectif ? La réactivation de l'identitaire doit d'abord être comprise comme un symptôme de déficit politique [1].

Dans le prolongement des analyses développées au chapitre 10, on est conduit à mettre en rapport cette crise de l'intégration politique des espaces nationaux et la crise de l'intégration sociale par le travail. Il est frappant de constater que les pulsions identitaires qui se manifestent actuellement correspondent exactement à la réactivation de ce que Durkheim appelait la « solidarité par similitude », qui unit les membres des sociétés traditionnelles sur la base d'un sentiment communautaire, et qui est, selon lui, destinée à décliner au profit d'une solidarité « organique » ou « contractuelle », générée par le développement de la division du travail. Il ne fait aucun doute que l'évolution des sociétés modernes peut être interprétée dans ses grandes lignes à partir de ce type de schéma : le développement de l'économie de marché a incontestablement favorisé le recul de la violence et des formes les plus brutales de domination, le progrès de la démocratie et le développement de relations pacifiques entre les États. Il est donc logique de se demander si l'on n'est pas dans une phase de retournement du schéma durkheimien, analogue à certains égards à la crise des années 30 telle que l'analyse Polanyi dans *La Grande Transformation*. La modernisation des sociétés et la pacification du monde par l'échange économique atteindraient aujourd'hui leurs limites, à la fois dans les relations entre les peuples et dans la réduction des différences ethno-culturelles au sein des États nationaux.

L'exemple américain donne également à réfléchir : jadis considérés à juste titre comme un fantastique *melting-pot*, capable

1. Aux phénomènes identitaires traditionnels on pourrait associer la montée des sectes, qui inspire à un observateur japonais le commentaire suivant : « Le trop-plein d'irrationnel va de pair avec le déficit du politique ; le désarroi des Japonais est à la mesure de la vacuité du discours politique, impuissant à proposer une vision cohérente du Japon de demain » (cité par *Courrier international*, 30 mars 1995).

d'intégrer toutes les identités culturelles dans un même amour de la libre entreprise et de la démocratie, les États-Unis sont aujourd'hui confrontés à la montée de la violence urbaine, à l'extension des ghettos et, finalement, à un recul de l'intégration politique. Si l'on en croit de récentes analyses, l'accroissement des inégalités de revenus s'accompagne d'un déclin de la participation des minorités à la vie politique : « La plupart des membres des minorités vivent en retrait de la scène politique, à l'écart des enjeux du pouvoir. Seuls ceux qui ont une position sociale "convenable" manifestent un certain intérêt pour la politique [2]. » Dans les grandes villes américaines, l'exclusion sociale mine le respect de la loi et l'attachement au principe de représentation. Malgré l'indéniable capacité de l'économie américaine à créer des emplois (ou plutôt des *jobs*), on est loin des ambitions de la *Great Society* au début des années 60 et de l'espoir utopique d'offrir à tous une possibilité réelle de mobilité sociale ascendante au sein de la classe moyenne [3], d'éradiquer la pauvreté et de réduire le fossé entre les groupes ethniques.

Prendre acte du fait que l'échec de la modernité sociale entraîne inéluctablement une réactivation de la diversité culturelle, est-ce faire preuve de complaisance à l'égard d'idéologies régressives ? Tentons de dissiper le malentendu. Tant que les besoins d'identités collectives continueront d'être traités comme un désir archaïque, plus ou moins synonyme de rejet de l'autre et faisant obstacle à l'avancée de la culture moderne, on s'exposera à bien des déconvenues. Le cosmopolitisme messianique d'une partie des élites ne peut que provoquer la réaction violente de ceux qui ne prennent jamais l'avion. Il y aurait intérêt, au contraire, à prendre en compte la part de rationalité que recèlent les aspirations et comportements identitaires. Ceux-ci ne sont pas seulement une affaire de « conscience commune », voire de « sentiments collec-

2. Chapour Haghighat, *op. cit.*

3. Anthony Woodwiss, *Postmodernity USA. The Crisis of Social Modernism in Postwar America*, New York, Sage, 1993.

tifs », comme l'affirme Durkheim, ils relèvent également d'une forme particulière de « rationalité limitée », au sens que les économistes ont donné à cette expression. Il n'y a en effet aucune raison de réduire l'identitaire à un sentiment tel que l'amour de ceux qui nous sont semblables, comme le suggère Durkheim contre toute vraisemblance : se reconnaître membre d'une communauté particulière, ce n'est en aucune façon l'idéaliser, considérer qu'elle est composée d'individus meilleurs ou plus dignes d'attachement, c'est, d'abord, même si ce n'est pas forcément conscient, prendre en compte les *possibilités de vie et d'action spécifiques* qu'elle offre, particulièrement à ceux qui ont été « informés » par l'éducation des multiples conventions, langagières ou autres, élaborées par cette communauté au cours de cette histoire. L'implicite de l'identité collective, c'est la possibilité expérimentée et reconnue de se comprendre et donc d'agir de manière coordonnée. L'importance des cultures héritées n'est pas seulement sentimentale ou idéologique, mais bel et bien pratique, si l'on garde présent à l'esprit qu'une culture transporte des routines de sens et de comportement qui facilitent le vivre et l'agir ensemble. On rejoint ici les réflexions d'Alain Caillé, lorsqu'il propose de considérer les cultures et organisations sociales particulières, apparemment purs héritages du passé sans fondement rationnel, comme le résultat du choix du « sujet collectif » fictif :

> « Il me semble que lorsque nous réfléchissons sur l'histoire comparative des sociétés et essayons tout de même de la comprendre et d'en tirer quelques leçons susceptibles d'éclairer notre histoire présente, nous serions bien inspirés de raisonner du point de vue de la figure, de prime abord absurde, d'un sujet collectif "rationnel" ; autrement dit de faire l'hypothèse, apparemment intenable, que les règles, les normes et les valeurs qui régissent les différentes cultures ont été inventées par un sujet collectif qui a trouvé quelque "intérêt" et avantage à leur invention et adoption[4]. »

4. Alain Caillé, *op. cit.*, p. 159.

Comme le souligne avec pertinence un chercheur en économie régionale, si l'agir ensemble trouve une cohérence plus forte à l'échelle de certains espaces territoriaux, c'est parce qu'il repose sur un grand nombre de codes sociaux qui s'y perpétuent par tradition et qu'il ne peut être question de réinventer :

> « Il faut en effet autre chose que des relations d'échange économique pour que les sociétés vivent, que les enfants y soient élevés, les connaissances transmises, les patrimoines entretenus, la vie religieuse ou les loisirs organisés. Les relations nécessaires à l'exécution de l'ensemble de ces fonctions sociales sont généralement soumises à des règles précises : elles sont institutionnalisées. Chacun est ainsi pris dans des réseaux qui lui indiquent avec qui il a le droit ou le devoir de parler, de jouer, d'échanger, de transmettre des secrets techniques, de communiquer des recettes, de partager des expériences religieuses, etc. Ces règles indiquent aussi à qui l'on peut faire confiance et de qui on est en droit d'attendre aide et rescousse[5]. »

Dans le même ordre d'idées, Tocqueville avait remarqué que les Américains, apparemment si rationalistes et si libres d'esprit, vivaient sur un ensemble d'opinions communes jamais remises en cause, et il en tira cette leçon : « Il n'y a pas de société qui puisse prospérer sans croyances semblables, ou plutôt il n'y en a point qui subsistent ainsi ; car sans idées communes, il n'y a pas d'action commune, et, sans action commune, il existe encore des hommes, mais non un corps social[6]. »

Les particularismes culturels entretiennent d'ailleurs des rapports bien plus compliqués qu'il n'y paraît avec le développement économique. Commentant un ensemble de travaux sur le développement du capitalisme dans les pays du Sud et de l'Est, Jean-François Bayard interroge les présupposés courants (ceux que nous avons nous-mêmes repris à notre compte plus haut) sur les rapports entre la rationalisation économique et la modernisation culturelle. Prenant à contre-pied bien des idées reçues, il montre

5. Paul Claval, « Comment s'organise l'espace régional », *Sciences humaines*, hors-série n° 8, février-mars 1995.

6. Alexis de Tocqueville, *La Démocratie en Amérique*, *op. cit.*, p. 15.

comment le *capitalisme*, en tant que modèle de rationalisation des activités productives, est compatible avec une pluralité de modèles culturels, y compris ceux qui reposent sur une conception des rapports entre les individus très éloignée des standards de l'individualisme démocratique : « La transformation capitaliste de l'économie peut se couler dans des modes d'action "traditionnels" aussi "irrationnels" soient-ils. Cela vaut notamment pour les identifications les moins universelles, tels les liens de parenté, de voisinage ou de "corps". » Non seulement le capitalisme n'est pas aussi étroitement lié qu'on veut bien le dire à la domination de la régulation par le marché, mais, plus dérangeant, il s'accommode fort bien des clans, mafias, oligarchies étatiques prédatrices, etc. : « L'angélisme des sciences sociales voudrait que le rapport du capitalisme au crime et à la violence soit contingent. Que l'on nous permette d'en douter. » Ainsi « la corruption semble avoir nui au capitalisme en Afrique noire, dans la mesure où elle n'a été qu'une forme particulière de la rente de la dépendance dans laquelle s'est enfermé le sous-continent ; elle ne paraît pas gêner quand elle s'associe à une conception productive de l'économie comme au Japon ou dans les nouveaux pays industriels d'Asie orientale »[7].

Quel est, pour nous, l'intérêt de ce détour ? Simplement de montrer qu'il n'y a aucun déterminisme économique dans l'évolution des formes de la vie sociale. Ce qui s'est imposé partout dans le monde, c'est le *mode de production industriel*. Un point, c'est tout. Pour le reste, les sociétés continuent à puiser dans leurs traditions les ressources qui leur permettent de rester cohérentes. Dans cette perspective, considérer l'identitaire comme un résidu du passé, c'est surestimer gravement la capacité d'inventer de toutes pièces les conditions de la vie collective. Il ne s'agit pas de sous-estimer le fait qu'« identitaire » rime souvent avec « violence », mais cela ne doit pas conduire à délégitimer la demande

7. Jean-François Bayard (éd.), *La Réinvention du capitalisme*, Paris, Karthala, 1994, p. 34-35.

d'identité collective. Ni à contester l'emploi du terme lui-même, comme le fait l'écrivain allemand Lothar Baier : « En présence de ce langage trop répandu, j'aimerais, au bénéfice de plusieurs, pouvoir supposer que lorsqu'ils disent "identité", ils veulent simplement dire, de façon peu réfléchie, quelque chose comme une "adresse", un lieu où leur envoyer leur courrier, où ils peuvent aussi recevoir leurs amis, un lieu où ils sont connus de leurs voisins[8]. » Contrairement à ce qu'affecte de penser Baier, il y a bien d'autres choses derrière le mot « identité ». Plutôt que de tenter de les occulter, ne vaudrait-il pas mieux les regarder en face ?

Ce type de posture pourrait permettre d'aborder en termes plus rationnels le problème politique posé par la violence des affirmations identitaires : si les identités particulières cessaient d'être dévalorisées au nom des valeurs d'une modernité que l'on suppose portées par le sens de l'histoire, il devrait être possible pour elles de s'ouvrir à leur propre « rationalité limitée » et d'entrer en dialogue, voire être des objets de négociation. A l'avenir, on peut penser que la coopération internationale ne progressera qu'en s'ouvrant à ce type d'approche. La construction européenne, pour ne prendre que cet exemple, ne fera pas l'économie d'un effort d'intercompréhension et d'une mise en débat des cultures nationales, dans la mesure où celles-ci recouvrent des manières d'agir ensemble partiellement incompatibles. Il faudra s'interroger sur leurs vertus respectives et sur leur vocation à perdurer ou à se transformer. La conception française de l'État, par exemple, qui irrite tant les tenants anglo-saxons de l'orthodoxie libérale, n'est certainement pas un archaïsme voué à disparaître : c'est une précieuse ressource culturelle – au même titre que la langue –, dont l'expérience historique a prouvé l'efficacité, probablement non entièrement appropriable par une nation ayant vécu d'autres expériences historiques.

Comme le suggère Louis Dumont, la condescendance dont fait

8. Lothar Baier, « Irritante identité », *Études*, octobre 1994, p. 317.

volontiers preuve le moderne vis-à-vis des revendications identitaires, en France tout spécialement, imprégnés que nous sommes de l'esprit des Lumières, relève d'une forme subtile d'ethnocentrisme. Commentant perfidement une phrase surprise dans la bouche d'un historien (« Nous n'avons pas à rougir qu'un hasard nous ait fait naître français »), il souligne à quel point la vision de l'homme qu'elle exprime nous est particulière : « Qui d'autre qu'un Français peut imaginer comme possible d'être lui-même et autre chose que français tout à la foi ? Demandez à un Japonais, ou à un Iranien. Ils savent, eux, que leur identité personnelle est inséparable d'une identité collective, de ce que nous appellerons ici une culture[9]. »

## 2. Le droit et la force

On a évoqué au chapitre précédent les limites structurelles du droit en tant que mode de régulation de l'agir collectif. Revenons un instant sur la question de l'effectivité des règles juridiques, qui oblige à penser l'articulation du droit avec ce qu'il a en principe vocation à dominer : la force.

On continue imperturbablement, en France, à créer de nouvelles règles de droit social, mais sait-on à quel point celui-ci n'est plus appliqué ? Une employée de maison ayant fait passer une petite annonce dans un journal s'est vu proposer plusieurs dizaines d'emplois (ménage, garde d'enfant) ; pas un seul de ces employeurs potentiels ne lui proposait une rémunération horaire conforme à la réglementation. Et l'on pourrait multiplier les exemples, pour aboutir à ceci : le « droit du travail » n'a aucune autonomie par rapport à la réalité des rapports de forces entre employeurs et salariés. La confiance dans la puissance propre du

9. Louis Dumont, *op. cit.*, p. 15.

droit est pourtant l'une des convictions qui inspirent le processus de construction de l'Europe. Et cette autonomisation avance à grands pas : on voit des particuliers et des entreprises porter plainte contre les États lorsqu'ils estiment que leurs intérêts économiques sont lésés par telle ou telle réglementation. Les compagnies aériennes britanniques s'appuient sur le droit pour faire respecter la concurrence, mais les intérêts de l'ensemble des personnes concernées (riverains des aéroports, usagers des lignes secondaires) peuvent-ils être pris en compte par les principes abstraits du droit européen ? Cette évolution ne relève-t-elle pas d'une grande illusion, voire d'un grand mensonge au profit des plus puissants ? Il est à craindre que cette surenchère juridique s'accompagne, dans les faits, d'une multiplication des situations de non-droit (au sud de l'Italie ou ailleurs). Très concrètement, l'autonomisation du droit entraîne une sophistication des procédures de contrôle, une augmentation de leur coût, la domination de principes purement formels au détriment de toute prise en compte du contexte social, et donc, presque inévitablement, une inégalité croissante dans la possibilité effective de faire valoir son droit. Si la fonction du droit est d'abord de protéger les plus faibles, son autonomie par rapport au politique ne peut être que très relative.

Sur le plan international, le droit doit faire avec sa négation radicale, la violence pure, qui n'a pas, que l'on sache, déserté l'histoire. Il n'est pas très original de rappeler que le droit international n'est rien sans la force militaire. C'est la dure expérience des interventions de l'ONU qui n'aura guère les moyens de faire respecter quelque principe juridique que ce soit tant qu'un nombre suffisant de pays n'auront pas délibérément choisi d'en faire un lieu de puissance et l'instrument d'une stratégie. Comme le dit Marie-Claude Smouts : « Les récentes tragédies ont dissipé le rêve d'une communauté internationale prenant en charge le fardeau de la paix sans en acquitter le coût [10]. » Le comble du déri-

10. Marie-Claude Smouts, *L'ONU et la Guerre. La diplomatie en kaki*, Paris, Complexe, 1994, p. 32.

soire est atteint lorsqu'on discute de la création d'un tribunal pour juger les crimes contre l'humanité en Bosnie au moment même où lesdits crimes sont perpétrés. Rien de plus révélateur de la tentation d'une « escalade du droit » pour exorciser la montée de la violence et tenter d'échapper à cette évidence : l'ambition de faire progresser le droit appelle une politique de puissance.

## 3. Le politique et la puissance

Le droit n'est rien sans la force, avons-nous dit plus haut, mais la force n'est pas ou pas seulement ici la force matérielle. Sur le plan international, on voit bien que ceux qui veulent, théoriquement, faire respecter les droits de l'homme ont pour eux la puissance économique et la puissance des armes. Mais ils n'ont pas pour autant la « puissance », au sens particulier que Hannah Arendt attribue à ce terme dans *Condition de l'homme moderne*, à savoir la capacité d'action collective que se donne à elle-même une communauté politique.

La première condition de la puissance, c'est le pouvoir. Celui-ci signifie en effet l'émergence au sein d'un groupe, ensemble amorphe d'individus, d'une capacité d'agir qui n'existait pas naturellement. Comme le note Durkheim à propos de l'émergence du pouvoir dans les sociétés primitives : « Une source d'initiative se trouve ouverte qui n'existait pas jusque-là. Il y a désormais quelqu'un qui peut produire du nouveau [11]. » Mais la puissance ne se réduit pas au pouvoir qu'exerce un individu ou un groupe sur les autres membres de la collectivité : la possibilité d'agir ensemble est une qualité collective que le groupe s'est donnée à lui-même. Non seulement elle n'a rien à voir avec la domination, mais elle constitue même, pour Arendt, le seul moyen d'éviter la

11. Émile Durkheim, *op. cit.*, p. 172.

violence : « Dans les conditions de la vie humaine, il n'y a d'alternative qu'entre la puissance et la violence. » La puissance est fondée plus sur l'autorité que sur la coercition. Elle repose sur la force des mots de ceux qui gouvernent, sur leur capacité à mettre en rapport leurs actes et leurs discours : « La puissance n'est actualisée que lorsque la parole et l'acte ne divorcent pas, lorsque les mots ne sont pas vides, ni les actes brutaux, lorsque les mots ne servent pas à voiler les intentions, mais à révéler des réalités, lorsque les actes ne servent pas à violer et détruire mais à établir des relations et créer des réalités nouvelles », cohérence des discours et des actes qui seule peut créer la confiance, génératrice de cohésion : « La puissance jaillit parmi les hommes lorsqu'ils agissent ensemble et retombe dès qu'ils se dispersent [12]. » Avertissement auquel l'état du monde peut nous rendre sensibles : le devenir de toute communauté humaine reste une aventure incertaine, dont l'issue toujours provisoire dépend crucialement de la volonté collective de survivre ensemble. Le caractère menaçant ou du moins radicalement indéterminé du futur nous alerte sur la nature particulière de l'action humaine dans le monde, sur la nécessité absolue d'innover, non seulement dans les techniques qui nous mettent face à la nature, mais également dans l'organisation et la régulation du fonctionnement des sociétés.

Hannah Arendt insiste sur le fait que la puissance ne se confond pas avec le nombre ni avec la richesse : « Il n'est pas rare dans l'histoire que de petits pays pauvres l'emportent sur de riches nations. » Adam Smith pensait le contraire, du moins pour l'époque moderne : « Dans les guerres modernes, la grande dépense des armes à feu donne un avantage marqué à la nation qui est le plus en état de fournir à cette dépense, et par conséquent à une nation civilisée et opulente sur une nation pauvre et barbare », cette suprématie militaire des riches étant pour lui un phénomène historiquement daté : « Dans les temps anciens, les nations opu-

12. Hannah Arendt, *op. cit.*, p. 260.

lentes et civilisées trouvaient difficile de se défendre contre les nations pauvres et barbares [13]. » La question du rapport entre puissance et richesse économique mérite aujourd'hui d'être regardée de près. Le dernier conflit mondial a imposé l'idée que la guerre se gagnait par la puissance technologique et industrielle. Pendant la « guerre froide », l'affrontement ouvert entre les nations les plus développées était devenu une pure abstraction : dans ces conditions, la puissance militaire se mesurait en nombre de têtes nucléaires et tendait à se confondre purement et simplement avec un potentiel techno-industriel. Mais, depuis la chute du mur de Berlin, le spectacle du monde nous rappelle chaque jour ce que cet ordre pouvait avoir d'illusoire. Dès qu'il s'agit de faire réellement la guerre, la volonté compte parfois beaucoup plus que les moyens matériels. Dans l'ex-Yougoslavie, des intérêts moraux essentiels à l'Europe ont été bafoués. Les pays occidentaux, passablement divisés, il est vrai, n'ont pas été en mesure de s'opposer efficacement à la détermination de quelques milliers de combattants sortis tout droit d'un autre monde, si proche pourtant des frontières de l'Europe maastrichtienne et de son économisme *soft*.

La menace terroriste que font peser certains pays n'a pas grand-chose à voir avec leur puissance économique ; *a contrario*, la puissance économique des pays d'Asie du Sud n'est pas directement traduisible dans les termes de la puissance diplomatico-militaire. On peut également méditer l'exemple de la Chine et de la Russie : il est bien difficile de faire la part des choses entre leur évidente puissance et leurs immenses faiblesses. Quant à l'influence culturelle, elle obéit encore à d'autres logiques. Cette thématique du « découplage du sens et de la puissance » est longuement développée par Zaki Laïdi dans son livre *L'Ordre mondial relâché* :

> « Dès lors que s'étiole la menace nucléaire et que s'aiguise *a contrario* la compétition économique mondiale, le primat politico-militaire

13. Adam Smith, *op. cit.*, p. 362.

> s'érode. Mais l'explication de cette mutation par la seule fin de la guerre froide ne convainc pas pleinement. Celle-ci ne fait en réalité qu'amplifier un processus essentiel : la non-fongibilité des vecteurs de la puissance. En d'autres termes, les gains accumulés par un acteur sur un registre particulier (diplomatico-stratégique par exemple) seraient de moins en moins transférables sur un autre registre (économique ou commercial). Ainsi, puissance économique et puissance politique emprunteraient tendanciellement des trajectoires de moins en moins corrélées [14]. »

La richesse économique n'est plus, en soi, un gage de sécurité. L'affrontement ouvert entre les nations n'est cependant qu'une situation limite, et la situation ordinaire du monde est faite d'une imbrication de confrontations limitées, de violences civiles, de rapports de forces ou d'influence et de menaces qui se déploient dans des registres de plus en plus hétérogènes. Le terrorisme ne cesse de se diversifier : lié jusqu'ici à des pays ou à des intérêts politico-idéologiques bien identifiés, on peut craindre que les sectes et les mafias n'en deviennent les acteurs principaux. Pour prendre la mesure des changements de perspective qui s'imposent, il faudrait réfléchir à tout ce qu'impliquent la délocalisation des activités économiques, les conditions d'accès aux ressources stratégiques et, surtout, la diversification des interdépendances entre espaces nationaux. Si l'on veut, par exemple, lutter efficacement contre les organisations mafieuses, il faudra bien se décider à supprimer les paradis fiscaux et contrôler plus étroitement les mouvements de capitaux. Le paradigme biologique de la défense d'un organisme, contraint à de multiples échanges avec l'extérieur et dont la survie repose sur des mécanismes subtils d'assimilation, de reconnaissance, d'adaptation et de réactions très « ciblées » du système immunitaire, devrait certainement compléter l'antique modèle de la défense musclée d'un territoire. A la lumière de ce paradigme, on comprend que la question des moyens de la défense nationale ne peut être dissociée de l'objet

14. Zaki Laïdi, *L'Ordre mondial relâché*, Paris, Presses de la Fondation nationale des sciences politiques, 1993, p. 19.

de celle-ci. Comment ne pas constater, d'ailleurs, que la guerre civile est la plus actuelle des figures de la violence ? Se défendre, ce ne peut plus être seulement défendre l'intégrité physique et le territoire d'une collection d'individus. On échappe difficilement à la question : se défendre, c'est défendre quoi ? Préciser la nature du projet politique et culturel dont on veut garantir la pérennité, c'est déjà le défendre.

L'un des phénomènes les plus significatifs de ce nouveau désordre mondial est la mise en œuvre de moyens de pression de plus en plus variés entre pays : chantage plus ou moins voilé au terrorisme, à l'exportation de réfugiés (Cuba), à l'insécurité nucléaire (Russie), à la drogue, à l'ouverture du marché intérieur (Chine). Un exemple permettra d'illustrer le type de menaces auxquelles il faudra faire face :

> Le roi du Maroc a fait une démarche nouvelle auprès du président de la Commission des Communautés européennes au début de 1993. Il constate que ses paysans du Rif cultivent du kif, ou plutôt du cannabis, destiné évidemment à la Communauté européenne. Il le regrette, tout en demandant qu'on lui reconnaisse les circonstances atténuantes puisque la consommation de ces produits est tolérée dans certains pays de la Communauté. Le roi du Maroc se dit prêt à s'efforcer de convaincre ses paysans de renoncer à cette culture, mais il a besoin d'une aide européenne pour imposer d'autres cultures qui soient sinon aussi rémunératrices, du moins suffisantes pour permettre aux paysans de vivre correctement. Le Maroc est un pays ami avec qui la France et la Communauté coopèrent depuis longtemps ; il pouvait s'adresser ainsi à la Communauté sans qu'apparaisse la moindre nuance de menace. Néanmoins, cette démarche est très significative des moyens dont disposeront les pays d'Afrique et dont disposeront demain ceux d'Europe de l'Est pour *forcer* l'aide européenne[15]. »

En sens inverse, les communautés politiques démocratiques disposent de bien d'autres moyens d'action que la guerre pour faire respecter le droit international et protéger leurs intérêts

15. Henri Prévot, *La France, économie, sécurité*, Paris, Hachette, coll. « Pluriel », 1994, p. 29.

vitaux. L'exemple de la défense de l'environnement est à cet égard exemplaire. *A priori*, on est dans un domaine où la discussion et la coopération doivent l'emporter sur les logiques d'affrontement. En réalité, dans ce domaine comme dans d'autres, le droit est impuissant s'il ne s'appuie pas sur des moyens de pression adaptés. Comme le souligne un expert international :

> « Pourquoi s'inquiéter pour l'avenir de la planète ? Près de 170 traités internationaux, rédigés au cours des vingt dernières années, protègent la plupart des formes de vie sur la terre. L'air, la terre, la mer, leur faune et leur flore sont, en principe, à l'abri des dégradations abusives, des pollutions, de la déforestation, de la pêche et de la chasse à outrance, et de la plupart des activités humaines qui menacent l'environnement. Toutefois, cette sécurité n'existe que sur le papier. Les faiblesses des règles de la diplomatie internationale vident beaucoup de traités de toute signification [16]. »

Pour ce même expert, la situation n'est pourtant pas désespérée, car « la plupart des traités internationaux ne prévoient que de légères sanctions, lesquelles sont rarement appliquées aux contrevenants. En revanche, des méthodes simples, telles que les pressions exercées par les pays cosignataires, ont récemment prouvé leur puissance incitatrice ». Pressions qui peuvent être complétées par des dénonciations publiques et des mesures commerciales, avec l'appui des organisations non gouvernementales et des groupes industriels [17]. On peut tirer de cet exemple une conclusion générale : les nouvelles formes du droit appellent une réflexion spécifique sur les moyens de puissance permettant de garantir pratiquement leur effectivité.

A vue humaine, l'État national demeure l'unique instance où la puissance collective peut s'articuler efficacement avec le débat démocratique et la protection des droits individuels. Paul Thibaud

16. Hilary French, « Faire respecter les traités sur l'environnement », *Pour la science*, février 1995, p. 84.
17. La campagne de boycott de la société Shell, en réaction à son projet d'immersion d'une plate-forme pétrolière en juin 1995, en fournit une parfaite illustration.

note à ce propos que « la nation exprime, peut-être plus qu'un passé commun, l'espoir de maîtriser l'avenir. Elle est une structure dont la permanence garantit, ou du moins promet, que nos existences et celles de nos descendants ne seront pas abandonnées à une contingence totale ». Il ne s'agit pas pour autant d'égoïsme national : reconnaître à la nation son rôle indépassable ne signifie pas que l'on néglige les interdépendances et, pour tout dire, la solidarité de destin de l'humanité. C'est bien dans ce cadre que la nation doit exercer sa capacité d'action. Le nouveau « mode d'exister » des nations doit prendre en compte la complexité des relations entre les peuples, leur dépendance commune vis-à-vis de l'environnement, bref, le fait que leur survie est liée à celle des autres. D'où, comme le note encore Thibaud, un changement du rôle externe de l'État :

> « La responsabilité extérieure de l'État change de nature : il ne s'agit plus d'isoler hermétiquement le domaine national, mais d'assurer la participation de la nation à un ordre méta-national. Cette tâche induit pour l'État un double rôle : 1) un rôle d'instance symbolique et délibérative (définir des valeurs et des positions que la communauté nationale veut faire reconnaître) ; 2) un rôle actif (participer aux négociations et aux compromis qui donnent forme à l'ordre international). »

En bref, il faut penser global sans jamais oublier que ce sont encore les nations qui, au bout du compte, prennent les décisions importantes.

## 4. Considération finale : des biens communs politiques

Au terme de cette réflexion, qui nous a conduit du chômage à la crise du politique, nous pouvons revenir une dernière fois sur l'un de ses fils conducteurs : la dénonciation de l'accaparement de l'idée de bien commun par l'économique. Cette réduction de la rationalité collective à la gestion optimale des ressources produites par le travail n'est plus adaptée aux conditions actuelles de la survie et du développement des communautés humaines. Confrontés à la crise d'une conception unilatérale du progrès socio-économique et au retour du tragique, sous le double aspect de la violence et de la menace écologique, nous n'échapperons pas à une reformulation des ressorts de l'agir ensemble. Question qui commande toute rénovation du politique, dans la mesure où celui-ci, comme l'avait bien vu Aristote, n'a d'autre raison d'être que la poursuite du bien commun :

> « Nous voyons que toute cité est une sorte de communauté, et que toute communauté est constituée en vue d'un certain bien (car c'est en vue d'obtenir ce qui leur paraît comme un bien que tous les hommes accomplissent toujours leurs actes) : il en résulte clairement que si toutes les communautés visent un bien déterminé, celle qui est la plus haute de toutes et englobe toutes les autres vise aussi, plus que tout autre, un bien qui est le plus haut de tous. Cette communauté est celle qui est appelée *cité*, c'est la communauté politique [18]. »

Notre situation diffère toutefois de celle d'Aristote, dans la mesure où nous ne nous autorisons plus à parler d'un bien plus haut que tous les autres. Il est de fait que les sociétés modernes sont profondément divisées sur le sens, ou le non-sens, de la vie. Nous n'avons aucun moyen d'objectiver le contexte métaphysique de l'existence humaine et nous n'acceptons plus sans discussion les systèmes de sens dont nous avons hérité. Dans ces conditions, le pluralisme religieux et philosophique est non seulement un fait historique, mais une réalité qu'il faut considérer comme indépassable et politiquement normative. C'est de son adéquation à cette indétermination que l'économique tire sa force : l'argent, la richesse matérielle sont des moyens réputés parfaitement neutres que chacun peut affecter aux buts qu'il choisit librement

18. Aristote, *op. cit.*, p. 22.

de se donner. Cependant, comme nos analyses ont tenté de le montrer, l'économique est de moins en moins apte à tenir seul le rôle du bien commun.

Faut-il pour autant renoncer à l'idée de bien commun ? Ce n'est pas sûr, si l'on admet que l'économique contient implicitement l'idée d'un certain nombre de biens, d'objectifs latents qui peuvent être explicités, distingués et poursuivis par des voies spécifiques. On propose d'appeler « biens communs politiques » ces buts collectifs, en rapport plus ou moins direct avec les évaluations habituelles du développement économique et social, et compatibles avec une large gamme de valeurs particulières et de finalités personnelles. Ce ne peut être que des biens « rationnels », dont on peut justifier la valeur avec des arguments universellement valables et relevant de la compétence cognitive de tout être humain. Il reste vrai, cependant, que la notion même de bien commun implique une rupture par rapport à l'individualisme économique : elle conduit à reconnaître que la vie collective a une valeur en soi pour l'individu, indépendamment de son bien-être personnel, et que cette valeur peut justifier des contraintes et des obligations.

La *puissance* et la *sécurité* collectives, la *cohésion* et la *convivialité* sociales, le *bien-être* sont trois catégories de buts que peuvent formuler distinctement les communautés politiques. Ce sont des finalités rationnelles qui ne sont pas incompatibles avec le pluralisme des valeurs. Ces trois termes conviennent à la régulation de l'agir politique dans le monde contemporain. De toute évidence, ils ne sont pas sans liens entre eux et il serait stupide de nier qu'ils ont quelque chose à voir avec la richesse économique : toutes choses égales d'ailleurs, davantage de croissance permet à la fois d'avoir une armée plus moderne, de créer davantage d'emplois et de garantir un meilleur niveau de vie à la population. Mais cela n'est vrai que « toutes choses égales d'ailleurs », ce qui veut dire que, dans le détail, les contradictions sont nombreuses : il faut parfois choisir la préservation du cadre de vie ou l'équilibre des rapports sociaux contre la croissance. De même, la puissance peut passer par l'affirmation d'un projet culturel attractif, par une stratégie de coopération ou par le renforcement de la cohésion sociale, davantage que par un surcroît de puissance industrielle. On fait ici l'hypothèse qu'il est de plus en plus nécessaire d'arbitrer politiquement entre des objectifs collectifs hétérogènes, sans pouvoir s'en remettre à une métarationalité économique [19].

### *Puissance et sécurité collectives*

Il s'agit d'abord de garantir la sécurité physique des personnes et la capacité collective de peser sur les affaires du monde, les deux n'étant pas complètement dissociables. Comme on l'a dit, la puissance n'est pas seulement une affaire de richesse et d'avance dans les techniques d'armement, ses déterminants sont devenus plus complexes et leur identification suppose une analyse précise des menaces qui pèsent sur notre pays. Celles-ci sont nombreuses et difficiles à évaluer. Elles ne peuvent que s'accroître dangereusement du fait d'un développement économique irréfléchi : « vulnérabilité des réseaux et terrorisme international profitant de la liberté de circulation des personnes ; liberté de circulation des capitaux et pénétration du capital d'entreprises essentielles par des capitaux d'origine incertaine ; culture de la drogue dans les pays en voie de développement ; dissémination des techniques dangereuses et liberté de circulation des produits [20] ». L'interdépendance complexe entre l'économique et les

19. Pour illustrer ce à quoi on s'oppose, citons cette phrase de Claude Thélot, responsable de l'évaluation au ministère de l'Éducation nationale : « Si l'on savait comparer les différents domaines de l'activité publique, chacun pourrait, et notamment les parlementaires, s'interroger sur le rendement comparé d'un franc supplémentaire versé (ou investi) dans l'école, plutôt que dans la santé, ou encore dans les infrastructures, etc. » Vision excessivement technocratique : si on la prenait au sérieux, on ne dépenserait pas un centime pour améliorer la vie d'une personne âgée dépendante (Claude Thélot, *Évaluation du système éducatif*, Paris, Nathan, 1994, p. 24).

20. Henri Prévot, *op.cit.*, p. 16-17.

conditions de la sécurité nationale impose une subordination claire de certaines régulations économiques au pouvoir politique. Selon Henri Prévot, cette évidence est loin d'avoir été suffisamment prise en compte par l'Union européenne. Pour en rester aux aspects militaires de la sécurité, il faudrait également s'interroger sur les rapports entre le développement économique et l'« esprit de défense », c'est-à-dire la volonté de se défendre et l'acceptation du sacrifice individuel en cas de conflit. La question de la sécurité a également des aspects sociaux et écologiques. S'agissant de l'insécurité liée à la délinquance, elle est évidemment liée au chômage, aux inégalités et au déficit d'intégration culturelle, et renvoie à la cohésion sociale. Quant aux menaces écologiques, on ne les évoque ici que pour mémoire, tant il devrait être évident pour tout homme sensé que leur prise en compte s'impose au système économique.

### *Cohésion et convivialité sociales*

La cohésion d'une société se reflète en partie dans les statistiques concernant la pauvreté, le chômage, les inégalités, etc., mais il faut également tenir compte d'un élément subjectif : le sentiment d'équité, qui fait que chacun se sent traité par ses semblables conformément à des principes légitimes et reconnus de justice sociale. Dans cette optique, le travail doit permettre à celui qui l'exerce de donner la mesure de ses capacités et d'obtenir, de son point de vue, une juste rétribution. Entrent également en ligne de compte : la participation à la vie de la cité et à la production de ses normes, la convivialité dans la vie quotidienne, dans la rue et dans les immeubles, la qualité de la coexistence entre groupes ethniques différents... Et peut-être aussi cette chose plus délicate, mais néanmoins essentielle, qu'est l'« accès aux ressources de sens [21] », la possibilité pratiquement offerte à chaque individu

21. Patrick Boulte, *op. cit.*

d'entrer en contact avec les grandes traditions philosophiques et spirituelles et de mener, s'il le souhaite, une recherche personnelle en la matière. La « politique culturelle » ne peut se limiter à l'encouragement des activités artistiques et à la valorisation du patrimoine, quand on mesure la somme d'énergies que dépensent nos contemporains pour se bricoler des valeurs et un cadre de référence donnant un sens, religieux ou autre, à leur existence.

### *Bien-être*

On pense d'abord au confort matériel : le logement, la nourriture, le vêtement, la commodité des déplacements et la qualité des loisirs, etc. Il faut y adjoindre d'autres éléments de la qualité de la vie moins souvent pris en compte : les conditions matérielles et l'intérêt du travail. La maîtrise de son emploi du temps, la possibilité pratique de rencontrer ses semblables dans des activités autres que le travail : sport ou militantisme, prière ou bricolage. Les conditions de vie : la proximité des commerces, l'absence de bruit, la qualité de l'air, de l'eau et des paysages, la réduction des nuisances de l'affichage publicitaire. La réduction des servitudes induites par la complexité des sociétés modernes : temps passé aux formalités administratives, à l'achat et à l'entretien des objets matériels, dans les transports[22]. La qualité des services publics : le temps mis pour recevoir une lettre, le temps d'attente aux guichets de la Sécurité sociale...

22. Le trajet domicile-travail des Français ne cesse de s'allonger : il était en moyenne de 14 kilomètres par jour en 1990, contre 7 en 1975. Conséquence de la concentration de l'habitat et de la disparition de petites structures industrielles (d'après une étude de l'Observatoire économique et statistique des transports, citée in *Libération*, 21 août 1994). Il s'agit d'un exemple typique de dégradation du bien-être qui n'est presque jamais pris en compte dans les décisions économiques.

# *Table*

TROISIÈME PARTIE

## Le politique en charge du lien social

RÉALISATION : I.G.S.-CHARENTE PHOTOGRAVURE
IMPRESSION SUR ROTO-PAGE
PAR L'IMPRIMERIE FLOCH À MAYENNE
DÉPÔT LÉGAL : OCTOBRE 1995. N° 22865 (38215).